国家自然科学基金面上项目：
"大学生创新创业能力评价体系与结构模型研究"
（71974163）终期成果

获得厦门大学教育学一流学科建设基金资助

创新创业教育丛书

王洪才　主编

大学生创新创业训练计划项目育人有效性研究

杨振芳◎著

厦门大学出版社
XIAMEN UNIVERSITY PRESS

国家一级出版社
全国百佳图书出版单位

图书在版编目（CIP）数据

大学生创新创业训练计划项目育人有效性研究 / 杨振芳著. -- 厦门 ：厦门大学出版社，2024. 11.
（创新创业教育丛书）. -- ISBN 978-7-5615-9543-5

Ⅰ. G647.38

中国国家版本馆 CIP 数据核字第 2024PB7800 号

责任编辑　曾妍妍

美术编辑　李夏凌

技术编辑　朱　楷

出版发行　厦门大学出版社

社　　址　厦门市软件园二期望海路 39 号

邮政编码　361008

总　　机　0592-2181111　0592-2181406(传真)

营销中心　0592-2184458　0592-2181365

网　　址　http://www.xmupress.com

邮　　箱　xmup@xmupress.com

印　　刷　厦门集大印刷有限公司

开本　720 mm×1 000 mm　1/16

印张　19.25

插页　2

字数　335 千字

版次　2024 年 11 月第 1 版

印次　2024 年 11 月第 1 次印刷

定价　79.00 元

厦门大学出版社
微信二维码

厦门大学出版社
微博二维码

一、创新创业教育是我国高等教育进入大众化后提出的急迫命题

众所周知，创新创业教育是我国高等教育进入大众化阶段后才出现的一个命题，其产生的最直接，也是最主要原因就是高等教育入学人口激增致使大学生就业压力加剧。事实上，早在高等教育精英化阶段后期，我国高校毕业生就业压力问题就已经呈现出来了，当时集中的问题是"所学专业与就业岗位不对口"和"区域性的供需关系不匹配"以及"人才供需结构不平衡"。当高等教育进入大众化阶段后，高校毕业生就业难问题就成为一个非常突出的矛盾。事实表明，传统的就业岗位供应已经很难满足数量迅速增长的大学生毕业人口的需求，为此必须开辟大批新的就业岗位。有识之士普遍认为掌握先进知识和技术的大学生有可能成为开辟新工作岗位的重要分子，这可能是创新创业教育概念提出的最直接动因。换言之，当代大学生在掌握先进知识和技术之后，也可以不走传统的直接就业路径，而走独立创业路径，特别是在新技术领域和新行业进行创业。如此就可以在一定程度上缓解就业压力问题。显然，能够开展这种创新创业活动的是极少数学生，对于绝大多数学生而言，创新创业意味着运用掌握的知识和技术去进行岗位创业，通过钻研岗位所需要的知识、技术和技能而为所在部门做出创造性贡献。

必须指出，创新创业教育概念的提出具有鲜明的时代特征。我们知道，创新创业教育概念提出之时恰是我国社会经济发展处于动能转变时期，传统的依靠密集劳动的粗放型经济发展时代已经过去，再依靠引进简单技术和来料加工进行低附加值生产的时代也一去不复返了，我国社会经济发展动力必须转向依靠自主知识创新,换言之,我国经济增长不能再依靠粗放型发展模式,必须转向集约型经济,集约型经济所依靠的不是劳动力数量或资本数量的增加,而是依靠技术创新、知识创新。这就涉及人力资源的开发问题,从本质上说就是依赖于培养大量具有创新知识、创新技能和创业能力的人才,而人才培养这一重要使命必然首先落在大学身上,这也是我国在高等教育领域提出创新创业教育的另一个动因。

此外,还有一个更深层次的动因,那就是作为高等教育学习主体的学生群体发生了巨大变化,要求高等教育人才培养模式必须变革,否则就难以适应学生的需要。我们知道,新一代大学生基本上都是网络时代的原住民,已经习惯于从网络世界接受学习资源,不再满足于从教师身上获取知识,为此师生关系模式、教学模式必须转变,人才培养规格必须转变,否则就难以适应他们的发展要求,从而高等教育系统自身也面临着创新与创业的要求。所以,创新创业教育也有高等教育自身转变的意味。对于这一点,虽然高等学校普遍有所意识,但还没有转变为行动动力。

最后,也是一个根本性原因,那就是消除应试教育带来的后遗症,把创新创业教育作为解决应试教育的根本对策。我们知道,应试教育严重压抑了人的创造性,使学生的创新思维处于一种不发达状态,从而导致人的创新动力不足、创业能力欠缺。这种教育模式显然无法适应高等教育大众化的就业形势要求,提出创新创业教育策略可以从根本上解决这一问题。创新创业教育无疑是以创新创业能力培养作为人才培养的根本指向,目的就在于改变目前人才普遍缺乏创新活力和创业动力的问题,旨在带动整个教育系统向创新创业方向转变,使整个教育系统具有创新活力与创业动力,从而带动中华民族整体素质的提升。如此,提出创新创业教育概念是高等教育发展战略观念转变的标志。所以,我们认为创新创业教育是一种具有中国特色的高等教育改革发展观念。

二、创新创业教育本质在于开发每个学生身上潜藏的创造力

显然,开展创新创业教育并非一件易事,因为它试图从根本上扭转传统的应试教育体制,从而注定了要走一条充满荆棘的坎坷之路。开展创新创业教育,需要反对传统的教育观念,即要反对传统的以知识传授为中心

的教学模式,在该教学模式下,学生常常作为被动的受体出现,把接受现成知识作为核心任务,并没有把学生的能力发展作为中心任务。这种教学模式的典型表现就是"老师讲、学生听""上课记笔记,考试背笔记,考后全忘记"。事实上,学生认真听讲、记笔记属于优质课堂的表现,而大量学生在课堂并未认真听讲,而是在玩手机,从而造成了大量的"水课"出现。如果不改变这种教学模式,不从根本上转变传统教学观念,创新创业教育就无法有效开展。可以说,扫平创新创业教育面临的观念障碍是首先需要解决的问题。

转变传统教学观念需要确立正确的教育观念,提出创新创业教育概念可谓正应其时。当然,对创新创业教育概念的理解应该突破狭隘化的误区。传统上对创新与创业两个概念都存在着严重的狭隘化理解,从而形成了另一种观念障碍,如果不能从根本上突破这种观念障碍,创新创业教育也不可能顺利开展。对创新创业概念最常见的狭隘化理解是把创新看成是科学家的事,把创业看成是企业家的事,认为创新创业是与普通人无关的事。这种狭隘化事实上就是把创新创业神秘化,如果这样的认识得不到澄清,那么创新创业教育就无法广泛开展。在实践中还存在着一种狭隘化认识,认为创新创业教育是一种专门化训练如"创业训练",从而与专业教育或通识教育无关,这种封闭化认识导致了创新创业教育的开展独立于专业教育与通识教育之外。虽然这种误解与目前的管理体制有关,但确实产生了割裂创新创业教育的结果。这一切都是创新创业教育进行过程中的观念障碍,都必须及时清理。

我们认为,正确的创新创业教育观念应该认识到创新创业与每个人的生活息息相关,同时与每个人的福祉息息相关,也与国家利益、中华民族根本利益息息相关。创新就是我们克服困难的过程,创业就是取得事业成功的过程,创新创业教育就是培养每个人克服困难的能力和获得成功的本领,这就是创新创业教育的本质内涵。这就回答了创新创业教育是什么的问题。因而,对创新创业教育的认识,集中在对创新创业教育目标的设计上,也即"培养什么人",因为只有知道创新创业教育力求达到的目标是什么,才能进行具体的规划设计和具体的制度设计。

创新创业教育无疑就是要培养大学生成为具有创新创业精神、创新创业能力和创新创业动力的创新创业人才。可以说,具有创新创业精神主要属于认知层面,创新创业能力属于实践层面,创新创业动力属于意志层面或人格层面。形成创新创业精神并不难,难的是形成创新创业能力,最难的是始终具有创新创业动力。创新创业精神形成是前提,创新创业能力形成是关键,创新创业人格形成是根本。具有创新创业的精神不一定具有创新创业能力,具有创新创业能力不一定使其成为终身追求,因为这些都与环境有关,与教育方式有关,与个体志趣有关。只有具有创新创业的人格追求才能最终成为创新创业人才。

培养大学生具有创新创业能力就是创新创业教育的关键点和核心,一句话,如果我们无法培养大学生具有创新创业能力,那么创新创业教育就不可能是成功的。因此,如何培养大学生具有创新创业能力是整个创新创业教育关注的核心问题。

三、创新创业教育高质量发展需要探明的五个基本问题

要培养大学生创新创业能力,就需要回答五个基本问题:一是创新创业能力该如何进行科学定义并实施有效的测量?这是创新创业教育高质量发展面临的最为核心的问题。因为创新创业教育目标就在于培养大学生的创新创业能力,如果不能对创新创业能力进行科学的界定,那么就很难进行科学的引导和评价。二是创新创业能力发展主要受哪些因素影响以及其内在作用机制是什么?这是对创新创业能力发展机制的探讨,因为创新创业能力发展不可能发生在真空中,不可能完全由个体天赋决定,必然受到后天因素的影响,在现实中这些因素究竟是如何作用于创新创业能力发展过程的,就需要探明。三是创新创业能力培养如何适应不同学校办学层次或类型的要求并发挥各自的优势?这是对创新创业教育活动主体职能的探讨,即探讨高等学校如何依据自身的特点来开展有效的创新创业教育促进大学生创新创业能力最大程度地发展。四是该如何检验目前我国高校大学生的创新创业计划项目实施的效果以及该如何完善?这是对我国创新创业教育重要举措的实施效果的研究,检验我国大学生创新创业计划项目究竟发挥了什么样的作用,能否为创新创业教育高质量发展提供

有力的支持。五是如何借鉴国外经验以促进我国创新创业教育制度设计更加完善？这是站在国际视野高度来审视我国创新创业教育优化问题，也即怎么来取长补短、洋为中用，使我国创新创业教育获得突破性发展，实现高质量发展的目标。

(一)关于创新创业能力的界定与测量

关于创新创业能力的科学定义和有效测量，可谓是创新创业教育推行过程中面临的一个最基础的且也是最核心的问题。[①] 如前所述，创新创业教育目标是培养创新创业人才，其中关键是培养大学生具有创新创业能力，如果不明确创新创业能力的具体内涵，那么创新创业教育就缺乏明确的指导性，也就无法建立科学的导向机制。对创新创业能力进行测量的目的则是为创新创业教育开展建立一个有效的督促机制，因为人们总是根据评价标准来调整自我行为方式，如果创新创业能力不可测量，人们就不知道自己创新创业能力培养的效果如何。当创新创业能力可以测量时，人们就容易观察自身工作的成效和具体改进及努力的方向。所以，创新创业能力的科学界定与有效测量是创新创业教育推进过程中面临的最基础问题。但由于能力测量向来都是一个非常复杂的课题，而且创新创业能力本身又是一个新课题，故而研究的难度大，进行测量的难度也非常大。正因为研究这个问题的难度大，所以相关成果非常少，从而该问题也成为制约创新创业教育有效开展的"卡脖子"难题。

为了解决这个难题，我结合自身经验展开了系统的理论思辨，同时也借鉴那些成功人士的经历进行思考，总结他们创新创业能力的共同特点，从中我得到了四点启示：首先，我意识到创新创业能力绝不是一种单纯的能力，而是一种复合能力；其次，我意识到创新创业能力主要是一种行动能力而非一种思辨能力；再次，我意识到创新创业能力是一种动态发展的能力，而非一旦形成就固定不变的能力；最后，我意识到创新创业能力是一种结构性能力而非一种无序的能力组合。由此我开创性地提出了创新创业

---

①王洪才.创新创业能力评价:高等教育高质量发展的真正难题与破解思路[J].江苏高教,2022(11):39-46.

能力七阶段理论。在此基础上,我带领团队的核心成员段肖阳、郑雅倩、杨振芳三位博士生对背后的理论基础进行深入剖析,与已有的研究成果展开对话,最终我们确认我提出的七阶段理论具有包容性、科学性和系统性,适合作为大学生创新创业能力结构模型。在此基础上我们开展了大学生创新创业能力测量量表的开发工作,在经过三轮的施测之后,最终形成了具有良好信效度的大学生创新创业能力测量量表。由此我们开展大样本的抽样调查,通过调查进一步验证了我提出的能力理论的有效性,同时也了解了大学生创新创业能力发展状况。我们的调查有许多新发现,对于进一步开展创新创业教育具有重要的启发意义。由于段肖阳、郑雅倩、杨振芳参与了调查研究全过程,从而他们也成为《中国大学生创新创业能力结构与发展水平研究》这本书的撰写主力。段肖阳是最早加入团队开展工作的,对于文献研究和模型构建发挥了重要作用,从而承担这两部分内容的撰写;郑雅倩参与了研究设计和实证调研工作,从而适合承担这两部分内容的撰写;杨振芳负责整理我的创新创业教育论述,协助我完成绪论部分工作。

（二）关于创新创业能力发展影响因素与作用机制

无疑,对创新创业能力进行定义与测量的目的是指导创新创业教育实践,那么,如何来提升创新创业能力培养效果必然是创新创业教育关注的核心问题。为此就必须探讨创新创业能力发展的影响因素以及内在的机制问题。我们认为,既然创新创业能力是可以测量的,那么就应该找到影响创新创业能力的主要相关因素,而且也要找到这些影响因素之间的相互关系,如此就能够为创新创业能力提升计划提供有效的参考方案。我们知道,影响大学生创新创业能力成长的相关因素非常多,既有直接的,也有间接的,当然,其中必然有主要的和次要的。我们不可能罗列所有的要素,必须通过调查找到影响学生创新创业能力发展的最主要的而且也是最直接的影响因素,并且通过深度调查和统计分析来找到各种影响因素之间的相互关系,如此才能找到影响创新创业能力成长的作用机制。只有这样,我们才可能调动一切积极的因素来推进创新创业教育。很显然,如果对创新创业能力的认识不同,那么对创新创业能力的发展定位就不同,进而所发现的相应的影响因素就会出现根本的不同，因为它们背后的作用机理不同。

为了解答这个问题，我们在研制大学生创新创业能力测量量表过程中就预计到了有哪些因素可能影响大学生创新创业能力的发展。为了更好地确定大学生创新创业能力的影响因素及其作用机制，研究团队认为需要专人负责这一项工作，因为这不单纯是一项调研活动，更是一个理论探讨过程。在协商基础上，确定段肖阳作为主力主要负责探讨该问题，因为她掌握的相关研究文献最丰富，有亲身的实践经历，对该问题非常感兴趣，而且全程参与了课题研究，于是该主题就成了她的博士论文选题。事实证明她从事该项研究是非常合适的，她在研究过程中发现了一个有趣的现象，即大量数据表明，影响大学生创新创业能力发展的最主要的因素就是个体的主动性，其次是教师的支持，再次是课程与教学的影响，最后是学校环境的影响，而且学校环境、课程与教学和教师都需要通过个体主动性发挥作用，不仅如此，学校环境也需要通过课程与教学再通过教师发挥作用，构成了一个从中心到边缘的层次，由此提出了"圈层理论"，可以说这是通过实证研究得出的一个微型理论。由段肖阳完成的《中国大学生创新创业能力影响因素研究：基于全国大样本的实证研究》系统地阐释了"圈层理论"的提出和验证过程。

(三)高校层次与类型对创新创业能力发展的影响

对大学生创新创业能力发展影响因素的认识，必然涉及办学条件、办学环境的影响问题。我们知道，大学生创新创业能力发展必然会受到环境的影响，但办学条件对大学生创新创业能力发展的影响究竟如何确实值得探索。具体而言，我们并不清楚究竟是哪一类大学对大学生创新创业能力发展影响大：是研究型大学，还是应用型大学，或是高职高专院校？它们之间完全没有区别是不可能的，但它们之间的区别究竟显著不显著却无法确定。我们可以预料，创新创业能力必然受家庭环境影响，因为家庭文化氛围对一个人的创新创业意识和创新创业精神形成具有潜移默化的影响，也必然在一定程度上影响个体的创新创业能力。但创新创业能力更多是个体在挑战环境、挑战困难的过程中形成的，所以个体的学习经历和生活经历发挥着关键作用。创新创业能力发展必然也存在着学科差异,因为有的学科偏重于应用性,对学生实践能力训练的作用更直接,从而更有利于创新创业能力成长;而有的学科更偏重于理论知识传授,对创新创业能力的影响可能就不直接,那么作用就不怎么显著。创新创业能力也会受到性别因素影响,因为性别角色对个体的自我认知会产生非常大的影响。此外,课堂教学模式对大学生的创新创业能力影响也是非常直接的,因为它能够直接影响个体主动性的发挥,影响个体的思维方式,特别是影响个体的交往能力发展。这一切都可以汇集到学校校园文化和办学风格上。如果学校非常注重创新创业能力培养,就会有意识地创造条件,促进大学生参加创新创业实践活动,如此就会使大学生的创新创业能力得到更快的发展。一句话,创新创业能力发展主要是受教育环境的影响。要使一个人的成长不受环境因素影响是不可能的,但究竟受到多大程度上的影响? 大学生的个体在与环境互动之中究竟处于什么位置? 这对个体创新创业能力的发展究竟发挥了什么作用? 这些是必须思考的。

事实上,我们在进行了大样本的数据调查之后,就发现这些问题得到了一定程度的解答。调查数据显示,大学生创新创业能力发展确实与个体的主动性发挥具有直接的关系,但与学校的层次类型没有直接的关系,甚至呈现了一些难以理解的状况,即研究型大学的创新创业能力反倒不如应用型大学和高职高专院校。这种情况非常出人意料,必须予以验证与解释。为了揭示这个现象,我们开展了个案研究,选择一些具有代表性的高校进行验证,看这种状况在个案学校是否存在。具体操作方式是在各层级高校中选择1~2所案例学校进行研究,综合比较各个因素在不同层次类型高校中的表现,由此来判断环境作为一个整体因素是如何影响大学生创新创业能力发展的。这就是我们团队《中国大学生创新创业能力发展路径研究:基于不同类型高校的实证分析》一书的由来,段肖阳、杨振芳、郑雅倩、李淑娥、孙佳鹏五位博士生承担该项工作。

(四)大学生创新创业训练计划项目实施效果

为了促进大学生创新创业能力培养,国家进行了强有力的政策指导,如评选创新创业教育示范校,评选创新创业实践基地,组织大学生创新创业大赛,从而为高校开展创新创业教育创设了良好的政策氛围。在国家政策的引导下,高校开设了大学生创新创业训练计划项目(简称"大创"项目),设立大学生创业园,鼓励大学生开展多种形式的创新创业实践。许多高校都设有大学生创新创业训练计划项目,以此作为培养大学生创新创业能力的主要阵地。我们认为,这种大学生创新创业实践机会是非常难得的,对大学生创新创业能力的提升作用也是比较明显的。那么,我们需要知道:大学生创新创业训练计划项目究竟是如何发挥作用的? 其中的作用机制是什么? 哪些做法更有效? 是否存在着规律性? 这是一些非常有趣的问题。我们知道,大学生创新创业能力培养肯定不能脱离具体专业学习,离开专业知识支撑,创新创业教育就难以走向深入,创新创业能力也难以健康发展。但如果专业学习的理论性太强,缺乏实践机会,大学生创新创业能力发展也不会太顺利。所以,如何处理理论学习与实践探索的关系,始终是创新创业能力培养面临的一个难题。大学生创新创业训练计划项目的实施为解决该问题提供了一个有效途径,因而,如何充分发挥这一制度的作用是我们必须要认真思考的。

要完成这样一项研究任务,需要对大学生创新创业训练计划项目运行过程有一个基本的了解,最好是实际参与过大学生创新创业训练计划项目的设计和指导工作,了解每个环节的运行规则。杨振芳显然具有该方面的优势,因为她实际指导过大学生参加并完成了大学生创新创业训练计划项目,而且她本人对探究该议题具有浓厚的兴趣,所以她把该研究主题作为她的博士论文选题。她经过两年多的田野调查,对多所高校的大学生创新创业训练计划项目团队进行了访谈,提炼出大学生创新创业训练计划项目有效运行的基本特征,回答了有效运行的内在机理问题。这个研究结果与研究过程构成了《大学生创新创业训练计划项目育人有效性研究》一书。

(五)国外创新创业教育对我们的借鉴意义

创新创业教育作为具有中国特色的高等教育理念,是在学习国外先进经验基础上进行的本土化创新,是针对中国高等教育存在的实际问题提出的发展理念。但是从理念到行动仍然有不少路要走。如何才能使中国创新创业教育比较稳健地发展? 此时吸收国外先进经验就不可少,那么国外高校是如何培养大学生创新创业能力的？有哪些比较成功的经验值得我们学习和借鉴？如何才能进一步完善我国的创新创业教育体系？这些都是非常值得关注的问题。郑雅倩对这些问题非常感兴趣，她从硕士阶段就开始关注"保研生"创新创业能力发展问题，进入博士阶段后对创新创业教育兴趣更浓，特别是对国外大学开展创新创业教育的经验非常感兴趣，所以她主持完成了《研究型大学本科生创新创业能力培养研究：中外比较的视域》一书。

我们知道，对大学生创新创业能力培养在国际上具有比较长的历史，早在20世纪中期美国哈佛大学就已经开始了创业教育实践，但之后发展并不顺利，直到20世纪末叶才形成一个比较大的高潮。这个时期我国刚刚引入创业教育概念，尚未开展大面积的实践。尽管此时我国已经开始进行教育改革，但改革主要是为了让教育从服从计划体制要求转变到适应市场经济发展要求。高等教育的人才培养目标也发生了剧烈变化，开始从传统的"专业对口式"人才培养模式转变到培养复合型人才上，但并未涉及创新创业教育主题，虽然当时已经出现了部分大学生就业难问题。这个时期我国高校主要是在商学院中引入创业教育概念并进行了试点。创新教育观念开始在中小学中兴起，尚未进入高等教育改革视野。进入新世纪之后，我国改革开放进入深化期，高等教育开始重视学习国外的先进经验，开始重视创新能力培养问题，但并未形成一种普遍认识，而对大学生创业能力培养的重视是随着高等教育大众化的深入而兴起的。当走过新世纪第十个年头后，我国对创新教育与创业教育有了新的认识，开始把两者整合成一种新的教育理念，从而创新创业教育在高校得到普遍重视，其中创新创业大赛在其中发挥了决定性作用。

四、对创新创业教育五个基本问题的解答过程

显然，以上五个问题的解答都非常具有挑战性，每解决一个问题都会在理论上或实践中产生很大的推进作用。当然，各个问题之间还是存在着一定序列的，其中最具有挑战性的还是创新创业能力概念的界定与测量问题，因为它是最基础的问题。为了解答这个问题，我们对以往的创新与创业概念进行了系统的梳理，找到传统理解存在的不足，然后根据现实需要

赋予其新内涵。传统上人们对创新与创业的理解存在着严重的神秘化和窄化误区,不利于创新创业教育走向大众,所以破除这种神秘化与窄化是当务之急。

过去人们经常把创新与科学家联系在一起,创业与企业家联系在一起,这就把创新与创业神秘化了。目前人们对创新创业教育的理解主要是围绕创办科技企业进行的,这种理解使创新创业教育内涵严重窄化了,束缚了人们对创新创业教育的热情。我们进行观念创新的目的是使创新创业教育适合每个人,使创新创业教育能够发现每个人所具有的创新创业潜质,从而可以进行针对性的教育,只有这样才能使创新创业教育收到成效。这是本丛书的基本观念,我们在每本书的基本概念探讨中都会突出这个观点。

在达成这一基本理解之后,我们就开始了广泛萃取创新创业教育成功案例的工作,[1]进而凝练创新创业教育成功经验,从中建构评判创新创业成功的核心指标,最终形成创新创业能力指标体系,构建出创新创业能力模型。其中最为关键的一步是大学生创新创业能力测量量表的制定。显然这是一个非常复杂的系统工程,非单个人可以胜任,必须发挥团队的优势才能承担。作为课题负责人,我主要负责创新创业教育的理念构建和创新创业能力框架的设计工作,为整个团队的研究提供理论解释与指导;另一个主要工作就是组织团队进行量表研制开发和系列测试。段肖阳在其中发挥了骨干作用,她是我创新创业教育思想的第一个受众,也是创新创业能力测量量表研制过程中的主要联系人,她自身具有长时间创新创业实践的亲身经历,对创新创业教育具有浓厚的兴趣,她的博士论文选题就是关于大学生创新创业能力影响因素的研究。郑雅倩在本科阶段参加过创新创业实践活动,在硕士阶段就已经参与了我的创新创业教育课题研究,并且采用扎根理论方法对参加夏令营的大学生进行了调研分析,顺利地完成了硕士阶段学业并进入博士阶段学习,而且在段肖阳博士毕业后担负起团队联系人的职责,在本次研究中重点负责中外创新创业教育比较。这两

---

① 王洪才,刘隽颖,韩竹.中国特色的高职"双创"教育模式探索:以宁波职业技术学院"1234"创新创业教育模型建构为案例[J].教育学术月刊,2018(2):56-64.

位联系人都有非常强的敬业精神和韧性品质,敢于挑战困难,能够把挑战当作自己成长的机遇。杨振芳虽然是后来加入的,但她具有心理学专业基础,在量化研究过程中具有优势。她具有强烈的挑战自我的愿望,所以在博士论文选题中大胆采用质性研究方法来研究大学生创新创业训练计划项目的实践效果,想从典型事例出发来分析大学生创新创业训练计划项目有效运行的机制。她们三个人在整个研究过程中都发挥了核心成员的作用,特别是在大学生创新创业能力测量量表的研制过程中开展了高密度、高强度的研究合作,最终使量表研制获得圆满成功。李淑娥博士生和孙佳鹏博士生都是后来吸收进研究团队的,这两位博士生都具有丰富的管理实践经验,都对创新创业教育问题非常感兴趣,两人的学习能力非常强,她们很快就融入了团队,在不同类型高校案例研究过程中发挥了积极的作用。

在对大学生创新创业能力测量量表研制成功的基础上,我们对我国大学生创新创业能力的发展状况进行了大面积的测量,取得了一系列可喜的成果。

首先,我们开展理论探索,[①]为本丛书的撰写进行理论铺垫;进而瞄准国内创新创业教育研究热点,[②]从本体论意义探索创新创业教育内涵。[③]我们是从重新界定创新与创业概念进行突破的,[④]把创新创业能力研究作为重点和突破点,[⑤]开创了创新创业教育研究新风尚。我们进行了一系列的理论创新,把创新创业教育从狭义推向广义,[⑥]整体更新了人们关于创新创业教育的观念;发现了创新创业教育的多重蕴涵,[⑦]从而为创新创业教育体系构建提供了理论基础;发现了创新创业教育在中国高等教育转型

---

①王洪才. 创新创业教育必须树立的四个理念[J].中国高等教育,2016(21):13-15.

②王洪才,刘隽颖. 大学创新创业教育核心·难点·突破点[J].中国高等教育,2017(Z2):61-63.

③王洪才. 创新创业教育的意义、本质及其实现[J].创新与创业教育,2020,11(6):1-9.

④王洪才. 创新创业能力的科学内涵及其意义[J].教育发展研究,2022,42(1):53-59.

⑤王洪才. 创新创业能力培养:作为高质量高等教育的核心内涵[J].江苏高教,2021(11):21-27.

⑥王洪才,郑雅倩. 创新创业教育的哲学假设与实践意蕴[J].高校教育管理,2020,14(6):34-40.

⑦王洪才. 论创新创业教育的多重意蕴[J].江苏高教,2018(3):1-5.

与发展中的地位,①引导人们从战略角度认识创新创业教育;发现了创新创业教育是中国本土化高等教育发展理念,②为构建中国高等教育自主知识体系和话语体系做出了贡献。这些理论探索,为创新创业能力的测量与评价研究打下了良好基础。最终,我们建构了创新创业能力的结构模型,③研制出具有广泛适用性的创新创业能力测量量表,④对该量表拥有完全知识产权。

其次,我们发现大学生创新创业能力发展存在着一系列不平衡现象,⑤其中最大的发现是:大学生创新创业能力并未随年级提升而不断提升,而且也没有受到学校层次和类型的显著影响,从而打破了人们对大学生创新创业能力发展的美好想象。这些新发现具有重要的学术价值和实践意义,成为我们进行深入研究的切入点。

再次,我们对调查发现的大学生创新创业能力发展状况展开一系列的解释性研究,也即致力于发现创新创业能力发展背后的影响因素及其作用机理。我们发现自我发展理论是创新创业能力发展的最重要的理论基础,理性行动理论能够为创新创业能力模型构建提供重要的学术支撑。

复次,我们展开了多个案例研究来验证调查研究发现的结果。通过分类型研究不同高校的大学生创新创业能力发展状况及其影响因素,也通过高校的大学生创新创业计划项目的实践案例来研究创新创业教育的实施效果。多方面的案例研究就为了解释创新创业能力测量结果的有效性和普适性。

最后,我们也通过比较视角来审视国内外高校在开展创新创业教育方

---

①王洪才,汤建.创新创业教育:高等教育内涵式发展的关键[J].武汉科技大学学报(社会科学版),2021,23(1):110-116.

②王洪才.创新创业教育:中国特色的高等教育发展理念[J].南京师大学报(社会科学版),2021(6):38-46.

③王洪才.论创新创业人才的人格特质、核心素质与关键能力[J].江苏高教,2020(12):44-51.

④段肖阳.论创新创业能力模型与评价指标体系构建[J].教育发展研究,2022,42(1):60-67.

⑤王洪才,郑雅倩.大学生创新创业能力测量及发展特征研究[J].华中师范大学学报(人文社会科学版),2022,61(3):155-165.

面的差别,借鉴国外先进经验,弥补自身的不足。自然而然,美国高校就成为主要的比较分析对象,因为美国是一个典型的创新型国家,全社会对创新创业持高度认同的态度,这种认同也渗透到高校的办学制度设计和政策制定上。所以,认真分析和借鉴国外高校的成功经验对于客观地认识我国创新创业教育存在的不足具有重要的启发意义。

五、创新创业能力研究需要扎实的田野研究与系统的思辨研究相结合

通过研究我们发现,只有将创新创业教育与日常生活建立密切的联系,才能找到创新创业教育的切入口,否则创新创业教育就只能流于概念式的宣教。当前创新创业教育面临的最大问题是各个高校都没有把创新创业教育与专业教育、通识教育和思想政治教育有机地联系起来,各种教育都是分别实施的,没有组成一个有机整体,好像创新创业教育本质上是一种专门技能训练,只有通过特殊培训才能成功。这种理解就使创新创业教育与其他教育割裂开来。创新创业教育要想有效开展必须打破这种割裂局面,如果不从对创新创业概念的理解进行突破,就很难推动创新创业教育有效开展。事实上,创新创业教育是一个庞大的体系,它包含了专业教育和通识教育,特别是思想政治教育,因为思想政治教育根本目的就是解决培养什么样的人的问题,而创新创业教育就为此提供了答案,即培养社会急需的创新创业人才! 专业教育和通识教育就是为培养创新创业人才提供支撑。

可以看出,解决创新创业教育观念问题是一个复杂的思辨研究过程,当然,这也是一个深入认识创新创业教育本质的过程。从深层次讲,这也是一个将创新创业本质与创新创业具体实践有机联系在一起的过程,如果研究者没有长期的创新创业实践体验就难以进行有效的哲学思辨,也就难以提炼出影响创新创业能力的有效因子,那么也就难以认识创新创业的真正本质。显然,如果研究者缺乏对复杂事物的透视分析能力,也就无法认识创新创业的本质,自然也就难以领会创新创业能力的旨趣。因此,对创新创业能力的界定过程是一个思辨研究与田野研究紧密结合在一起的活动。相对而言,在对创新创业能力内涵进行清晰的界定之后再进行操作化

和指标化就简单多了,尽管这个工作仍然非常烦琐细碎。当我们对创新创业能力进行科学界定之后,就基本上确立了测量创新创业能力的理论框架。有了这个基本框架指引,先确立核心要素,后找到关键的指标,然后形成指标体系,再通过问卷调查进行测量验证,最终就可以形成一个比较完整的测量量表。不得不说,这也是一个巨大工程,需要进行反复的尝试和调整。

当大学生创新创业能力测量量表构建出来之后,后续的验证工作和结果分析就容易开展了。首先,我们可以根据测量量表来衡量目前大学生创新创业能力发展水平。这是一个非常重要的工作,因为这关系到对高等教育质量的评价,关系到教育投入,关系到对学生发展的引导,所以与创新创业教育如何正确定位有关。一旦建立创新创业能力测量量表,就容易确定影响创新创业能力发展的基本维度,那么进行相应的教育计划调整就容易多了。其次,我们可以结合测量量表再针对性地开展影响因素问卷研制,从而可以确定各影响因素的作用并确定各因素之间相互作用的原理,如此许多教育行为及其效果就容易解释了。再次,我们可以运用该量表对具体的教育行为过程的效果进行评定,验证它们对大学生创新创业能力发展究竟发挥多大的作用。最后,我们可以运用该量表展开对大学生的跟踪调查,看看大学生在哪个阶段表现最好,哪个阶段表现不尽如人意,由此我们可以建立大学生创新创业能力发展的数据库,为大学生创新创业教育的开展提供咨询服务,如此就可以使研究成果广泛运用于创新创业教育改革实践中。

可以说,从事大学生创新创业能力研究对于每位作者都是一次非常重要的学术创业实践,因为创新创业教育是新时代高等教育发展面临的最为急迫也是最为核心的难题,解答这个难题无疑需要巨大的学术勇气,因为它不仅需要我们转变思维模式,还需要改变自己的研究范式,需要重新建构自身的知识体系和能力系统。我们的研究团队经受住了这次考验,这次考验也使我们每个人进一步成熟和成长起来。在此感谢国家自然科学基金所提供的这一次机遇,这次机遇为我们团队发展提供了良机,我们衷心希望能不负国家自然科学基金所托,做出具有中国自主知识产权的科研成果，为后人进一步研究创新创业教育主题打下一个扎实的基础。

六、反思与展望

我们知道，解决大学生创新创业能力测量和评价问题只是推进创新创业教育体系建设工作的重要一环，创新创业能力影响因素研究、"大创"项目研究和国外借鉴研究对创新创业教育体系建设仅仅发挥辅助作用，未来建设创新创业教育体系的任务还非常繁重，可谓道阻且长。不得不说，思维方式革命是先导，如果不能确立创新创业价值在高等教育活动中的核心地位，就难以顺利推进创新创业教育。创新创业精神完全融入专业教育与通识教育过程中是创新创业教育体系建设的根本目标。只有管理系统把大学生创新创业能力成长作为评价高等教育质量高低的主要衡量指标时，高等教育系统变革才能走向成功。由于专业教育就是一种成才教育，通识教育就是一种成人教育，创新创业教育的有效开展依赖于专业教育的成功，创新创业教育又是通识教育的时代精华所在，故而，只有专业教育与创新创业教育完全融合，创新创业教育实践才算真正成功，那时中国高等教育就实现了彻底的转型，就能够为中国社会经济的高质量发展提供战略性支撑和源源不绝的动能，那时也是中国式高等教育现代化成功之时。让我们为此目标的实现加倍努力！

王洪才

于厦门大学黄宜弘楼

2022 年 12 月 25 日

前言

　　大学生创新创业训练计划项目（简称"大创"项目）是我国政府面向全体大学生的一项创新创业人才基础性培育工程，是推进创新创业教育的重要抓手之一，它的育人有效性事关创新创业教育高质量发展。经过近20年的实施与探索，"大创"项目为我国创新创业教育发展作出了重要贡献，但其育人有效性仍未达到预期。在深化创新创业教育改革时期，如何进一步提升"大创"项目的育人有效性是学术界和实践界亟待探讨的一个问题。

　　本书沿循从理论探索、现实问题审视、经验挖掘到对策建议的研究思路，尝试回答"如何提升'大创'项目的育人有效性"这一核心问题。研究以文献研究为基础，以质性研究方法为主。在具体研究中，基于对7所高校112名相关人员的访谈，深入系统地对我国高校"大创"项目的育人有效性进行了探究，剖析了"大创"项目在育人过程中存在的突出问题以及不同类型的"大创"项目实现育人有效性的共同经验。研究由三大部分组成：

　　在理论探讨部分，基于主体教育理论、项目学习理论、群体动力学理论及"大创"项目育人目标的分析结果，首先，将"大创"项目育人有效性定义为："大创"项目这一育人方式和载体促进学生发展与成长，尤其是促进学生创新创业能力发展的有效性。在此基础上，从输入、过程、结果三个方面对"大创"项目育人有效性进行维度划分。其次，基于文献研究，将"大创"项目育人有效性的判断标准确定为：选题适切性、学生主体性、团队凝聚力、导师支持力、管理科学性、创新创业能力发展、学生满意度、项目完成度。再次，通过理论分析揭示了"大创"项目育人有效性的生成逻辑，即：以学生主体性为根本，以项目设计为基础，以团队互动为重点，以导师支持为关键，以环境有效创设为保障，从而揭示了"大创"项目有效育人的基本规律。最后，基于主体教育理论，以"'大创'项目育人过程中学生主体性发挥

的程度"为依据,将"大创"项目育人的项目类型划分为"导师主导型""师生协作型"与"学生自主型"三类,为"大创"项目未来组织提供了一个参考维度。

在现实分析部分,从项目育人输入、过程与结果三个阶段审视"大创"项目育人有效性存在的问题。调查发现,在输入端的突出问题有:(1)学生参与的功利性强,内驱力不足;(2)学生选题能力较弱,项目设计困难;(3)环境有效创设乏力,支持体系不完善。在过程端的突出问题有:(1)项目过程监管乏力,任务开展敷衍塞责;(2)项目团队互动表面化,成员深度协作欠缺;(3)项目导师支持不力,"为导不导"屡见不鲜。在结果端的突出问题有:(1)项目产出追求有所偏差,偏重物化成果数量;(2)结题评价标准比较随意,对学生发展评价不足;(3)结果评价主体相对单一,导师学生参与有限。经过调查分析后发现,教育观念滞后、动力机制不完善、项目运行管理低效是这些问题的主要成因。

在经验挖掘部分,通过对三个典型案例分析,发现"导师主导型""师生协作型""学生自主型"这三类项目均具有较强的育人有效性,均能促进学生创新创业能力、专业知识与技能等的发展,但在实现方式上存在一定程度的差异。在"导师主导型"项目中,学生的参与动机呈现出明显的外源性,项目推进也呈现出明显的导师主导性,学生需要导师提供全程式、高强度、全方位的指导、支持与监督;在"师生协作型"项目中,兴趣与导师的榜样行为对学生参与项目的意愿发挥了关键作用,师生就项目任务的执行与成果的形成展开密切互动,来自导师的"伙伴式"支持助力学生攻克项目难关、形成项目成果与发展能力;在"学生自主型"项目中,学生的参与动机呈现出明显的内源性,学生能够自主自觉地推进项目,导师则在学生需要时提供支持。三种类型反映了学生参与项目的创新创业能力发展性特征。

根据以上研究发现,本书针对学生主体性的发展程度,结合输入—过程—结果三个不同阶段要求,从理念、制度和管理三个层面提出提升"大创"项目育人有效性的策略:在理念层面,可以从学校战略规划、人才培养目标定位、项目的启动宣传方面促进师生更新教育理念,重塑项目育人目标;在制度层面,可以通过完善创新创业教育配套制度、创新导师选聘与评价制度、推进学分制的教育教学改革来增强项目育人动力;在管理层面,可以构建基于学生主体性特点的项目发展体系、构建发展性导向的项目育人质量评价体系、构建项目全方位运行过程质量的监控体系、构建科学完备的创新创业教育支持性体系来提升项目育人实效。通过上述策略以期能切实提高"大创"项目的育人有效性。

第一章

"大创"项目育人有效性的研究缘起

深入推进创新创业教育,培养创新创业人才,不仅是高等教育改革与发展的重要内容,也是高等教育研究的重要话题。特别是党的十八大提出要实施创新驱动发展战略,要将科技创新摆在国家发展全局的核心位置,创新创业教育更是成为社会各界广泛关注的热门话题。近年来,"大众创业万众创新持续向更大范围、更高层次和更深程度推进"①,这对高校的创新创业教育提出了更高的要求。因此,本书顺应高等教育改革与发展的时代需要,聚焦我国高校创新创业教育中的理论与实践问题,对创新创业教育的重要举措——"大创"项目的育人有效性问题展开研究,为我国高校创新创业教育的深入开展提供理论指导和实践指南。

第一节 "大创"项目育人有效性的研究背景

培养创新创业人才是时代发展赋予我国高等教育的重要任务,大学生创新创业训练计划项目(以下简称"大创"项目)则是培养大学生创新创业能力的重要举措。② 因此,"大创"项目育人有效性事关创新创业人才培养的质量,特别是大学生创新创业能力的培养与发展。那"大创"项目育人有效性如何? 其

---

①国务院关于推动创新创业高质量发展打造"双创"升级版的意见[EB/OL].(2018-09-18)[2021-06-25].http://www.gov.cn/gongbao/content/2018/content_5331962.htm.

②中华人民共和国教育部.教育部关于印发《国家级大学生创新创业训练计划管理办法》的通知[EB/OL].[2021-06-25].http://www.gov.cn/xinwen/2019-07/31/content_5417440.htm.

育人有效性是如何生成的？实践中"大创"项目有效育人存在什么问题？在深化推进创新创业教育改革的背景下，该如何提升"大创"项目的育人有效性？我们将在下文对这些问题进行探究。

一、创新创业人才是实施创新驱动发展战略的智力支撑

当今是知识经济时代，创新创业是现代经济与社会发展的动力源。现今，创新创业已经成为经济发展的重要驱动力，并上升为国家战略。为在新世纪继续保持快速发展，在2006年的全国科技大会上，我国提出自主创新、建设创新型国家战略，并颁布《国家中长期科学和技术发展规划纲要（2006—2020年）》；党的十八大则提出"实施创新驱动发展战略"，指出"科技创新是提高社会生产力和综合国力的战略支撑，必须摆在国家发展全局的核心位置"；党的十九大则提出"加快建设创新型国家"，指出"创新是引领发展的第一动力，是建设现代化经济体系的战略支撑……培养造就一大批具有国际水平的战略科技人才、科技领军人才、青年科技人才和高水平创新团队"；党的十九届五中全会再次提出"坚持创新在我国现代化建设全局中的核心地位……深入实施科教兴国战略、人才强国战略、创新驱动发展战略，完善国家创新体系，加快建设科技强国"。在党的二十大报告中，习近平总书记再次强调："必须坚持科技是第一生产力、人才是第一资源、创新是第一动力，深入实施科教兴国战略、人才强国战略、创新驱动发展战略……着力造就拔尖创新人才。"[1]不管是实施创新驱动发展战略还是建设创新型国家，其关键都在于拥有一批高质量的创新创业人才作为智力支撑。对于国家发展而言，谁拥有了最前沿的科技和一流的、数量充足的创新创业人才，谁就能在科技创新中占据优势。

毋庸置疑，实施创新驱动发展战略、建设创新型国家需要大量的创新创业人才。随着国家创新驱动发展战略、创新型国家战略的不断推进，创新创业人才供不应求、现有人才创新活力不足的困局已成为制约我国经济发展与社会进步的主要障碍，如何破解这一人才困局是我国未来一段时间的重点工作，也是高校人才培养要重点解决的问题。

---

① 习近平.高举中国特色社会主义伟大旗帜为全面建设社会主义现代化国家而团结奋斗：在中国共产党第二十次全国代表大会上的报告[EB/OL].[2023-03-25]. https://www.gov.cn/xinwen/2022-10/25/content_5721685.htm.

二、"大创"项目是培养创新创业人才的基础性培育工程

大学生是实施创新驱动发展战略、建设创新型国家的生力军。为深化高校创新创业教育改革,提高大学生的创新创业能力,培养造就创新创业生力军,国家进行了强有力的政策指导,实施"大创"项目便是其中一项重要举措。"大创"项目的前身为"大学生创新性实验计划",设立于 2006 年,启动于 2007年,是我国探索创新创业人才培养的最早举措。

为推进创新创业人才培养,2006 年 11 月 6 日,根据"高等学校教学质量与教学改革工程"的总体安排,教育部高教司发布了《关于申报"国家大学生创新训练计划"试点高校的通知》①,拉开了"国家大学生创新训练计划"的序幕。2006 年 11 月 23 日,教育部高教司发布了《关于启动国家大学生创新训练计划试点工作的通知》,决定在北京大学、清华大学等 10 所高校启动"国家大学生创新训练计划"。② 2007 年,教育部印发了《教育部办公厅关于申报国家大学生创新性实验计划的通知》,申报对象为国家"211"重点建设大学,③"国家大学生创新性实验计划"正式启动。2012 年,教育部将"国家大学生创新性实验计划"调整为"国家级大学生创新创业训练计划"(以下简称"国创计划"),并于 2012 年 2 月颁布了《教育部关于做好"本科教学工程"国家级大学生创新创业训练计划实施工作的通知》,决定在"十二五"时期实施"国创计划",中央部委所属高校直接参加,地方所属高校由地方教育行政部门推荐参加。④ 2019年 7 月,教育部印发了《国家级大学生创新创业训练计划管理办法》的通知,指出"国创计划"是培养大学生创新创业能力的重要举措,是深化创新创业教育

---

① 中华人民共和国教育部.关于申报"国家大学生创新训练计划"试点高校的通知[EB/OL].(2006-11-06)[2021-06-25].http://www.moe.gov.cn/srcsite/A08/s7056/200611/t20061106_124578.html.

② 国家大学生创新创业训练计划专家工作组.砥砺十年 星火燎原:国家大学生创新创业训练计划十周年(回眸篇)[M].北京:高等教育出版社,2018:380.

③ 中华人民共和国教育部.教育部办公厅关于申报国家大学生创新性实验计划的通知[EB/OL].(2007-04-16)[2021-06-27].http://www.moe.gov.cn/srcsite/A08/s5664/moe_1623/s3846/200704/t20070416_109660.html.

④ 中华人民共和国教育部.教育部关于做好"本科教学工程"国家级大学生创新创业训练计划实施工作的通知[EB/OL].(2012-02-22)[2021-06-27].http://www.moe.gov.cn/srcsite/A08/s7056/201202/t20120222_166881.html.

改革的重要载体。①

至 2023 年,"大创"项目已实施 17 年,根据教育部公布的数据统计发现,2012—2022 年共计立项了 373897 个国家级"大创"项目(具体见表 1-1),其中创新训练项目 313642 项,创业训练项目 43686 项,创业实践项目 16549 项,累计参与人数 130 余万人,内容覆盖全部学科门类,支持经费 47 余亿元,覆盖我国大部分本科高校。"大创"项目成为我国面向全体大学生的一项创新创业人才基础性培育工程,成为推进创新创业教育的重要抓手之一。

三、"大创"项目发展快速但创新创业人才培养效果欠佳

自"大创"项目启动后,立项的项目数、参与学生数逐年增长。除了国家级项目,各个省份还设立了省级"大创"项目,多数高校则设立校级"大创"项目,形成了"国家级—省级—校级"甚至是"国家级—省级—校级—学院级"的"大创"项目实施体系。我国部分省份/地区(直辖市)2021 年"大创"项目立项情况见表 1-2。从表 1-2 可知,有 10 多个省份的"大创"项目年立项数量在 5000 项以上,有的省份年立项数量则在 10000 项以上,如辽宁省、吉林省、安徽省、浙江省、山东省、广东省、四川省、陕西省的年度立项数均超过 1 万项。此外,大部分省份/地区(直辖市)2021 年的立项数都比 2020 年有所增长,投入的经费、学生受益数也都在逐年增长。

表 1-1　2012—2022 年国家级"大创"项目立项情况

年份	总立项	创新训练项目(项)	创业训练项目(项)	创业实践项目(项)	总参与人数(万)	总经费(亿元)
2022	41982	35314	5153	1515	未知	未知
2021	38492	32667	4256	1569	未知	未知
2020	38207	31845	4734	1628	未知	未知
2019	38447	32171	4508	1768	16.1	5.9
2018	39575	32807	4769	1999	16.7	7.5

①中华人民共和国教育部.教育部关于印发《国家级大学生创新创业训练计划管理办法》的通知[EB/OL].(2019-09-15)[2021-06-27].http://www.gov.cn/xinwen/2019-07/31/content_5417440.htm.

续表

年份	总立项	创新训练项目(项)	创业训练项目(项)	创业实践项目(项)	总参与人数(万)	总经费(亿元)
2017	36000	29878	4124	1998	14.4	未知
2016	33054	27375	3956	1723	11.5	5.9
2015	29339	24864	3068	1407	12.0	5.0
2014	25474	21718	2736	1000	10.3	4.5
2013	23305	19741	2587	977	8.4	3.1
2012	30022	25262	3795	965	11.2	5.8
合计	373897	313642	43686	16549	未知	未知

注:根据教育部公布的数据进行整理,但2017年的经费数据缺失,2020年、2021年、2022年的参加人数与经费数据缺失。

表1-2 部分省份/地区2021年"大创"项目立项、结题情况

单位:项

省份/地区	立项情况				结题情况			
	总立项数	国家级	省级/市级	校级	总结题数	国家级	省级/市级	校级
北京	4876	689	1636	2251	3908	685	1231	1992
天津	4178	743	1472	1963	3914	685	1347	1882
河北	—	676	2306	—	—	667	2452	—
山西	3684	353	1024	2307	2844	327	559	1958
内蒙古	1671	167	347	1301	1386	136	270	980
辽宁	13236	1346	2741	9449	10545	1017	2741	6787
吉林	11356	1683	3391	6282	5982	1351	2483	2148
上海	—	1873	4114	—	—	—	—	—
黑龙江	8501	924	2576	5001	—	—	—	—
江苏	—	2469	—	—	—	1984	—	—
浙江	16456	3762	4600	8103	—	—	—	—
安徽	19720	3542	8419	7759	17396	4045	7697	5654

续表

省份/地区	立项情况				结题情况			
	总立项数	国家级	省级/市级	校级	总结题数	国家级	省级/市级	校级
福建	7130	1061	2114	3955	7734	1422	1993	4319
江西	2271	817	—	—	3998	730	613	2655
山东	32775	1443	4346	26986	—	—	—	—
广东	14365	1537	2989	9839	11552	1441	2706	7405
河南	6628	792	1619	4217	5675	684	1325	3666
湖北	5744	1552	4192	—	—	—	—	—
湖南	—	1575	4641	—	6226	1388	2347	2491
海南	2543	291	484	1768	—	—	—	—
广西	9023	1477	4524	3022	5690	1042	2935	1713
重庆	—	520	—	—	—	320	—	—
四川	26476	2521	5881	18074	12346	2151	3856	8239
贵州	—	620	1835	—	2133	480	986	667
西藏	600	100	269	231	347	65	140	142
陕西	11564	2545	5085	3934	10413	2362	4611	3440
甘肃	5863	849	1130	3884	3752	735	1071	1946
宁夏	2248	109	397	1742	1585	123	373	1089
新疆	—	255	—	—	—	348	639	—

注:根据国家级创新创业训练计划平台上各省/地区大学生创新创业训练计划 2021 年年度进展报告进行整理,其中云南省报告中没有提供相关数据;表中"—"表示没有查到相关数据。

虽然"大创"项目的立项数量、经费投入、学生受益数、申请学校覆盖面等都在逐年增长,但"大创"项目在实施过程中也存在一些显著问题。例如,从前文的表 1-1 可知,在"国创计划"的立项项目中,三个类别的项目立项数比例极其不均,"创新训练项目"占总体的 83.89%,"创业训练项目"占总体的 11.68%,"创业实践项目"占总体的 4.43%。此外,"大创"项目在实施过程中则存在立项项目数量多但质量低、学生参与动机功利化、学校支持不足、导师缺乏经验与能力、过程管理不严、实施效果不佳等问题。[①]

不少实证研究表明,广大师生对创新创业教育的满意度普遍不高。例如,刘帆对我国 938 所高校的 2379 名的问卷发现,教师对创新创业教育的整体满意度均值为 3.40(五点计分)。[②] 黄兆信与黄扬杰的一项以我国 1231 所高校 201034 名大学生的调查则发现,学生对学校创新创业教育质量的总体满意度的均值为 3.67(五点计分),教师的总体满意度均值为 3.71(五点计分)。[③] 卓泽林对粤港澳大湾区 58 所高校的 5021 名学生的调查也得到了类似的结果。[④] 可见,大多数学生与教师对创新创业教育质量的总体满意度均未达到"比较满意"。实际上,创新创业教育质量不高,最集中的体现是大学生创新创业能力培养效果不理想。王洪才与郑雅倩开展的一项大规模调查发现,我国大学生的创新创业能力总体处于中等水平,并且,大学生创新创业能力的发展并未随年级升高而提升。[⑤]

"大创"项目作为我国创新创业教育的重要组成部分,作为培养大学生创新创业能力、培养创新创业人才的重要举措,其实施本身存在的诸多问题必然会影响到师生对创新创业教育的满意度评价、必然会影响到大学生创新创业能力的培养效果。这不禁要我们思考:"大创"项目实施了将近 20 个年头,为何大学生的创新创业能力并没有得到显著发展?"大创"项目育人应遵循什么逻辑才能有效提高大学生的创新创业能力?如何提高"大创"项目的育人有效性?

四、创新创业人才培养研究是高等教育研究的重点难点

创新创业人才培养的重要性、迫切性已得到高等教育实践者与研究者的普遍认可。与培养实践探索一样,理论界对创新创业人才培养也展开了丰富

①黄声巍.大学生创新创业训练计划项目实施存在问题分析[J].农村经济与科技,2018(18):253-254.

②刘帆.高校创新创业教育现况调查及分析:基于全国 938 所高校样本[J].中国青年社会科学,2019(4):67-76.

③黄兆信,黄扬杰.创新创业教育质量评价探新:来自全国 1231 所高等学校的实证研究[J].教育研究,2019(7):91-101.

④卓泽林.粤港澳大湾区高校学生创新创业教育质量满意度提升研究[J].华东师范大学学报(教育科学版),2020(12):53-63.

⑤王洪才,郑雅倩.大学生创新创业能力测量及发展特征研究[J].华中师范大学学报(人文社会科学版),2022(3):155-165.

的研究。但同样的,理论界也尚未能探明创新创业人才成长的规律与培养的机理,仍然未能解决"如何才能培养高质量的创新创业人才""为什么我们的学校总是培养不出杰出人才"等问题。当前,在如何才能充分发挥各类创新创业教育项目的育人作用以更好地培养创新创业人才,如何才能更好地培养大学生的创新创业能力等问题上,仍然是缺乏理论指导的。此外,随着创新创业教育的不断推进,尤其是,现今我国的创新创业教育由普及阶段进入深化改革发展阶段,在实践过程中也出现了不少新问题,同时也产生了不少关于创新创业人才培养的有益做法,这些都亟须从学理层面进行更深入、系统的分析与总结,才能更进一步提升创新创业教育的质量,推进创新创业教育的高质量发展。

第二节 "大创"项目育人有效性的研究意义

本书拟对"大创"项目育人有效性的内涵与分析维度及判断标准、"大创"项目育人有效性的生成逻辑、"大创"项目有效育人存在的问题与成因、"大创"项目有效育人的提升策略等进行探究,研究结果将对提升"大创"项目的育人效果与大学生的创新创业能力、推进我国创新创业教育高质量发展具有重要意义。

一、理论意义

从理论研究角度,本书的意义如下:

一是将能丰富创新创业教育高质量发展、创新创业人才培养的理论成果。"大创"项目是高校创新创业教育体系的重要组成部分,是深化创新创业教育改革的重要载体。[①] 本书对"大创"项目育人有效性的内涵与生成逻辑等进行探究,即是尝试构建创新创业教育高质量发展、创新创业人才培养的理论基础,因而,研究结果将能在一定程度上揭示创新创业教育高质量发展和创新创业人才培养的内在机理。

---

①中华人民共和国教育部.教育部关于印发《国家级大学生创新创业训练计划管理办法》的通知[EB/OL].(2019-09-15)[2021-06-27].http://www.gov.cn/xinwen/2019-07/31/content_5417440.htm.

二是将有助于丰富"大创"项目研究的内容并提升研究的深度。"大创"项目自实施起就引起了学者们广泛的关注,已有研究对"大创"项目的管理模式与机制、实施概况、对学生能力发展的影响等进行了探究。对"大创"项目育人有效性的内涵与判断依据、育人有效性的生成逻辑等进行研究,不仅有助于弥补已有研究的不足,更能丰富"大创"项目研究的内容并提升研究的深度。

三是将有助于拓宽项目学习有效性研究以及大学生团队学习研究的广度与深度。"大创"项目是项目学习的具体应用,且大多数项目以团队形式开展。因而,对"大创"项目育人有效性的生成逻辑进行研究,实际上也是对大学生项目学习与团队学习的机理进行研究,所以,研究结果不仅有助于丰富大学生项目学习与团队学习的研究成果,还能检验项目学习理论在创新创业教育中的适用性,更将有助于拓宽项目学习有效性研究的广度与深度。

四是将能为"大创"项目的育人效果评价以及创新创业教育质量评价提供理论参考。"大创"项目的实施效果评价是"大创"项目实践中的重要内容,每年教育部与各大高校都要组织"大创"项目的评价,但已有评价标准的有效性还缺乏实证检验。此外,目前虽然有不少学者对高校的创新创业教育质量进行了研究,但大多是对创新创业教育的整体质量进行研究,并且以大学生的创新创业能力为创新创业教育质量评价的核心指标的研究以及针对某一具体的创新创业教育项目(活动)的质量评价研究均很少。本书拟对"大创"项目育人有效性的内涵与关键维度及其判断标准进行探究,同时还将分析"大创"项目育人有效性的生成逻辑,这些结果将能为"大创"项目的效果评价以及创新创业教育质量评价提供新思路与理论参考。

二、实践意义

从实践开展的角度,本书的意义如下:

一是将有助于提高"大创"项目的育人成效。虽然"大创"项目已走过了近20个年头,但已有研究发现,"大创"项目在实施过程中还存在诸多问题,例如,有学者指出"大创"项目在实施过程中存在宣传力度不够、学生参与面较窄、管理力量薄弱、项目管理不够精细等问题;[1]还有学者指出存在项目申请

---

①刘雷,侯小兵,杨洋,等.地方高校大学生创新创业训练计划项目:现状、问题与对策[J].绵阳师范学院学报,2020(9):38-45.

与实施效果低下、输出难以把控等问题。① 本书拟对"大创"项目育人有效性的生成逻辑以及"大创"项目有效育人存在的问题进行深度解析,研究结果将能为各高校提高"大创"项目的育人有效性提供参考。

二是将能为高校培养大学生的创新创业能力提供依据与参考。根据王洪才的观点,创新创业人才的核心能力是创新创业能力,大学生创新创业能力培养应成为高质量高等教育的核心内涵。② 但已有研究发现,我国大学生的创新创业能力总体处于中等偏下水平,大学生的创新创业意识与创新思维尤为不足。③ "大创"项目是培养大学生创新创业能力的重要举措,本书拟对"大创"项目育人有效性的生成逻辑进行深入研究,并分析"大创"项目育人存在的现实问题与成因、总结提炼实践中"大创"项目有效育人的成功经验,这些研究结果能为学校与创新创业指导教师培养大学生的创新创业能力提供有力指导。

三是将能为高校及创新创业教师开展创新创业教育实践提供参考。"大创"项目是高校开展创新创业教育的重要举措。本书拟从学生学习的角度对"大创"项目育人有效性进行深入研究,对大学生在"大创"项目中的师生互动、生生互动以及项目运行中团队组建、选题确定、任务执行与成果形成等进行重点剖析,这不仅能为高校、教师有效推进"大创"项目,提升大学生创新创业能力提供指导,也能为高校开展其他类型的创新创业教育活动,例如"互联网＋"创新创业竞赛、创新创业课程等提供参考。

第三节 "大创"项目育人有效性的研究进展

由于"大创"项目既是我国创新创业教育体系的重要组成部分,又是项目学习在创新创业教育中的具体应用,还是本科生参与科研的一种代表性形式。因而,以下将从四个方面展开文献综述:一是创新创业教育相关研究,主要梳

①王雅丽,乐家华,王方方,等.三全育人视域下大学生创新创业训练计划项目质量保障体系研究[J].创新创业理论研究与实践,2020(22):191-193.

②王洪才.创新创业能力培养:作为高质量高等教育的核心内涵[J].江苏高教,2021(11):21-27.

③刘勤,刘冬兰.在校大学生创新创业能力现状与提升研究:以G高校为例的调查[J].大学教育,2020(2):33-35.

理创新创业教育研究的整体概况和创新创业教育效果影响因素的相关研究；二是项目学习的相关研究，主要梳理项目学习对学生发展的影响、项目学习效果影响因素的相关研究；三是本科生科研的相关研究，主要梳理本科生科研在我国高校中存在的问题、对大学生的影响、本科生科研收获的影响因素的相关研究；四是"大创"项目的相关研究，主要梳理"大创"项目的实施现状、管理机制、育人效果及影响因素、质量评价方面的研究。

一、创新创业教育相关研究

创新创业教育实践的有效推进需要创新创业教育研究提供理论基础。随着创新创业教育的开展与推进，创新创业教育研究也随之取得了丰硕成果。

（一）创新创业教育研究的总体概况

1. 国内研究总体状况：成果丰富但教与学的微观研究不足

创新创业教育实践的开展推动了其理论研究的发展。通过以创新创业教育、创业教育、创新教育、"双创"教育等关键词在"中国知网"等电子数据库进行检索，共检索出文献 49702 篇，其中中文文献 45820 篇，外文文献 3882 篇（检索日期 2022 年 11 月 12 日），博士论文 54 篇；发文总体趋势见图 1-1。在国家图书馆以"创新创业"为关键词进行检索发现，题名中含有"创新创业教育"的图书有 750 部，题名中含有"创新创业人才培养"的图书有 85 部。文献检索表明，创新创业教育研究最早的中文文献为《职业技术教育》于 2001 年刊发的《劳动保障部培训就业司副司长信长星强调　要把创新创业教育引入技校教学之中》。[①] 同年，信长星就"将创新（创业）教育引入技工培养"进行了阐述[②]。随后，创新创业教育逐渐引起个别学者的关注。2002 年，周明星对高职学生创新创业能力的内涵、教育的主要内容与培养的实现途径进行了阐述。[③]张树军等则在 2003 年对创新创业教育的培养模式展开了探讨。[④] 此外，姚卫

①柳翠钦.劳动保障部培训就业司副司长信长星强调 要把创新创业教育引入技校教学之中[J].职业技术教育,2001(9):15-17.

②信长星.将创新（创业）教育引入技工培养[J].中国培训,2001(5):18-19.

③周明星.高职学生创新创业能力及其培养[J].职教通讯,2002(3):55-57.

④张树军,刘泰强,郝培峰.创新创业教育培养模式探讨[J].辽宁教育研究,2003(1):68-70.

如与李良敏[①]、王俏与董亚军[②]则对高职院校如何开展创新创业教育进行了初步探讨。在 2003 年至 2009 年,学者们就创新创业教育的模式、必要性、质量评价、体系构建、现状等开展了零星的探讨。到了 2010 年,创新创业教育开始引起较多学者的兴趣,年发文量超过 100 篇,而在 2015 年国务院发布《关于深化高等学校创新创业教育改革的实施意见》[③]后,创新创业教育开始引起学者们的广泛关注,当年发文量大幅度增长,到 2016 年有关创新创业教育的年发文量则突破 1200 篇,比 2015 年增长一倍多,并在 2019 年迎来发文的高峰,年发文量超过 3400 篇,此后,有关创新创业教育的年发文量虽有所下降,但 2020 年与 2021 年的年发文量仍保持在 2000 篇以上。

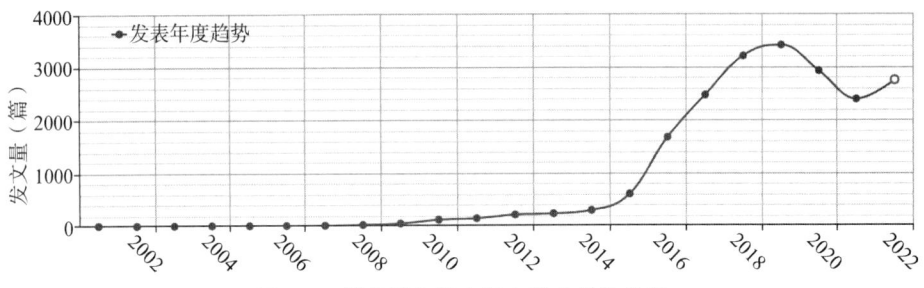

图 1-1　创新创业教育研究发文总体趋势

随着学者们对创新创业教育关注的增多,创新创业教育研究的主题也随之变得丰富与多样。文献研究发现,创新创业教育体系、创新创业教育模式、创新创业教育评价、创新创业教育改革、创新创业教育课程、创新创业能力培养、创新创业教育影响因素、创新创业人才培养、创新创业教育教学改革、创新创业教育师资队伍建设、创新创业教育生态系统等成为学者们关注的主要议题。目前,有不少学者采用文献计量的方法对我国的创新创业教育研究进行了分析。例如,储德平等的研究发现,基础理论、发展现状、教育模式、创新与创业的关系、经验与启示、效果评价是 1999—2016 年间我国创新创业教育研

①姚卫如,李良敏.职校营销专业开展创新创业教育初探[J].安徽商贸职业技术学院学报,2003(1):70-71.

②王俏,董亚军.论高等职业教育中的创新创业教育[J].河北工业大学成人教育学院学报,2003(3):63-65.

③国务院办公厅.国务院办公厅关于深化高等学校创新创业教育改革的实施意见[EB/OL].(2015-05-13)[2021-07-25].http://www.gov.cn/zhengce/content/2015-05/13/content_9740.htm.

究的主要研究热点。[①] 洪柳的研究则发现，2001—2017 年，研究者广泛关注的主题有创新创业教育的现状、体系与人才培养、模式、专创融合、路径与策略等。[②] 敦帅等的研究则发现，2002—2020 年，企业管理、创新创业人才、"互联网＋"、大学生创新等是研究者广泛关注的主题，并且整体上呈现出"目标—路径—载体"的基本逻辑与框架。[③] 综上可见，我国的创新创业教育研究成果非常丰富，但关于创新创业教与学的微观研究还较少。

2. 国外研究总体状况：教与学的微观研究是重点

微观的教与学的原理、原则、方法、过程与效果是国外创业教育研究关注的重要内容。范昕俏对国际创新创业教育研究进行文献计量分析发现，国外的研究主要围绕"学科体系""生态网络"与"教育评价"三个方面展开，其中"学科体系"主要关注的是学生、教师队伍建设、课程体系建设、教学方法、学习等内容，"教育评价"主要关注的是创新创业教育的有效性、输出、挑战、目标等，"生态网络"则主要关注大学、政府、机构、政策等。[④] 皮塔维（Pittaway）通过系统文献综述对 1970—2004 年所发表的、经过筛选后的 185 篇有关创业教育的论文进行主题分析发现，创业教育的总体政策环境、大学企业环境、创业教育项目、毕业生的创业与就业能力是这一时期学者们集中关注的主题，其中"创业教育项目"是发文量最大的主题，在该主题下学者们又集中关注的是学生的创业倾向、创业课程的教学法、课外活动、大学创业教育的作用这些主题。[⑤] 穆罕默德（Mohamed）等人从 Elsevier、Emerald、Inderscience 和 Taylor and Francis 这四个数据库中选择了 90 篇在 2009—2019 年发表的关于创业教育的论文进行分析发现，创业教育发展是该时期学者们研究最多的话题，在该话题下学者们又集中关注学生在创业教育中的学习过程与效果、创业教育项目的效果、创业教育的益处、大学生创业意向、创业教育评估这些主题，创业学习

①储德平,杨翌,张秦.近二十年中国高校创新创业教育研究态势:基于 CSSCI 数据库的分析[J].中国成人教育,2017(1):68-72.

②洪柳.基于核心期刊和 CSSCI 数据库文献计量的创新创业教育研究综述[J].民族教育研究,2018(4):129-134.

③敦帅,陈强,王丽娟.中国创新创业教育研究述评与展望:基于 CiteSpace 的知识图谱分析[J].科学管理研究,2021(3):2-9.

④范昕俏.国际创新创业教育研究现状及启示:基于 Web of Science(2009—2018)文献的数据分析[J].技术经济与管理研究,2019(6):36-40.

⑤PITTAWAY L, COPE J. Entrepreneurship education: a systematic review of the evidence[J]. Social science electronic publishing, 2016(5):479-510.

则是自 21 世纪初以来就受到了研究者的广泛关注,并成为一个越来越重要的研究领域。①

3. 创新创业教育的高质量发展需要加强教与学的微观研究

对比国内外有关创新创业教育研究的主题分析可知,整体而言,目前我国的创新创业教育研究主题非常丰富多样,但深入、系统的研究较为欠缺,研究的体系性不足。从研究主题与研究方法看,已有研究多为宏观与中观研究,虽然近年来研究者们开始关注创新创业教育的课程开发、教学实践改革、创新创业能力的影响因素等微观层面的理论与实践问题,但总体来说,有关创新创业教育的微观研究还非常欠缺,尤其是对学生在创新创业教育中的学习理论与实践问题的关注甚少。相比较而言,国外的创新创业教育研究则更加重视微观的教学与学习过程研究,尤其是对学生在创业教育中的学习过程与效果、创业教育的教学方法、课程内容、某项创新创业教育实践的有效性等微观层面的问题更为关注。这种差异一方面可能是我国的创新创业教育起步较晚、是一个新事物所致。因为人们认识与接受一个新事物往往要先从观念上理解它。另一方面也可能是我国的高等教育研究更为重视宏观、中观的理论研究、政策研究的研究氛围所致。然而,"所有宏观的理论、宏观的政策,它只有通过微观的教学过程才能够进入人才培养的实践"。② 在新时期,创新创业教育要想深入发展、要向高质量发展,必须重视创新创业教育教与学的原理、原则、过程、方法与效果等微观层面的理论研究,这样才能使我国的创新创业教育真正深入实践。著名的创业教育专家法约尔(Fayolle)和盖利(Gailly)就指出,创业教育研究应该重点探讨教学模式与方法、学习方法与过程,从而发展创业教育理论。③

(二)创新创业教育效果影响因素相关研究

文献梳理发现,影响创新创业教育效果的因素众多,其作用机理也更为纷

①MOHAMED N A, ALI A Y S. Entrepreneurship education: systematic literature review and future research directions[J]. World journal of entrepreneurship, management and sustainable development, 2021(4):644-660.

②潘懋元.高等教育研究要更加重视微观教学研究[J].中国高教研究,2015(7):1.

③FAYOLLE A, GAILLY B. From craft to a science: teaching models and learning processes in entrepreneurship education[J]. Journal of European industrial training, 2008 (7):569-593.

繁复杂。总体而言,已有研究主要探究了创新创业教育相关政策、大学创新创业环境与资源、创新创业教育课程、创新创业教学方式、学生个体特征、学生创新创业教育参与等对创新创业教育效果的影响,而关于创新创业教育效果的衡量则主要有创新创业教育的整体质量、学生的创新创业意愿与行为、学生的创新创业能力等。

1. 教育政策与制度对创新创业教育效果的影响尚不明朗

教育的有效开展离不开政策的支持。已有不少研究探究了政策、制度对创新创业教育效果的影响,不过这些研究的结果并不一致。皮塔韦(Pittaway)和科普(Cope)通过对 1970 年至 2004 年的 185 篇英文学术论文进行文献研究发现,已有研究探究了美国《珀金斯职业技术法案》(Perkins Vocational and Technical Act)、美国小企业研究所项目(the US Small Business Institute Programme)、美国贝-多尔法案(the US Bayh-Dole Act)、英国高等教育企业计划(the UK Enterprise in Higher Education Programme)等政策对创业教育的影响,并且这些研究得出的一般结论均说明了政策在促进和影响创业教育方面的作用,但也有研究表明,为一个目的而设计的政策(如《Bayh Dole 法案》)可能会对创业教育产生间接的正面或负面影响。[①] 沃尔特(Walter)和波洛克(Block)的一项基于制度理论与创业行为模型的研究则发现,国家政策环境会调节创业教育与学生创业活动之间的关系,创业教育与学生创业活动之间的正向关系在制度不利的环境中比在创业友好的环境中更强。[②] 这些结果表明,国家政策环境对创业教育具有重要影响,这些结果也表明创业教育的效果具有情境偶然性、教育政策对创业教育效果的影响是复杂的,教育政策对创业教育效果的影响还可能会受到政策执行情况等的影响。

国内学者则更多关注我国创新创业教育政策的制定与演变逻辑,而非这些政策对创新创业教育效果的影响。例如,张凤娟等基于历史制度主义政策变迁理论对我国创新创业教育政策的范式变迁与嬗变逻辑进行了分析,并将我国高校创新创业教育政策变迁划分为酝酿萌芽期(1998—2001 年)、试点探索期(2002—2009 年)、迅速发展期(2010—2013 年)和全面建设期(2014 年至

---

①PITTAWAY L,COPE J. Entrepreneurship education: a systematic review of the evidence[J]. International small business journal,2007(5):479-510.

②WALTER S G,BLOCK J H. Outcomes of entrepreneurship education: an institutional perspective[J]. Journal of business venturing,2016(2):216-233.

今)四个阶段。① 此外,魏署光等②、杨冬③、冯英等④不少学者也对我国创新创业教育政策的演变进行了分析。这些研究基本上都是基于政策文本,从不同的视角分析我国创新创业教育政策的发展阶段和变迁逻辑,这对我们把握这些政策的内容、要点与形成和发展逻辑提供了参考,但对于了解这些政策的效果尤其是对创新创业教育效果的影响却帮助甚少。当然,也有少部分学者探究了创新创业教育政策对大学生创新创业行为的影响。例如,李霞和戴胜利等不仅构建了大学生创新创业"政策—规范—认知"模型,并且验证了政府政策制度、社会支持规范制度、高校对创新创业政策制度的认知与支持对大学生创新创业行为的积极影响。⑤ 此外,不少学者在构建创新创业教育质量评价指标体系时,也会将创新创业的政策制度作为指标体系的一个衡量指标维度。这些研究反映了学者们对创新创业教育政策对于创新创业教育效果的重要性的认可,但对于政策环境是如何影响高校的创新创业教育效果、如何提升政策环境对创新创业教育质量的促进作用等还缺乏关注和探究。

2. 创新创业文化氛围是影响创新创业教育质量的重要环境因素

任何教育活动都是在一定的情境中进行的,并需要一定的软/硬件条件支持。因而,创新创业教育的效果除了受到由国家政策、制度等所形成的外部环境影响外,必然也会受到高校环境因素的影响。拉斯穆森(Rasmussen)等在对瑞典 5 所大学的创业教育活动进行研究时提出,大学至少应该从三个方面来激发学生的创业精神:一是在学校中营造一种积极进取的文化氛围,二是为学生开设创业课程,三是为有创业意愿的学生提供特定的培训计划;此外,他们认为营造积极进取的文化氛围可能是最重要的。⑥ 皮塔韦等的文献研究则

①张凤娟,潘锦虹.我国高校创新创业教育政策的范式变迁及其嬗变逻辑[J].高等工程教育研究,2022(5):151-156.

②魏署光,吴柯豫.渐进决策理论视角下我国创新创业教育政策的发展与嬗变[J].现代教育管理,2021(12):19-28.

③杨冬.我国高校创新创业教育政策变迁的轨迹、机制与省思[J].高校教育管理,2021(5):90-104.

④冯英,张卓.我国大学生创新创业政策演进及地区差异分析:基于 1998—2019 年政策文本[J].国家教育行政学院学报,2021(2):52-60.

⑤李霞,戴胜利,肖泽磊.基于"政策—规范—认知"模型的大学生创新创业制度研究[J].教育发展研究,2016(3):72-78.

⑥RASMUSSEN E A,SORHEIM R. Action-based entrepreneurship education[J]. Technovation,2006(2):185-194.

表明,大学的创业环境也是创业教育研究中人们关注的重要主题,大学的组织文化尤其是支持学术创业的活动和文化水平、大学的治理和领导、大学的基础设施尤其是服务于企业的基础设施等都是影响创业教育的重要背景因素,这些因素会对参与"创业教育"的人员的性质和供给产生影响,并且这些因素本身也在形塑着学校的创新创业环境。[1] 马丁(Martin)和麦克纳利(Mcnally)则采用实证研究验证了大学环境对创业教育效果的积极影响。[2]

国内也有不少学者关注了大学环境因素对创新创业教育效果的影响。例如,黄侃基于赫兹伯格的双因素理论进行研究发现,教育资源、表彰与奖励、学习条件等这些都是影响创新创业教育效果的激励因素,孵化园等实践场所、创新创业学分设置、创新创业氛围等则是保健因素,激励因素能激发学生创新创业教育的学习积极性,但不能改变学生厌学的不满情绪,保健因素能改善学生的厌学情绪,但对学生学习积极性没有显著影响。[3] 这一研究结果表明,高校的环境因素对创新创业教育的影响可能并不是线性的。此外,胡玲和杨博则研究发现,专设创新创业学院、校内外实践基地的场地面积均与高校创新创业教育实施效果显著正相关。[4] 同样,李旭辉和孙燕的研究也得到了类似的结果。[5] 刘其龙则认为教学资源、实训资源与社会网络资源的数量与质量都会影响大学生创新创业能力的发展。[6]

从已有研究可知,大学环境对创新创业教育效果的重要性已得到学者们的普遍认可,并且学者们通常是将大学环境的影响作为一个整体进行分析。相比较而言,国外学者在探究大学环境的影响时更关注的是大学所营造的创

①PITTAWAY L,COPE J. Entrepreneurship education:a systematic review of the evidence[J]. International small business journal,2007(5):479-510.

②MARTIN B C,MCNALLY J J,KAY M J. Examining the formation of human capital in entrepreneurship:a meta-analysis of entrepreneurship education outcomes[J]. Elsevier,2013(2):211-224.

③黄侃."双因素理论"视域下高职学生创新创业教育影响因子及激励机制研究[J].中国职业技术教育,2018(21):66-71.

④胡玲,杨博.高校创新创业教育效果的影响因素研究:基于2016—2018年我国150所创新创业典型经验高校的数据[J].华东师范大学学报(教育科学版),2020(12):64-75.

⑤李旭辉,孙燕.高校大学生创新创业能力关键影响因素识别及提升策略研究[J].教育发展研究,2019(Z1):109-117.

⑥刘其龙.资源协同视域下大学生创新创业能力发展机制探究[J].教育与职业,2018(16):57-59.

业氛围的影响,而国内学者则更关注大学中的校内外创业指导机构数量、创新创业孵化基地数量、创新创业实践基地与平台的影响。虽然学者们普遍认可大学环境对创新创业教育效果的重要性,但采用实证研究来探究大学环境的影响效应及作用机理的研究还在少数。大学环境究竟会对创新创业效果产生多大的影响,其对创新创业教育效果的影响主要是直接的还是间接的,大学环境中的哪些要素对创新创业教育的效果是更为重要的等问题还缺乏深入探究。

3. 创新创业课程并不总能提升创业意愿

创新创业教育课程是创新创业教育体系的重要组成部分,其对创新创业教育效果的重要性不言而喻。国外有不少学者探究了创业课程对创业教育效果的影响,但研究的结果却存在较大差异。人们一般认为创业课程有助于提升学生的创业意愿、创业知识与创业技能,部分研究也支持了这一认知。例如,丁(Din)等对马来西亚尤塔拉大学(UUM)开设的创业课程的有效性进行评估发现,创业课程能有效提高大学生的创业技能,商业计划、风险思维与自我效能感和课程效果之间存在着密切的关系。[1] 此外,加法尔(Gafar)等[2]、欧莱伊亚(Olaiya)等[3]对马来西亚房地产管理专业学生的调研也得到了类似的结果。巴尔巴-桑切斯(Barba-Sánchez)等的一项以西班牙卡斯蒂利亚-拉曼恰大学(University of Castilla-LaMancha)计算机工程专业与工业工程专业学生的研究也验证了创业课程对学生创业意愿的积极影响。[4]

不过,也有部分研究发现,创业课程并不总是有效的。例如,韦斯特黑德(Westhead)等的一项以乌克兰3所大学为对象的研究发现,创业课程对创业意愿的积极影响并不总是显著的,而是会受到学生性别的调节影响,创业课程

①DIN B H,ANUAR A R,USMAN M. The effectiveness of the entrepreneurship education program in upgrading entrepreneurial skills among public university students[J]. Procedia social and behavioral sciences,2016(15):117-123.

②GAFAR M,KASIM R. Is the impact of entrepreneurship education as remarkable as the demand? [J]. Abstract of emerging trends in scientific research,2014(8):239-250.

③OLAIYA M G. The impact of entrepreneurship educations on entrepreneurial capacity and self-employment[J]. Journal of small business and enterprise development,2015(2):92-93.

④BARBA-SÁNCHEZ V,ATIENZA-SAHUQUILLO C. Entrepreneurial intention among engineering students:the role of entrepreneurship education[J]. European research on management and business economics,2018(1):53-61.

并不能显著提高女大学生的创业意愿。① 马瑞施(Maresch)等的一项以奥地利大学生为样本的研究则发现,创业课程对学生创业意愿的影响会因学科不同而产生差异,与理工科学生相比,商科学生参与创业课程后的创业意愿提升更多。② 梅勒·库蒂姆(Merle Küttim)等研究发现,创业课程对大学生创业意愿的影响会受到国家类型的调节,相较于创新驱动型国家,效率驱动型国家中创业课程对大学生创业意愿的影响更强;创业课程对创新驱动型国家的本科生的创业意愿有积极影响,但对研究生的创业意愿并没有显著影响。③ 这些研究结果表明,创业课程对大学生创业意愿的影响会受到多种因素的调节。

国内学者也对创新创业教育课程给予了关注。例如,徐小洲等的一项研究发现,创业教育 MOOC 课程的学习显著地改变了学生的创业认知、情感和意向行为,但创业教育 MOOC 课程也存在一些亟须改进的问题。④ 任利华等的一项以护理学院本科生为样本的质性研究发现,护理创新创业社会实践课程提高了学生的创新创业实践能力,获得了学生的积极评价。⑤ 对比研究发现,国内学者们对创新创业课程的探索主要集中于课程的建设方面,主要探究创新创业教育课程建设的逻辑、面临的困境、课程体系的构建、课程教学模式设计这些方面,只有极少数学者探究这些课程对创新创业教育效果的影响。

综上可知,创新创业教育课程对学生的创业意愿、创新创业知识与技能的提升作用并不是确定的,而是可能会受到学生性别、学科专业、所处的背景环境等因素的影响,也可能会受到教师教学方式的影响。当然,这些研究结果的不一致也可能是研究方法不同所致。不过,即使是那些验证了创业课程对大

①WESTHEAD P, SOLESVIK M Z. Entrepreneurship education and entrepreneurial intention: do female students benefit? [J].International small business journal,2016(8):979-1003.

②MARESCH D, HARMS R, KAILER N, et al. The impact of entrepreneurship education on the entrepreneurial intention of students in science and engineering versus business studies university programs[J].Technological forecasting and social change,2016(C):172-179.

③KÜTTIM M, KALLASTE M, VENESAAR U, KIIS A. Entrepreneurship education at university level and students' entrepreneurial intentions[J]. Procedia social and behavioral sciences,2014(110):658-668.

④徐小洲,叶映华.创业教育课程设计及其有效性评价:以浙江大学《创业基础》MOOC课程为样本[J].华东师范大学学报(教育科学版),2019(1):16-22,164.

⑤任利华,陈华,孙宏玉,等.护理创新创业社会实践课程的建设及实施效果[J].中华护理教育,2022(6):513-517.

学生创业意愿产生积极影响的研究也尚未对创业课程的作用机理进行深度解析。什么类型的创新创业课程、课程的什么内容、课程在什么时候实施才更能促进创新创业教育的效果？对于这些问题,目前尚未有明确的答案。

4. 创新教学方法有助于提升大学生的创新创业能力

创新创业教育课程对大学生创新创业意愿等影响的不同,可能是因课程的教学方式方法不同所致。王洪才指出,如果高校教师不进行教学改革,仍然按照传统方式进行教学,实际上就是不支持创新创业教育[①],传统教育方法是不利于培养大学生的创新创业能力的,要提升大学生的创新创业能力就必须加强实践教学环节,进行创新教学,鼓励探究式教学[②]。当前,也有部分学者关注到了教学方式方法对学生创新创业意愿、创新创业能力等的影响。例如,马雷什(Maresch)等就研究指出,要提高创业课程的积极影响,在创业教育中就需要针对不同学生群体的特定需求来选择不同的教学方法。[③] 马里兹(Maritz)等的研究发现实地实践研究、准备商业计划书这类体验式教学活动效果最佳,理论方法的教学成效有限。[④] 杨连生和王甲男等通过准实验的方法研究发现,体验式有意练习培训可以显著提高大学生的创新创业能力,同时,创造性问题解决方式对培训前与培训后的创新创业能力的影响具有显著性差异,此外,部分创业接触经验对培训后的创新创业能力具有显著影响。[⑤] 邱杰的一项行动研究表明,以"翻转课堂"为主的教学方法改革不仅能改善教学效果,还能强化学生的学习能力和实践能力,并提升学生的协作能力与创新能力。[⑥] 从这些研究可知,要提升创新创业教育的效果,教学方式方法改革是

①王洪才.创新创业教育:中国特色的高等教育发展理念[J].南京师大学报(社会科学版),2021(6):38-46.

②王洪才.创新创业教育的意义、本质及其实现[J].创新与创业教育,2020(6):1-9.

③MARESCH D, HARMS R, KAILER N, et al. The impact of entrepreneurship education on the entrepreneurial intention of students in science and engineering versus business studies university programs[J]. Technological forecasting and social change,2016(C):172-179.

④ABDUH M, MARITZ A, RUSHWORTH S. An evaluation of entrepreneurship education in Indonesia: a case study of Bengkulu University[J]. International journal of organizational innovation, 2012(4):21-48.

⑤杨连生,王甲男,黄雪娜.体验式学习对大学生创新创业能力的影响研究[J].现代教育管理,2020(12):102-107.

⑥邱杰.会计专业课程教学改革探索:融入创新创业能力培养[J].财会通讯,2017(34):30-33.

必需的,探究式、体验式的教学方法更能提升学生的创新创业能力。

5. 影响创新创业教育效果的因素复杂多样

文献研究发现,学者们除了关注政策制度、大学环境、创新创业课程、教学方式方法对大学生的创新精神、创业意愿、创新创业行为以及创新创业能力的影响外,还有部分学者关注到了大学第二课堂对创新创业教育效果的影响。例如,黄安群的调查研究发现,有超过80%的学生认为参与第二课堂活动有助于提高他们的沟通能力和交际能力、团队意识和团队协作能力、学习兴趣和自主学习能力;有超过60%的学生表示参加第二课堂有助于提高他们的组织管理能力、机会识别能力、挑战精神和创业意识、时间观念和综合素质。[1] 顾晶晶的研究则发现,大学生参与"三创"竞赛与"互联网+"竞赛的程度与效果对大学生的就业满意度有显著预测作用。[2]

综上所述可知,影响创新创业教育效果的因素是多种多样的,这些因素的影响效应也会受到其他因素的影响。整体而言,实证研究结果表明,参加与不参加创新创业教育的学生在态度和意向水平方面存在显著差异。但也有部分研究表明,学生参与创新创业教育并不能有效提高创新创业意愿或创新创业能力,学生参与创新创业教育的结果会受到个体背景因素或是其他情境因素的调节影响。此外,已有研究中关于创新创业教育中人的因素(如教师、学生)以及教学方式、课程内容等因素对创新创业教育质量影响的探讨还十分欠缺,关于不同因素间的相互作用机理、一个具体的创新创业教育项目的影响效果与作用逻辑的探究也十分欠缺。

二、项目学习的相关研究

"大创"项目是一种以培养学生创新创业能力为目的的项目学习。因而,对项目学习的相关研究进行梳理,有助于明确研究的切入点,更好地认识与探究"大创"项目的育人有效性。以"Project Based Learning"和"Project-based Learning"等关键词在 Web of Science 中进行"标题"检索能检索到2900余条文献,其中综述性论文就有30余篇;进行"主题"检索则能检索到77000余条文献,其中综述性论文就有近1600篇。在国内,对于"Project-based

①黄安群.应用型本科实践教学第二课堂培养大学生创新创业能力的效果分析[J].黑龙江畜牧兽医,2020(12):153-155.

②顾晶晶.创新创业教育对大学生就业满意度的影响研究:基于陕西省高校毕业生的实证分析[J].统计与信息论坛,2018(9):123-128.

Learning"的译法有"项目学习""项目化学习""基于项目的学习""基于课题的学习"等多种,研究中学者采用较多的译法是"项目学习"。以上述关键词在"中国知网"等电子数据库进行"标题"检索能检索到3000余条文献,其中博士论文8篇;若进行"主题"检索则能检索到10000余条文献。在国家图书馆以"项目学习"为关键词进行检索发现,题名中含有"项目学习"的图书有560部。整体而言,学者们对项目学习的研究主要集中在项目学习的效果、项目学习的技术支持、项目学习的评价、项目学习的影响因素、项目学习设计、项目学习的实践应用等方面。下文将从项目学习的效果与项目学习的影响因素这两个方面进行文献综述。

（一）项目学习是学生学业与能力发展的有效途径

项目学习是促进学生学业与能力发展的有效途径。经过几百年的实践探索与发展,作为一种有效的教育方法,从中小学到大学,项目学习得到了全世界的认可。[①] 在 2011 年的英国教育与学习大会（UKM Teaching and Learning Congress)上,穆萨(Musa)等学者提出,学生可通过项目学习来获得21 世纪的工作场所所需要的软技能。

1. 项目学习有助于增强学习动机

学习动机是个体学习的内驱力,项目学习有助于激发与增强学生的学习动机,尤其是有助于激发与增强学生的内部学习动机。项目学习对动机的激发与增强作用得到了众多实证研究的支持。例如,韩春明（Hung Chun-Ming)等通过对台湾南部一所小学 117 名五年级学生开展准实验研究,发现基于数字故事的项目学习不仅能有效提高学生的科学学习动机,还能有效提高学生的问题解决能力和学习成绩。[②] 贝尔格莱德（Belagra）和德拉维（Draoui)的一项以一所大学二年级电气工程专业的 62 名学生为样本的调查

---

①KNOLL M. The project method: its vocational education origin and international development[J]. Journal of industrial teacher education,1997(1):59-80.

②HUNG C M, HWANG G J et al. A Project-based digital storytelling approach for improving students' learning motivation, problem-solving competence and learning achievement[J]. Educational technology & society,2012(15):368-379.

研究、①伊希克(Isik)和古驰(Gucum)的一项以一所七年级的 75 名学生为样本的准实验研究②也得到了类似的结果。

2. 项目学习是学生建构知识的有效途径

知识学习是学生学习的重要内容,项目学习是学生建构知识的有效途径。奥古兹(Oguz)和阿拉巴西奥格鲁(Arabacioglu)指出,项目学习的中心活动就涉及新知识的转化和构建。③ 项目学习有助于学习者建构知识也被众多实证研究支持。例如,柯(Koh)和赫林(Herring)等以美国中西部一所大型大学为期 12 周的一门研究生课程的项目学习进行准实验研究,结果发现相对于非项目学习期间,学生在项目学习期间表现出更高水平的知识建构,其想法被更多地整合到问题的解决方案中去,并且在项目学习过程中,项目人工制品的生产能更好地帮助学生具体化他们的知识建构过程,在项目学习过程中所伴随的教师与同龄人的反馈与评价还能进一步刺激知识的社会建构。④ 此外,项目学习在提高学生学习和成绩方面的有效性也得到了实证研究的支持。⑤

3. 项目学习是促进学生能力发展的有效途径

促进学生的能力发展是教育的核心目标,项目学习是促进学生能力发展的有效途径。有关项目学习有效性的相关研究表明,项目学习不仅有助于激发与增强学生的学习动机、促进新知识的构建,其对学生能力的发展也有显著的提升作用,尤其是对学生元认知能力、批判性思维、非认知能力的促进作用

---

①BELAGRA M, DRAOUI B. Project-based learning and information and communication technology's integration: impacts on motivation[J]. International journal of electrical engineering education,2018(4): 293-312.

②ISIK O, GUCUM B. The effect of project-based learning approach on elementary school students' motivation toward science and technology course [J]. Hacettepe Universitesi Egitim Fakultesi Dergis-Ihacettepe University journal of education,2013(3): 206-218.

③OGUZ-UNVER A, ARABACIOGLU S. A comparison of inquiry-based learning (IBL), problem-based learning (PBL) and project-based learning (PjBL) in science education[J]. Academia journal of educational research,2014(7):120-128.

④KOH J, HERRING S C, HEW K F. Project-based learning and student knowledge construction during asynchronous online discussion[J]. The internet and higher education,2010(4):284-291.

⑤CHEN C H, YANG Y C. Revisiting the effects of project-based learning on students' academic achievement: a meta-analysis investigating moderators[J]. Educational research review,2019(26):71-81.

得到了大量实证研究的支持。

(1)基于项目学习的元认知能力发展

不少研究表明,项目学习有助于促进元认知能力的发展。例如,斯特劳斯(Strauss)的研究表明,项目学习能有效提升营销专业学生的元认知水平。[①]斯特凡努(Stefanou)和斯托尔克(Stolk)等的研究发现,相较于基于问题的学习,在基于项目的学习中学生的自我调节水平更高,此外,参与项目学习的学生所报告的元认知水平也更高。[②] 萨尔特(Sart)以 86 名参加创新创业课程的研究生为样本开展的一项研究表明,在课程中通过案例解决不同问题的项目学习为元认知的发展创造了更好的环境。[③] 罗姆(Rohm)等以市场营销专业学生为样本的研究也支持了项目学习对发展学生元认知能力的有效性。[④]

(2)基于项目学习的批判性思维发展

同样,不少研究表明,项目学习是促进批判性思维发展的有效途径。例如,艾里特(Irit)和伊塔马尔(Itamar)等的一项对九年级学生和十年级学生进行为期两年的追踪研究发现,两年后,参与项目学习的学生在批判性思维方面比传统课堂上的同龄人表现出显著优势,此外,参与项目学习的学生在提出问题的技巧方面也得到了明显提升。[⑤] 伊萨(Issa)等[⑥]、罗姆(Rohm)等的研究

①STRAUSS J. Marketing capstone models: the apprentice television show with client-sponsored projects[J]. Journal of marketing education,2011(3):312-325.

②STEFANOU C,STOLK J D,PRINCE M,et al. Self-regulation and autonomy in problem-and project-based learning environments[J]. Active learning in higher education,2013(2):109-122.

③SART G. The effects of the development of metacognition on project-based learning [C]. Procedia-social and behavioral sciences,2014(152):131-136.

④ROHM A J,STEFL M,WARD N. Future proof and real-world ready: the role of live project-based learning in students' skill development[J]. Journal of marketing education,2021(2):204-215.

⑤IRIT S,ITAMAR Y,NOAM M. Fostering the skills of critical thinking and question-posing in a project-based learning environment[J]. Thinking skills & creativity,2018(29):203-212.

⑥ISSA H.B,KHATAIBEH A. The effect of using project based learning on improving the critical thinking among upper basic students from teachers' perspectives[J]. Pegem egitim ve ogretim dergisi,2021(2):52-57.

也支持了项目学习对提升批判性思维、创新性思维方面的有效性。[①] 萨博（Saab）等以 EBSCOhost、Elsevier/ScienceDirect 等数据库在 2019 年所发表的、高等教育领域内的 76 篇关于项目学习的文献进行元分析，发现这些研究中有 9 项研究都验证了项目学习对提升批判性思维的有效性。[②]

（3）基于项目学习的非认知能力发展

此外，还有不少研究表明，项目学习是促进非认知能力发展的有效途径。例如，基于准实验研究，穆萨（Musa）和穆夫提（Mufti）等发现，项目学习对于学生的团队合作能力、自信心、沟通表达能力、项目管理能力、信息收集能力、人际交往能力、问题解决能力等有显著促进作用。[③] 费尔南德斯（Fernandes）对葡萄牙一所大学的调研发现，项目学习培养了学生深层次的学习和专业实践的重要技能，如理论联系实际的能力、问题解决与时间管理能力、口头和书面沟通技能、团队合作能力、创造力和冒险精神。[④] 萨博（Saab）等对高等教育领域内的项目学习相关研究进行文献梳理则发现，项目学习对自我效能感、协作和团队合作技能、问题解决能力、写作能力、学科兴趣与专业技能的提升作用都得到了实证研究的支持。[⑤] 郝连明和綦春霞等的研究[⑥]、韩婷和郭卉等人的研究[⑦]也得到了类似的结果。

①ROHM A J, STEFL M, WARD N. Future proof and real-world ready: the role of live project-based learning in students' skill development [J]. Journal of marketing education，2021(2):204-215.

②GUO P, SAAB N, POST L S, et al. A review of project-based learning in higher education: student outcomes and measures [J]. International journal of educational research，2020(102):1-13.

③MUSA F, MUFTI N, LATIFF R A, et al. Project-based learning (PjBL): inculcating soft skills in 21st century workplace [J]. Procedia-Social and Behavioral Sciences，2012(1):565-573.

④FERNANDES S R G. Preparing graduates for professional practice: findings from a case study of project-based learning [J]. Procedia-social and behavioral sciences，2014(139):219-226.

⑤GUO P, SAAB N, POST L S, et al. A review of project-based learning in higher education: student outcomes and measures [J]. International journal of educational research，2020(102):1-13.

⑥郝连明,綦春霞,李俐颖.项目学习对学习兴趣和自我效能感的影响[J].教学与管理，2018(24):32-34.

⑦韩婷,郭卉,尹仕,等.基于项目的学习对大学生工程实践能力发展的影响研究[J].高等工程教育研究,2019(6):65-72.

（二）项目学习的有效性受多种因素影响，但团队因素的影响关注不足

项目学习有助于学习者增长知识，提升能力与塑造个性潜能，但项目学习的有效性是有条件的。文献研究发现，项目特征、项目学习的支架、项目学习的评价方式、个体特征、团队特征等都会影响项目学习的有效性。

1. 项目特征是影响项目学习有效性的关键因素

项目是项目学习的载体，项目特征是影响项目学习有效性的关键因素，因而，有效的项目学习需要精心设计项目。布鲁门菲尔德（Blumenfeld）和索洛韦（Soloway）认为，学生对项目中问题和元素的兴趣和价值将影响他们参与项目的积极性，当项目中要完成的任务具有多样性并包含新颖的元素、要解决的问题是真实的并且是具有价值和挑战性的、能够提供与他人合作的机会，方案是可行的，学生的积极性就会有所提高。此外，他们还指出，项目设计还需要让学生对工作内容、工作方式以及生成什么产品进行选择和控制，认为自己有能力参与并完成该项目。[①] 托马斯（Thomas）则认为一个好的项目应该具有课程中心性、驱动性问题、建设性调查、自主性和现实性这几个特性。[②]

国内也有不少学者对项目学习的特征进行了探讨。例如，刘景福等认为，驱动或引发性的问题、取得最终作品、关注多学科交叉知识、强调合作、在现实生活中进行探究、具有一定社会效益、运用多种认知工具和信息资源是项目学习的特征。[③] 刘云生则认为，具体真实的学习情境、综合开发的学习内容、多样而协同的学习途径、数字化与网络化的学习手段、多面而个性的学习收获是项目学习的特点。[④] 卢小花则认为，产品引领、情景真实、整体系统、团队协同、渐进探究是项目学习的五个典型特征。[⑤]

综上可知，学者们对项目学习的特征分析既有立足于项目本身的特征分析，也有从项目过程的视角进行的特征分析，还有基于项目结果的特征分析。

①BLUMENFELD P C, SOLOWAY E, MARX R W, et al. Motivating project-based learning: sustaining the doing, supporting the learning[J]. Educational psychologist, 1991 (3-4):369-398.

②THOMAS J W. A review of research on project-based learning[EB/OL].(2000-01-22)[2023-03-05].http://www.autodesk.com/foundation.

③刘景福,钟志贤.基于项目的学习(PBL)模式研究[J].外国教育研究,2002(11):18-22.

④刘云生.项目学习:信息时代重要的学习方式[J].中国教育学刊,2002(1):36-38.

⑤卢小花.项目式学习的特征与实施路径[J].教育理论与实践,2020(8):59-61.

总体而言,项目学习中的项目应该具有问题驱动性、现实性、关联性、可操作性、创新性。"大创"项目是项目学习在创新创业教育中的具体应用,这些研究结果以及分析思路给探究"大创"项目育人有效性的生成逻辑与判断标准提供了参考。

2. 教师支持是项目学习中最需要的社会支持

与传统的学习方式一样,项目学习也需要教师支持。教师是学生学习过程中的重要他人,也是项目学习的主体之一。项目学习中最重要的环境支持就来自教师。即使是精心设计的项目仅靠项目本身也无法维持学生的积极性,教师在学生是否会对项目学习感兴趣并相信自己有能力开展项目方面起着至关重要的作用。[1] 在项目学习过程中,教师作为专家实践者、榜样和教练的角色被认为是必不可少的。[2] 在项目学习中,为学生搭建学习支架、提供信息与资源、创造学习机会与环境、提供咨询与学习激励是教师的应有职责。[3] 莫里森(Morrison)等研究表明,在项目学习进程中,教师的个人关怀、对学生提出的学习挑战、为学生提供的响应性指导和建议、对学生的高标准与高期望、对学生兴趣的直接回应等都对学生的成功至关重要。[4] 李(Li)和米勒(Miller)等的研究也得到了类似的发现。[5] 叶碧欣等研究发现,教师是否进行课后辅导会调节项目学习的效果。[6] 综合可见,在项目学习进程中,教师需要扮演指导者、引导者、激励者、教练、协调者、学习资源提供者等角色,需要为学

①BLUMENFELD P C, SOLOWAY E, MARX R W, et al. Motivating project-based learning: sustaining the doing, supporting the learning[J]. Educational psychologist, 1991 (3-4):369-398.

②HELLE L, OLKINUORA P T. Project-based learning in post-secondary education: theory, practice and rubber sling shots[J]. Higher education, 2006(2):287-314.

③BLUMENFELD P C, SOLOWAY E, MARX R W, et al. Motivating project-based learning: sustaining the doing, supporting the learning[J]. Educational psychologist, 1991 (3-4):369-398.

④MORRISON J, FROST J, GOTCH C, et al. Teachers' role in students' learning at a project-based STEM high school: implications for teacher education[J]. International journal of science and mathematics education, 2020(3):1103-1123.

⑤LI T T, MILLER E, CHEN I C, et al. The relationship between teacher's support of literacy development and elementary students' modelling proficiency in project-based learning science classrooms[J]. Elementary and early years education, 2021(3):302-316.

⑥叶碧欣,桑国元,邓英华.项目学习能否提升大学英语教学成效:针对干预实验研究的元分析[J].中国高教研究,2022(7):83-88.

生的学习把握方向、监督项目的进度、组织成果展示、与学生共同克服难题、进行学习评价等。[①]

3. 过程评价与结果评价相结合更能保障项目学习的效果

评价具有导向与指挥棒的作用,会对学生的学习效果产生重要影响。评价方式对项目学习的有效性也有重要影响。例如,刘育东提出,项目学习的评价应该将过程性评价与绩效评价和对可视成果的评价相结合起来。[②] 董泽华和卓泽林则认为基于项目学习的 STEM 课程的评价应该"基于学生的学习表现运用科学得当的评价工具,设计多种形式的评价任务,丰富评价主体对象"以促进学生的学习。[③] 张文兰等则认为项目学习的评价应以多元评价为目标,强调项目后的反思,应该采用多种评价方式、多个主体参与评价,以保证评价的有效性并促进学生学习。[④]

4. 个体特征与动机是项目学习的重要影响因素

个体学习的效果常因个体特征而异。同样,项目学习的有效性也会受到个体特征的影响。学生的性别、年龄、能力基础以及一系列的性格和动机变量都可能影响项目学习的有效性。例如,迈尔(Meyer)等研究发现,不同成就目标定向的学生在项目学习中的表现存在显著差异,与"挑战回避者"相比,"挑战寻求者"在项目学习中表现出更高的失败容忍度,以及高于平均水平的数学自我效能感,他们会以更大的兴趣和对知识掌握的关注来参与项目学习。[⑤] 霍兰(Horan)和拉瓦罗内(Lavaroni)等的研究则发现,能力水平不同的学生在项目学习中的批判性思维发展与社会参与行为表现存在差异,高能力学生的社会参与行为的频率是低能力学生的 2.5 倍多,并且参与批判性思维行为的频率几乎高出 50%,但是,能力较低的学生在批判性思维和社会参与行为方面表现出最大的增长,在秋季和春季观察期间增长了 446%,而能力较强的

---

①夏惠贤,杨伊.项目学习:模型建构与可为路径[J].现代基础教育研究,2021(2):5-11.

②刘育东.国外项目学习的历史沿革及发展趋势[J].教育理论与实践,2019(19):60-64.

③董泽华,卓泽林.基于项目学习的 STEM 整合课程内涵与实施路径研究[J].中国电化教育,2019(8):76-81,90.

④张文兰,张思琦,林君芬,等.网络环境下基于课程重构理念的项目式学习设计与实践研究[J].电化教育研究,2016(2):38-45,53

⑤MEYER D K, TURNER J C, SPENCER, C A. Challenge in a mathematics classroom: students' motivation and strategies in project-based learning [J]. The elementary school journal,1997(5):501-521.

学生则只增长了 76%。① 博尔勒（Boaler）的研究则发现，男生与女生在他们喜欢的学习模式以及他们能够适应不同教学形式的程度上存在差异，女孩对传统教学的不满程度高于男孩，接触基于项目的方法可能会提高所有学生的数学成绩，尤其是女生。②

5. 团队是项目学习的组织形式，但团队因素对项目学习的影响没有得到教育研究者的重视

团队是项目学习的组织形式，在实践中，有不少的项目学习是以团队为组织形式开展的。已有研究探究了项目特征、教师支持、项目评价、个体特征与个体动机等对项目学习的影响，但文献梳理发现，在教育研究领域，甚少有学者从团队的视角来探究项目学习的影响因素。不过，在管理学领域，则有不少学者从团队的视角探究商业组织中的项目学习，探究团队因素对组织中的项目学习的影响。例如，巴奇（Bartsch）等的研究发现，团队的社会资本对企业中的项目学习有重要影响，项目团队的社会资本，即项目团队与其项目外同事的组织内社会关系，弥补了项目团队缺乏机会、动机和能力的不足，以及将项目学习成果提供给整个组织的能力，从而有助于团队成员克服项目中的学习障碍。③ 对于"大创"项目而言，团队是项目育人作用发挥的组织形式，因而，探究团队因素对项目育人有效性的影响、探究项目育人中的团队互动是非常必要的。在项目学习影响因素的研究中，团队因素没有得到教育研究者的重视，这可能是教育研究者大多是将项目学习作为一种教学方式，从"教"而不是从"学"的视角与项目管理的视角来进行探究所致。

三、本科生科研相关研究

"大创"项目是本科生科研的一种代表形式④，因而对本科生科研的相关

①HORAN C, LAVARONI, C. BELDON P. Observation of the Tinker Tech Program students for critical thinking and social participation behaviors[M]. Novato, CA: Buck Institute for Education, 1996:56.

②BOALER J. Experiencing school mathematics: teaching styles, sex, and settings [M]. Buckingham, UK: Open University Press, 1997:107.

③BARTSCH V, EBERS M, MAURER I. Learning in project-based organizations: the role of project teams' social capital for overcoming barriers to learning[J]. International journal of project management, 2013(2):239-251.

④郭卉，韩婷，黄刚.大学生科技创新团队：最有效的本土化大学生科研学习形式：基于三所研究型大学的调查[J].高教探索，2018(1):5-10.

研究进行梳理有助于更好地认识与探究"大创"项目的育人有效性。以"大学生科研""本科生科研""大学生科创"等为关键词在中国知网等电子数据库进行文献检索,共检索出文献5210篇,其中中文2781篇,外文文献2429篇;博士论文1篇(检索日期2023年2月8日)。在国家图书馆以"本科生科研"为关键词进行检索发现,题名中含有"本科生科研"的图书有35部。这些研究主要集中于探究本科生科研的现状与困境、国外高校实施本科生科研的经验介绍、本科生科研的收获及其影响因素这几个方面。

(一)本科生科研是国外知名研究型大学培养创新人才的重要途径

本科生科研源于MIT于1969年创立的"本科生研究机会计划"(Undergraduate Research Opportunities Program,UROP)[1],其后在美国、英国等国家的研究型大学中得到快速发展,并被誉为"21世纪的教学法"[2]。国外不少研究型大学都将本科生科研作为培养创新人才的有效途径,并构建了具有自身特色的本科生科研体系与模式。因而,国内部分学者从比较教育研究的视角对国外尤其是美国的本科生科研的各方面进行了研究与介绍。例如,刘宝存不仅对美国研究型大学本科生科研管理的组织结构、项目管理、时间管理、成绩管理、激励机制进行了研究与介绍[3],还对美国研究型大学本科生科研的基本类型与模式[4]、美国大学对本科生科研的作用认识与实践[5]等进行了研究与介绍。王国红则对美国本科生科研的实施举措进行了介绍[6],孙苏等则对国外本科生的评价方式进行了研究与介绍[7],高桂娟等则对加州大

①杨慧,俞安平,恢光平,等.国内外本科生科研训练比较研究[J].高等工程教育研究,2003(5):65-68.

②李正,林凤.论本科生科研的若干理论问题[J].清华大学教育研究,2009(4):112-118.

③刘宝存.美国研究型大学本科生科研的组织与管理[J].江苏高教,2004(6):117-120.

④刘宝存.美国研究型大学本科生科研的基本类型与模式[J].教育发展研究,2004(11):93-95.

⑤刘宝存.美国大学的创新人才培养与本科生科研[J].外国教育研究,2005(12):39-43.

⑥王国红.美国本科生科研的实施措施和对师生的影响[J].高等工程教育研究,2010(3):122-125.

⑦孙苏,余秀兰.国外本科生科研评价方式的比较分析[J].江苏高教,2019(11):114-118.

学伯克利分校实施本科生科研的经验进行了详细总结与分析①,高众等则研究总结出了美国本科生科研训练体系的构成要素②。基于这些研究可知,本科生科研是培养创新人才的有效途径已成为人们的共识,并且,本科生科研体系的要素构成不仅涉及研究项目,更包括组织管理、目标定位、校园文化、配套课程、评价机制、激励机制、经费支持、研究平台、成果管理、师资力量等诸多因素,这些要素不仅有其自身运行机制,相互之间也有着复杂的关系,卓越的本科生科研训练体系需要这些要素共同作用。

(二)管理低效与参与主动性不足是本科生科研存在的主要问题

从 20 世纪 90 年代起,我国的清华大学、浙江大学等研究型大学也开始了对本科生科研的探索,2007 年教育部更是启动了"大学生创新性实验计划"。随着我国高校本科生科研实践的推进,部分学者对我国高校实施本科生科研的现状与问题进行了研究。这些研究表明本科生科研虽然得到了众多高校的认可,但在实施中也存在一系列问题。例如,季诚钧等的调查发现,我国高校本科生科研存在训练不足与科研素质不高、客观条件不够、管理不成熟等问题。③ 章春军的研究则指出,重立项但轻管理、监督管理方法简单、管理分散、缺乏相应管理制度支撑等是大学生科创项目管理中存在的主要问题。④ 郭卉等的研究则发现我国工科大学生在参与科研中存在学生与教师互动频率偏低、教师指导不足的问题。⑤ 姚利民等的调查则发现人文社科的本科生参与科研训练多是为了追求功利性目标。⑥ 丁爱侠等的研究则指出大学生科创项

①高桂娟,陈乐.加州大学伯克利分校如何促进本科生科研[J].高教发展与评估,2015(5):63-71,99-100.

②高众,刘继安,陈健坤.卓越本科生科研训练体系构成要素及运行机制:基于美国高校实践的分析[J].比较教育研究,2018(4):55-61.

③季诚钧,黄昌财.高校本科生科研的意义、现状与措施[J].研究与发展管理,2003(2):95-98,107.

④章春军.大学生科技创新项目过程管理研究[J].科技管理研究,2013(10):202-207,218.

⑤郭卉,韩婷,胡皓斐.工科大学生科研学习投入探究:基于 5 所理工高校的调查[J].高等工程教育研究,2017(6):145-150.

⑥姚利民,蔡红红,王灿辉.人文社科本科生科研参与的调查与分析[J].大学教育科学,2022(5):56-64.

目存在项目选题严重教师化的问题。^① 曹晓婕等的调查则发现,当前我国本科生科研的积极性中等偏上,尤其欠缺科研主动性。^② 可见,管理低效、师生参与主动性不足是我国本科生科研实施中存在的主要问题。

(三)本科生参与科研有助于提升多元能力

国外学者与实践者普遍认为本科生科研是培养创新人才的有效途径,本科生科研也被认为是 10 种高影响力教育活动之一^③。例如,拉塞尔(Russell)等于 2003 年至 2005 年期间进行的一项针对美国本科生研究机会的全国评估纵向调查研究发现,本科生科研机会不仅有助于明确学生对研究的兴趣,增强学生对如何开展研究的理解力、对自身研究技能的信心和意识,还增加了本科生对博士学位的预期。^④ 西摩尔(Seymour)等一项为期 3 年的追踪研究发现,本科生科研不仅有助于提升学生的个人/职业收益,使学生获得各种技能,澄清/确认职业计划,还能提高学生的责任心、决策/控制工作的独立性和对学习的内在兴趣。^⑤

在我国高校实施本科生科研后,不少学者对本科生参与科研的收获和影响进行了探究。已有的研究表明,本科生科研也是我国本土情境下的高影响力教育活动^⑥,本科生参与科研有助于提升多元能力与素质。例如,李湘萍的研究表明,大学生参与科研能有效提升他们的科研效能感、认知水平与社会性

①丁爱侠,郑春龙.大学生创新性开放实验项目管理的探索与实践[J].实验技术与管理,2009(4):212-213,224.

②曹晓婕,王晨馨,赵磊磊,等."双一流"背景下本科生科研积极性影响因素实证研究[J].中国高校科技,2021(7):57-62.

③AAC & U. College learning for the new global century:a report from the National Leadership Council for Liberal Education & America's promise[R]. Washington:Association of American Colleges and Universities,2007(5):53-54.

④RUSSELL S H, HANCOCK M P, MCCULLOUGH J. Benefits of undergraduate rescarch experiences[J]. Science,2007(24):548-549.

⑤SEYMOUR E, HUNTER A, LAURSEN S L, et al. Establishing the benefits of research experiences for undergraduates in the sciences:first findings from a three-year study[J]. Science education,2010(4):493-534.

⑥郭娇.本科生高影响力活动与其毕业后预期目标的匹配:基于 2019 年中国本科教与学调查数据[J].教育发展研究,2019(23):18-26.

能力。[1] 郭卉等的研究表明,本科生参与科研能获得多方面的收获,本科生在科研项目中的平均每周投入时间、科研任务认知挑战度、与老师互动、与学长互动、与同学互动均对研究能力、学术技能、社会性能力与伙伴关系、专业社会化以及职业/教育道路的选择和准备能力有显著正向影响。[2] 综合可见,本科生科研不仅有助于提升学生的多种技能/能力,还会对学生的学习规划产生积极影响。

(四)本科生科研收获受多种因素影响,但团队因素的影响研究欠缺

虽然本科生科研有助于提升学生的多种能力,但本科生科研并不会必然取得理想效果,而是会受到各种因素的影响与制约。例如,陶金国等的研究发现,学生的自主性学习、导师指导和学校的科研支持都会影响大学生的科研参与收获,尤其是影响其科研创新能力的发展。[3] 曹晓婕等的研究则表明,性别、学校层次、科研经历、学业成绩、内在动机、外在动机、自我效能感、导师因素、学校支持都会影响本科生科研的积极性。[4] 钟春梅等的研究则发现,结果预期、精神效用、朋辈效应、科研能力、客观约束、文化氛围等都会影响本科生参与科研活动的意愿,此外,在参与意愿转化为参与行为的过程中,还受到学生个体特质因素与学校科研管理因素的影响。[5] 周志辉等的研究则发现,学长指导与导师指导、科研任务认知挑战度都会影响本科生科研投入,并且,学长指导还在导师指导与本科生科研投入的关系间起中介作用,科研任务认知挑战度则起调节作用。[6] 蔡红红等的研究则表明,是否为团队负责人、科研参

---

① 李湘萍.大学生科研参与与学生发展:来自中国案例高校的实证研究[J].北京大学教育评论,2015(1):129-147,191.

② 郭卉,韩婷.大学生科研学习投入对学习收获影响的实证研究[J].教育研究,2018(6):60-69.

③ 陶金国,张妍,廖莉莉.大学生科研创新能力影响因素的实证研究[J].高校教育管理,2020(3):104-112.

④ 曹晓婕,王晨馨,赵磊磊,等."双一流"背景下本科生科研积极性影响因素实证研究[J].中国高校科技,2021(7):57-62.

⑤ 钟春梅,周君佐,咸春龙.项目驱动下本科生科研活动参与影响因素研究:基于叙事研究的视角[J].中国高校科技,2022(3):50-56.

⑥ 周志辉,张红霞.学长指导在教师指导与本科生科研投入关系中的中介影响:科研任务认知挑战度的调节作用[J].中国高教研究,2022(7):48-54.

第一章 「大创」项目育人有效性的研究缘起

033

与次数、与导师的接触程度、导师风格都会影响本科生科研的收获。[①] 从已有研究可知,本科生的科研行为与收获不仅会受到个体因素的影响,还会受到外界客观因素的制约。同时,通过文献梳理还可知,虽然学者们对本科生科研的影响因素进行了诸多探讨与研究,但团队因素尚未得到学者们的重视。

整体而言,本科生科研同时得到了高等教育实践者与研究者的重视。本科生科研有助于培养创新型人才,其效果会受到学生个体因素与外部因素的共同影响已成为人们的共识。已有的关于本科生科研的相关研究,尤其是本科生科研影响因素的相关研究有助于思考与分析"大创"项目育人有效性的生成逻辑。然而,已有研究也存在一些不足,特别是在研究方法与研究内容上,国内关于本科生科研的研究大多是采用经验总结或是思辨或是横截面数据的方法探讨,国外研究则更多采用纵向的追踪研究,尤其是对本科生科研的效果研究;在研究内容方面,关于本科生科研有效性的机理机制的探究还较为欠缺,尤其是关于本科生科研影响因素的探究,团队因素没有得到应有的重视;在研究视角方面,从团队视角探究本科生科研的研究也较为不足。

四、"大创"项目相关研究

"大创"项目已经开展了近 20 个年头,每年都有大批项目立项,有大批学生参与,学界也对其开展了较为丰富的研究。在中国知网等电子数据库,以"大学生创新创业训练计划""大创""'大创'项目""国创计划""大学生创新性实验计划"等为关键词进行文献检索,能检索出 1000 余条文献,尚未检索到博士论文。在国家图书馆以"大学生创新创业训练计划"为关键词进行文献检索发现,题名中含有"大学生创新创业训练计划"的图书有 15 部。此外,在 2018年,为总结"国创计划"所取得的成果和经验,教育部高教司组织"国创计划"专家组编写了"国创计划"十周年纪念丛书,该丛书对"国创计划"十年来在政策制度、改革经验、学生创新创业方面的典型案例进行了梳理和汇编。整体而言,学者们对"大创"项目的研究主要集中于"大创"项目的实施现状、管理模式、育人效果、育人效果的影响因素、基于"大创"项目的教学改革、实验室管理改革这几个方面。下文主要对"大创"项目的实施现状、管理机制、育人效果及影响因素进行文献综述。

---

①蔡红红,姚利民.人文社科本科生科研效能的现状及影响因素研究[J].大学教育科学,2020(3):73-81.

（一）"大创"项目的实施面临诸多问题

"大创"项目实施的状况及存在的问题是学者们关注的一个焦点。在早期的研究中,学者们主要是对某一高校实施"大学生创新性实验计划"（"大创"项目前身）的现况与存在的问题进行总结。例如,赖晓晨等对大连理工大学实施"大学生创新性实验计划"进行问卷调查,结果发现在创新性实验计划项目运行过程中存在选题不当、管理方式欠缺、执行力难以落实、教师介入不足等问题。① 安勇等则指出"大创"项目在实施过程中存在选题不当、指导教师作用发挥不充分、创新环境整体建设有欠缺、开展创新项目目标有偏颇、受益学生数量少、功利化趋向严重、与教学活动脱节等问题。②③ 潘涌璋等对暨南大学的研究则发现,"大创"项目在管理过程中存在教师包办、成果"虚假"、项目运行过程缺乏关注等问题。④ 万思志则指出"大创"项目的实施存在教学管理教条化严重、指导教师素质和认识欠缺、参与项目目的趋向功利化、考核评价标准缺乏科学性等问题。⑤ 从上述研究结果可知,虽然"大创"项目的实施学校不同,但在实施过程中却存在一些共同的问题,如选题不当、教师介入不足、功利化趋向、过程管理不足等,这些问题的根源与集中体现是项目运行过程管理不足。

在近期的研究中,学者们开始转向关注"大创"项目实施的整体概况与存在问题。由于近年来教育部构建了"国创计划"平台、部分省份与高校也构建了"大创"项目管理平台,学者们得以基于平台的数据对"大创"项目的实施概况与存在问题进行研究。例如,刘继安和高众通过对2012—2017年"国创计划"项目的信息进行计量分析,对立项的"大创"项目的项目配置特征、项目实施过程中存在的问题等进行研究,发现理工科项目明显多于其他学科、"双一流"建设高校立项数量显著多于其他类型高校、东部地区高校折桂偏多;人文

①赖晓晨,惠煌,夏锋,等.大学生创新性实验计划实施的关键问题分析[J].实验技术与管理,2012(7):17-20, 28.

②安勇,陈建名.基于国家大学生创新性实验计划的思考[J].黑龙江高教研究,2010(6):136-138.

③安勇,邵卓峰,严俊鑫.大学生创新性实验计划实施的深度思考[J].黑龙江高教研究,2012(6):138-140.

④潘涌璋,唐启红,张秋明,等.大学生创新性实验计划项目管理模式探讨[J].实验技术与管理,2012(6):146-149.

⑤万思志.探索大学生创新性实验计划实施路径[J].中国高等教育,2010(11):42-43.

社会科学学科、非"双一流"建设高校和中西部地区高校整体处于劣势地位,但学生的创业参与积极性却更高;在项目实施过程中,项目经费投入尤其是学校配套经费低于预期,不同类型高校和不同区域的高校之间存有差异,且分类资助与指导体系不完备、开放共享的创新创业实践平台欠缺;项目主题过于集中、多样性和创新性不够、科技训练型项目比例不高是存在的主要问题。[1] 该研究为我们较为全面地把握"大创"项目实施的整体状况以及存在的主要问题提供了非常有益的参考,但该文在对"大创"项目实施状况与存在问题进行深度分析方面还存在欠缺,对不同类型高校实施"大创"项目的具体状况与存在问题也缺乏关注。

翁世杰和姜元昊对江西省 2020 年的"大创"项目的实施现况与存在问题进行分析,发现江西省各高校"大创"项目数量存在不均衡的问题,此外,"大创"项目中三种项目类型也存在分布不均的问题。[2] 林斌和宋毅对福建省 2013 年至 2018 年的"大创"项目实施状况进行分析发现,福建省"大创"项目立项数量呈渐增趋势、项目指导教师以中高职称为主、项目所属学科以工学与社科类为主、服务乡村振兴与助力精准扶贫是创业项目选题的热点。[3] 此外,还有不少学者以自身工作的学校为例,对"大创"项目实施的现状与存在的问题进行分析。

总体而言,目前关于"大创"项目实施现状与存在问题的研究主要采用两种方式,一是以教育部公布的"国创计划"立项名单为对象,通过对立项项目的所属学科、高校类型、地区分布、项目类型、经费等进行分析,从而对"大创"项目实施的状况与存在问题进行分析。这种分析有助于我们从整体上把握"大创"项目实施的概况,却缺乏对"大创"项目实施的实际状况进行调查分析,是一种静态的分析,从而不能深入、全面地把握"大创"项目实施的现实状况与存在问题。二是以某所高校的"大创"项目立项名单或是某所高校"大创"项目的实施与管理为对象,结合自身工作经验或问卷调查对"大创"项目实施的现状与存在问题进行总结分析,并在此基础上提出改进建议。这种分析有助于了

①刘继安,高众.我国高校创新创业训练项目的实施情况、问题与对策:基于 2012—2017 年"国创计划"项目信息的计量分析[J].中国高教研究,2018(11):78-84.

②翁世杰,姜元昊.高校大学生创新创业训练计划项目现状分析与管理研究:以江西省为例[J].产业科技创新,2020(19):15-16.

③林斌,宋毅.项目为导向:地方高校创新创业教育的精准实践:基于福建省 2013—2018 年"大创计划"项目信息的计量分析[J].黑龙江高教研究,2019(6):119-124.

解某所高校实施"大创"项目的现况与存在问题,从已有的研究中也可以发现"大创"项目运行过程中存在一些共性问题。不过,这些研究中以项目立项名单为分析对象的研究在分析现状时也多是对立项项目的所属学科分布、项目类型、经费等进行分析,而对"大创"项目的管理过程、学生开展项目的过程与结果、遇到的困难障碍等缺乏关注,也缺乏与其他学校进行对比分析,因而也难以深入、全面地把握"大创"项目实施的现况与解决存在的问题。

此外,虽然不少学者对"大创"项目实施过程中存在的问题进行了总结归纳,但对于所出现问题的成因却缺乏分析。这不利于我们准确认识"大创"项目实施与育人中存在的问题,不能让我们深度认识"大创"项目的育人效果为何达不到预期水平。换言之,已有研究对于"大创"项目的育人有效性为何没能达到理想预期水平这一问题还缺乏深入探究。

(二)"大创"项目的实施机制与项目管理机制是研究重点

1."大创"项目的有效实施需要重视过程管理

自教育部实施"大学生创新性实验计划"后,有不少学者对该计划的实施机制进行了探究。例如,周合兵等认为建立"大学生创新性实验计划"的实施长效机制需要建立管理机制、条件保障机制、交流平台、评价与发展机制。[①]冯林与张巍则认为"大创"项目的有效实施必须充分发挥学生的主体作用、应加强教师的指导作用、确定合适的创新实验计划项目、帮助学生学会学习和学会创新方法、教师应成为学生的良师益友和精神依托。[②] 任良玉与张吉维则认为大学应建立针对本科生科研活动的学术竞争制度、导师选聘制度、学术交流制度和激励制度,并营造学术自由、宽容失败的创新文化环境。[③] 温喜宝则认为经费、资源是开展创新性实验的物质保障,科学、合理的宣传是思想武器、科技创新开展的连续性与取得的成果是坚实基础、学校的科研基础是重要来

---

①周合兵,黄晓波,沈文淮,等.建立大学生创新性实验计划长效机制的实践与探索[J].实验室研究与探索,2009(8):4-7.

②冯林,张巍."质量工程"视角下的大学生创新性实验计划[J].实验室研究与探索,2008(6):27-29.

③任良玉,张吉维.本科创新人才培养的制度环境和文化环境:以"国家大学生创新性实验计划"实施为例[J].清华大学教育研究,2009(3):108-113.

源、自身努力和团队精神是根本、建立科学监控体系是保证。① 魏东晓则认为大学生创新性实验计划的有效实施需要在管理过程中实施精细化管理。② 综合已有研究可知,"大创"项目有效育人需要构建多种机制,尤其是要构建项目运行过程的管理机制。

2."大创"项目的管理模式因学校而异

在教育部实施"大创"项目后,不少高校积极探索"大创"项目实施与管理的有效模式,并总结经验,尤其是首批入选"大学生创新性实验计划"的高校以及首批全国创新创业典型高校积极总结与介绍经验。例如,朱泓从教育理念、保障机制、实践平台建设、交流平台建设等方面对大连理工大学实施"大创"项目的经验和做法进行了总结、提炼与分享。③ 王桂云等则对大连理工大学化工与环境生命学部实施"大创"项目的"1134"模式进行了介绍。④ 杨芳和韩雷等则从指导思想、组织保障、管理模式、实践平台搭建等方面对中南大学施"大创"项目的经验和做法进行了总结。⑤ 郭莉等则对北京邮电大学的"模拟公司制管理"模式进行了详细介绍。⑥ 贾双林等对北华大学⑦、于斌和颜贤斌对北京林业大学⑧、闫长斌等对郑州大学实施"大创"项目的管理模式进行了介绍。⑨ 这些创新创业教育先行高校的经验总结与分享能为其他高校实施"大

---

①温喜宝.大学生创新性实验计划的开展与研究[J].实验室研究与探索,2009(4):5-7,117.

②魏东晓.大学生创新性实验计划精细化管理的探索与实践[J].北京林业大学学报(社会科学版),2009(S1):36-39.

③朱泓.大连理工大学实施大学生创新创业训练计划报告[J].中国大学教学,2015(1):75-78.

④王桂云,潘艳秋,曹永红.基于"1134"模式的大学生创新创业训练计划管理制度探索与实践[J].化工高等教育,2020(1):22-26.

⑤杨芳,韩雷,尹辉.中南大学扎实推进大学生创新创业训练计划[J].中国大学教学,2014(10):33-35.

⑥郭莉,王茵,王棚楠.探索"大学生创新创业训练计划"的管理模式[J].现代教育技术,2012(6):118-121.

⑦贾双林,褚亚旭,陈雪,等.地方高校大学生创新创业训练计划项目的实施与管理[J].实验室研究与探索,2017(7):242-245,256.

⑧于斌,颜贤斌."大学生创新创业训练计划"项目管理探索与实践[J].实验技术与管理,2015(9):30-33.

⑨闫长斌,杨建中,朱佳音.基于项目管理的大学生创新创业训练模式探索与实践:以郑州大学土木工程学院为例[J].华南理工大学学报(社会科学版),2017(2):110-118.

创"项目提供有益参考,但这些高校多为部属高校或研究型高校,地方高校在借鉴时不能是"拿来主义"。

当然,也有部分地方院校对自身实施"大创"项目的经验与做法进行了总结。例如,张建文等对太原理工大学的"大创"项目管理过程中的理念与思路、具体激励方案等进行了介绍。[1] 毛艳萍则对绵阳师范学院实施"大创"项目的管理模式、制度建设、监督机制等进行了经验介绍,并分析了地方师范院校在实施该项目过程中出现的问题及解决对策。[2] 这些经验介绍为地方高校开展"大创"项目,尤其是如何进行项目管理提供了参考。此外,赵志瑛等基于CDIO工程教育理念设计了"大创"项目选择流程与运行模式。[3] 柴莹和肖晓基于项目管理的视角,构建了"横向到边、纵向到底、上下贯通、立体覆盖"的"大创"项目管理模式。[4] 综合可见,不同高校的"大创"项目管理模式各不相同。

总体而言,"大创"项目的实施机制与管理模式是学者们近年来关注的一个重点,不少学校都对自身的实施方略与管理模式的经验和做法进行了总结与分享,这给其他高校实施"大创"项目、提高管理有效性提供了参考,也给思考"大创"项目的育人有效性提供了参考。但这些研究基本上都是以某所高校为例进行经验介绍,还停留于经验总结层面,甚少有研究对"大创"项目育人的路径与管理模式进行理论分析,对现有模式与机制的设计机理与内在逻辑缺乏深入剖析,不能将经验上升为理论,没有构建出一个"大创"项目有效育人的理论分析框架,对本校的管理模式也缺乏理论分析,对管理模式的有效性更是缺乏评估。

---

①张建文,张琤,常晓明,等.地方院校大学生创新创业训练计划的过程管理[J].高等工程教育研究,2014(5):135-138.

②毛艳萍.地方师范院校大学生创新创业训练计划项目的有效管理:以绵阳师范学院为例[J].绵阳师范学院学报,2015(3):96-99.

③赵志瑛,韩素青,穆晓芳.CDIO工程教育理念下的大学生创新训练项目选择与运行研究[J].教育理论与实践,2018(12):20-22.

④柴莹,肖晓.大学生创新创业训练计划管理模式的构建:基于项目管理的视角[J].中国大学教学,2018(2):70-73.

第一章 『大创』项目育人有效性的研究缘起

039

（三）"大创"项目的质量评价应关注项目育人全过程

1. 项目育人的全过程评价是"大创"项目质量评价的工作指向

《国家大学生创新创业训练计划工作手册（试行）》中提出了"大创"项目的检查办法，该项目检查办法由"创新训练项目检查""创业训练项目检查""创业实践项目检查"三个部分组成。其中，创新训练项目评价从立项评价、中期检查评价与结题验收评价这三大方面进行，立项评价包括项目内容、项目团队、项目可行性这些方面，中期检查评价包括项目进展情况、问题解决措施、经费使用情况这些方面，结题验收评价包括项目报告与答辩、项目完成情况、项目成效、文档规范性这些方面。创业训练项目评价从立项评价、培训阶段评价、模拟创业阶段、验收评价、开放交流这五大方面进行，立项评价包括立项依据与意义、团队组成、项目可行性、经费计划合理性这四个方面，培训阶段评价包括理论课程学习、交流平台参与、竞赛平台参与这三个方面，模拟创业阶段包括创业计划书、模拟创业沙盘学习、模拟创业实践这三个方面，验收评价包括现场答辩、项目成果这两个方面，开放交流则评价的是项目开放交流。创业实践项目则是从立项评价、立项阶段、中期检查阶段、项目验收阶段这四大方面进行的，立项评价关注的是立项依据与意义，立项阶段则包括队伍组建、项目核心竞争力、项目市场化前景三个方面，中期检查阶段则包括创业项目技术评价、项目市场前景评价、创业项目风险评价、前期成果、后期计划安排、指导老师考查六个方面，项目验收阶段则包括项目实践程度、项目市场表现、项目成果、项目经费四个方面。

《国家大学生创新创业训练计划工作手册（试行）》中提出的"大创"项目的检查办法是当前高校对"大创"项目进行评价的指导性办法。在实践中，不少高校直接采用该办法对"大创"项目进行评价。从该办法评价的具体内容看，该办法对"大创"项目的评价设计遵循了"输入（立项）—过程（中期）—结果（结题）"的逻辑，也就是说，项目运行的全过程评价是"大创"项目质量评价的工作指向。但该办法是一个工作指导办法，虽然能对"大创"项目评价提供指导，但对于"大创"项目育人有效性的评价指向不足。此外，虽然该办法遵循了"输入（立项）—过程（中期）—结果（结题）"的逻辑，但在输入评价中，仅关注了项目特征因素与项目团队因素，对于项目指导老师与学校环境因素的关注不足；在过程评价中，主要关注的是项目的进展情况，而对项目过程中的互动情况与项目团队的心理状态特征关注不足。

2. 学生发展与导师指导没有成为"大创"项目效果评价的核心指标

作为一项重要的创新创业教育项目,"大创"项目的质量评价也引起了学者们的关注。总体而言,"大创"项目实施效果评价指标的建构研究与实施效果的实证评价是目前学者们集中关注的两个方面。

关于"大创"项目实施效果的评价指标,目前李旦等、冯小平等构建了评价指标体系。李旦等在2010年构建了一个以过程为导向的创新性实验计划评价体系,该评价体系由选题评价指标、过程评价指标、成果评价指标三大部分构成,其中,选题评价的二级指标包括前期准备、实施方案、创新意识、预期成果、团队协作、答辩表现;过程评价指标的二级指标则包括调查论证、方案实施、能力水平、团队合作、工作态度、创新意识、中期检查、实验日志;成果评价又分为书面评审和答辩评审两个部分,其中书面评审的指标包括创新性、学术水平、理论可靠性、文字水平,答辩评审的指标则包括创新性、实物或成果、独立性、答辩表现;此外,该评价指标体系还对每个指标赋予了权重并给出了评价的主要内容以及每个阶段的评价方法。①

总体而言,该评价指标体系的评价指标涵盖项目运行的全过程,并具有较强的操作性,能为实践中评价创新训练计划项目提供良好的操作工具,也能为探究"大创"项目育人有效性的内涵与判断标准、项目育人有效性的生成逻辑提供一定的参考。但该指标体系因为是针对创新训练项目的评价,因而在适用于创业训练与创业实践项目方面存在不足。此外,虽然该评价指标体系对项目立项、运行过程与项目结果都设置了相应的评价指标,但具体指标中对学生能力发展的评价指标过少,在评价中也仅是对成果进行评价,对学生能力的发展与团队的发展却没有相应的评价指标;还有就是该评价指标体系也只是评价学生与项目本身,对指导教师的指导、学校/学院的管理与支持则没有设置相应的评价指标。

冯小平等提出了"大创"项目的多层次灰色评价方法并构建了相应的指标体系,该指标体系由组织管理、创新教育、过程管理、人才培养四个一级指标构成,其中组织管理又由组织结构建设、管理制度建设、管理模式建设三个二级指标构成,创新教育则由课堂教育、课外实践与创新环境三个二级指标构成,过程管理则由申报阶段、实施阶段、结题阶段三个二级指标构成,人才培养则

---

①李旦,赵希文,吴菊花.以过程为导向的大学生创新性实验计划评价体系研究[J].高等工程教育研究,2010(1):102-105.

由大学生创新素质与导师创新素质两个二级指标构成,每个指标均赋予了一定的权重。[①] 该指标体系能够为"大创"项目实施效果的评价提供评价指标参考,对探究"大创"项目育人有效性的判断标准与生成逻辑也提供了参考。但该指标体系是建立在"大创"项目效果影响因素的基础上的,这从指标的构成维度可以看出。在四个一级指标中,只有人才培养是结果指标,该指标的权重仅为0.081,而其他三个均为影响因素指标,并且在人才培养的二级维度中"导师创新素质"也是一个影响因素指标,可见,该指标体系侧重评价的是"大创"项目效果的影响因素,而非"大创"项目实施的效果,大学生的创新创业能力增长并没有成为"大创"项目效果评价的重要与核心指标。此外,该指标体系也缺乏三级指标,这可能会影响它的应用性。

3. 参与"大创"项目有助于学生综合能力提升是人们的共识

文献梳理发现,"大创"项目对学生能力提升的影响研究与其实施效果的综合评价是"大创"项目实施效果评价研究的重点内容。不少研究指出,实施"大创"项目能有效提高学生各方面的能力。例如,朱泓的研究指出,自实施"大创"项目以来,大连理工大学学生的创新意识、开拓精神显著提高,学生自我查阅科技文献、撰写科技论文、自主动手能力和创新意识逐渐增强,并取得了一批创新创业成果。[②]

于斌和颜贤斌的研究则指出,北京林业大学学生依托"大创"项目在国际会议、核心期刊及其他期刊等载体上公开发表论文501篇,其中发表SCI论文21篇、EI论文24篇、核心论文151篇;取得专利51项、软件著作权46项;注册公司3家;撰写各类研究报告843份;设计制作各类实物、图纸、图册、模型、软件近234件。[③] 杨芳等则指出中南大学参与"大创"项目的学生普遍反映在创新精神、实践能力、科学作风、团队合作等方面受益匪浅。[④]

刘彬的研究则发现,南京邮电大学学生对学校实施"大创"项目的总体满

①冯小平,邹昀,陈颖龄,等.大学生创新训练计划项目多层次灰色评价[J].西南师范大学学报(自然科学版),2015(11):198-203.

②朱泓.大连理工大学实施大学生创新创业训练计划报告[J].中国大学教学,2015(1):75-78.

③于斌,颜贤斌."大学生创新创业训练计划"项目管理探索与实践[J].实验技术与管理,2015(9):30-33.

④杨芳,韩雷,尹辉.中南大学扎实推进大学生创新创业训练计划[J].中国大学教学,2014(10):33-35.

意度较高。① 此外,刘彬的另一项研究还发现,学生参加"大创"项目对自身科研能力、解决问题能力、沟通能力、团队协作能力、心理承受能力与自主学习能力有较大的提升作用,但对创新创业实践能力、个人角色定位、跨专业交流沟通方式、首创精神与未来职业规划能力的提升不大。②

于兴业等的研究则发现,项目训练对参与学生的创新创业能力、行为习惯养成、团队协作与社交能力均具有提升作用。③ 郭卉等对华中科技大学参与"大创"项目的 31 名理工科大学生负责人进行访谈调查,发现学生的收获从多到少依次是技能、对研究生教育/职业道路的选择和准备、对专业知识的理解和运用、心理和社会性收获、对科研工作所需品质和态度的体认。④ 廖全明等则认为"大创"项目有助于培养学生的创新创业意识、洞察力、交往能力、实践能力等。⑤

此外,还有不少"大创"项目的参与者表示,参加"大创"项目对自身综合能力、专业知识的提升均有很大帮助。例如,王通等同学认为,参与"大创"项目使他们获得了比课堂所授更精细、更专业的知识,提高了撰写论文、软件处理、实验操作、文献查阅等多方面的能力,学到了创新、严谨、主动、好奇、守时、热情等正确对待实验的态度。⑥

总的来说,不管是创新创业教育管理者、创新创业教育教师还是参加"大创"项目的学生,大多认为"大创"项目有助于提升学生的综合能力。但已有研究在对"大创"项目的育人效果进行评价时,要么是基于经验判断,要么是通过访谈学生,再者是参与项目学生的自我总结,均具有很强的主观性,并且基本

①刘彬.高校大学生创新创业训练计划实施的满意度调查分析[J].技术与创新管理,2018(6):659-663.

②刘彬.基于学生视角的高校大学生创新创业训练计划实施的受益度调查分析[J].中国大学生就业,2019(8):60-64.

③于兴业,李德丽,吴立全.大学生创新创业训练计划项目实施效果分析:以东北农业大学为例[J].东北农业大学学报(社会科学版),2018(6):67-74.

④郭卉,韩婷,余秀平,等.理工科大学生参与科研活动的收获的探索性研究:基于"国家大学生创新创业训练计划"项目负责人的个案调查[J].高等工程教育研究,2015(6):59-66.

⑤廖全明,黄荔,于敏章,等.大学生创新创业训练计划项目助推心理学专业学生综合能力提升策略研究[J].创新创业理论研究与实践,2021(5):153-156.

⑥王通,徐虹,郭宁,等.参与大学生创新训练计划的收获与体会[J].实验室研究与探索,2017(3):193-195,199.

上是对某所学校的"大创"项目育人效果进行评价,较少学者采用实证的方法,尤其是通过建立科学的评价指标体系或是通过追踪调查的方式对"大创"项目的育人效果进行评价,这不仅大大降低了评价结果的说服力,也不能准确判断学生能力的增长是不是由于实施"大创"项目所引起的。

此外,对于"大创"项目的育人效果,已有研究几乎是从学生的能力增长以及发表的论文、申请的专利、撰写的报告、获奖、创办企业数量这些方面进行评价,但教育部实施"大创"项目的目标除了要提升学生的创新能力和创业能力,还旨在促进高等学校转变教育思想观念,改革人才培养模式。可见,已有研究对"大创"项目育人效果的评价并不全面。再者,已有研究也缺乏对"大创"项目育人效果的深入分析,对"大创"项目是如何促进学生创新创业能力发展、如何促进学校转变教育思想观念与改革人才培养模式等问题尚未关注。不过,已有的关于"大创"项目育人效果的相关研究结果为我们思考"大创"项目育人有效性的判断标准提供了参考。

(四)"大创"项目育人有效性的生成逻辑尚待揭示

"大创"项目的育人效果受到多种因素的影响,例如管理过程因素、教师指导因素、学生投入因素等。要深入了解"大创"项目实施的效果,也必须深入了解"大创"项目育人效果的影响因素。孟子涵等的研究表明,辅导员的引导与培养、学生自身的创新创业想法是"大创"项目实施效果的重要影响因素。[1]赵亚宁的研究则发现,大学生自身基本技能与学习态度、学校创新创业课程设置、创新创业教师指导与科研条件均与"大创"项目的实施质量显著正相关,并且大学生自身基本技能与学习态度、学校创新创业课程设置与科研条件对"大创"项目的实施质量均有显著正向预测作用。[2] 于晴的研究则表明,参与"大创"项目的团队成员与指导老师的亲密关系、"大创"项目的选题阶段与项目开展阶段的团队自主氛围、团队成员的异质性均对参与"大创"项目的学生的创业能力有显著正向影响,同时,团队交流频率在团队成员知识异质性和创业能

①孟子涵,王一凡,刘旭颖,等."大学生创新创业训练计划"项目实践发展影响因素及对策研究[J].创新创业理论研究与实践,2020(13):178-180,183.

②赵亚宁.大学生创新创业训练计划项目质量影响因素及实证研究[D].保定:河北大学,2020:34-39.

力之间发挥着调节作用。①

上述研究表明,"大创"项目育人有效性会受到多种因素的影响,但整体而言,主要受四大因素的影响。一是学校支持的影响,如学校创新创业课程设置、学校的科研条件等;二是导师因素的影响,如与指导老师的师生关系、创新创业教师指导、辅导员的引导与培养等;三是团队因素影响,如团队自主氛围、团队成员的异质性等;四是学生个体因素的影响,如大学生自身基本技能与学习态度等。已有研究采用实证研究的方法对影响"大创"项目育人效果的因素进行了探究,能为探究"大创"项目育人有效性的生成逻辑提供有益的参考,但已有研究还尚未揭示这些因素是如何影响"大创"项目育人有效性的,也即尚未揭示这些因素对"大创"项目育人有效性的影响机理,还有,项目设计因素的影响尚未得到人们的关注。此外,已有研究对于制约"大创"项目育人有效性的相关因素也缺乏关注,同时,团队因素的影响关注也不足。

五、已有研究述评

通过对当前文献的整理、分析和总结,发现关于创新创业教育、本科生科研、项目学习、"大创"项目的研究较为丰富,不同的学者从不同角度提出了不同的看法和观点。然而,当前学界研究也存在一定的不足。主要如下:

首先,在研究对象上,"大创"项目的育人有效性尚未得到学者的足够关注。虽然有不少关于"大创"项目对大学生发展的影响、"大创"项目育人效果影响因素、管理模式的研究,但关于育人有效性的研究还非常零散,对"大创"项目应实现哪些育人目标、应如何理解"大创"项目的育人有效性、应如何判断"大创"项目的育人有效性等问题的研究还非常欠缺。在具体研究中关注"大创"项目是如何育人的,在项目中学生是如何学习的,学生基于项目的学习受什么因素影响,教师是如何基于项目促进学生发展的研究还很少。

其次,在研究理论上,已有研究的理论基础较薄弱。由于创新创业教育是我国特有的一个本土概念,虽然目前研究成果非常丰富,但已有研究多是关注创新创业教育的中宏观层面,也尚未形成本土理论。虽然国外的创业教育相关研究也很丰富,并且更为关注创业教育的微观层面,但国外的创业教育研究在探究微观问题时多是基于计划行为理论,因为这些研究更多探讨的是狭义

---

①于晴.国内大学生创新创业训练计划项目团队模式下对创业能力影响因素研究[D].北京:北京邮电大学,2016:48-49.

的创业教育,关注的是如何提升学生的创业意愿。而关于"大创"项目的相关研究多为经验总结,大多研究缺乏理论的新突破,缺乏理论基础或是理论视角,从而使得"大创"项目育人有效性的相关研究缺乏理论性依据。

再次,在研究内容上,关于"大创"项目育人有效性的内涵、判断标准、生成逻辑,不同类型"大创"项目育人的特点与效果等的研究还很少,尤其是基于本科生科研、项目学习与团队学习的视角探究"大创"项目育人有效性的研究甚少。虽然有部分研究关注了"大创"项目的育人有效性,但多是经验总结,并且极少有研究从学生主体性培育与发挥以及项目育人全过程这两个方面探究"大创"项目育人的有效性。

最后,在研究方法上,实证研究很少。虽然不少学者对"大创"项目的多个方面进行了研究,但已有研究主要采用经验总结的方法,定性与定量研究、定性与定量相结合的混合研究很少,这不利于我们客观、深入地把握"大创"项目育人的效果与影响因素、育人有效性的生成逻辑等问题,也不利于"大创"项目相关研究结果的推广与检验,从而不利于"大创"相关研究的纵深推进。

作为我国最早的创新创业教育举措,"大创"项目现今已成为面向全体大学生的一项创新创业人才基础性培育工程,但其育人效果尚未达到预期。因而,探究"大创"项目的育人有效性问题,是一个非常有意义的研究课题。要提升"大创"项目的育人有效性,就必须清楚地认识其育人有效性的内涵、判断标准、生成逻辑和育人特点、效果。为此,将在现有研究的基础上,立足于"如何提升'大创'项目育人有效性"这一核心问题,采用教育学、管理学、心理学的分析方法,将主体教育理论、项目学习理论、群体动力学理论借鉴、应用于对"大创"项目育人有效性的探究,对"大创"项目育人有效性的内涵与判断标准、"大创"项目育人有效性的生成逻辑、"大创"项目育人有效性存在的问题与成因、"大创"项目有效育人的成功经验进行重点研究,以期在研究理论、研究内容、研究范式等方面有所创新。

第二章

"大创"项目育人有效性的研究设计

"无论我们从事什么形式的研究,都需要事先进行研究设计。"①根据陈向明的观点,研究者开始研究前对研究项目的初步设想即是研究设计,一般包括问题提出、研究的具体方法和手段、研究的步骤与进程、所期待的研究结果与检验研究结果的方式等,简而言之,研究设计即是关于"我可以如何做和我具体打算怎么做"的阐述。②

第一节　研究问题与研究内容

不管开展哪种类型的研究,研究问题都至关重要,因为它不仅是研究开展的第一步,它还可以帮助研究者清楚定义研究过程的"路径"与内容。本节将对研究问题与研究内容进行重点阐述。

一、研究问题

在现实中,"大创"项目的实施还没有达到理想的育人效果。要促使"大创"项目达到理想育人效果,就需要对其育人有效性进行深入探究。那么,"大创"项目育人有效性的内涵与分析维度是什么?该如何判断"大创"项目的育人有效性?"大创"项目的育人有效性是如何生成的?实践中"大创"项目育人存在什么问题,其成因是什么?如何才能提高"大创"项目的育人有效性?对于这些问题,已有研究尚未有系统的回答。因此,本书拟对上述问题进行研

①陈向明.质的研究方法与社会科学研究[M].北京:教育科学出版社,2000:67.
②陈向明.质的研究方法与社会科学研究[M].北京:教育科学出版社,2000:67.

究。具体而言，将对下列问题进行深度探索：

核心问题：如何提升"大创"项目的育人有效性？本书遵循的研究逻辑为：是什么、为什么、如何办。这一核心研究问题又可拆解为 6 个子问题：

子问题 1："大创"项目育人有效性的内涵是什么？具体而言，需要探究"大创"项目的育人目标是什么，然后在这基础上阐释"大创"项目育人有效性的基本内涵与分析维度。

子问题 2：如何判断"大创"项目的育人有效性？具体而言，即要探究"大创"项目育人有效性的评价标准。拟在阐释"大创"项目育人有效性基本内涵与分析维度的基础上，基于理论基础与文献研究，确定"大创"项目育人有效性的判断标准。

子问题 3："大创"项目的育人有效性是如何生成的？即要探究"大创"项目有效育人的内在逻辑。即要探究在项目、学生个体、导师、团队与环境这五类因素中影响"大创"项目育人有效性的具体因素，以及这些因素的地位，它们是如何生成"大创"项目的育人有效性的。

子问题 4："大创"项目有效育人的基本项目类型是什么？即要探究什么样的项目组织形式能实现"大创"项目的育人有效性。对"大创"项目有效育人的基本类型进行探究实际上也是探究"大创"项目的育人有效性是如何生成的。

子问题 5："大创"项目有效育人遭遇什么现实问题及其成因是什么？具体而言，要探究实践中"大创"项目育人效果不理想所存在的问题及其主要表征。"大创"项目有效育人存在什么突出问题？成因是什么？

子问题 6：应采取什么措施提升"大创"项目的育人有效性？这是要解决的最终问题。实践中有效育人的"大创"项目的育人实践是如何开展的？有何成功经验？有效育人的"大创"项目具有什么共同经验？本书拟在探究"大创"育人有效性生成逻辑的基础上，借鉴有效育人的"大创"项目的成功经验与做法，针对实践中"大创"项目育人存在的问题与成因，研制提升项目育人有效性的策略。

二、研究内容与思路

研究内容与思路是对研究问题解决的具体谋划，是研究者对于如何解决研究问题的整体思考，能为研究的开展提供方向与路径指引。下文将对研究的内容与具体的研究思路进行阐述。

（一）研究内容

根据研究问题，在对已有相关研究进行文献综述的基础上，拟定的研究内容主要包括以下六个方面：

一是"大创"项目育人有效性的内涵与关键维度阐释。拟通过对"大创"项目育人目标进行分析与探讨，基于教育有效性、团队有效性、项目学习有效性等的相关研究成果，进而分析与阐释"大创"项目育人有效性的基本内涵与维度。

二是"大创"项目育人有效性判断标准的确定。拟在阐明"大创"项目育人有效性基本内涵与关键维度的基础上，采用文献研究等方法探究其育人有效性的判断标准。

三是"大创"项目育人有效性的生成逻辑分析。拟基于主体教育理论、群体动力学理论、项目学习理论以及"大创"项目育人有效性的内涵，分析"大创"项目育人有效性的生成逻辑。具体而言，是要探明"大创"项目育人有效性的关键影响因素及其作用的规律，探明对"大创"项目育人有效性有重要影响的项目、学生个体、项目团队、导师和环境的具体因素以及这些因素作用机理。

四是探析"大创"项目有效育人的基本项目类型。拟基于主体教育理论，以项目育人过程中学生主体性发挥的程度为分类依据，探析"大创"项目有效育人的基本项目类型，即探析"大创"项目有效育人的项目组织形式。

五是对"大创"项目有效育人存在的现实问题进行审视与分析。基于构建的分析框架，从"输入""过程""结果"三个维度检视"大创"项目有效育人存在的突出问题，并基于"大创"项目育人有效性的生成逻辑来深度解析这些问题的成因。

六是对实践中有效育人的"大创"项目的成功经验进行挖掘并确定提升"大创"项目育人有效性的路径。拟通过案例分析的方法，深度挖掘实践中有效育人的"大创"项目的成功经验。然后，针对"大创"项目育人有效性存在的突出问题与成因，以育人有效性的生成逻辑为基础，借鉴有效育人的"大创"项目的成功经验，确定"大创"项目育人有效性的提升方略。

（二）研究思路

本书的研究思路大致为：提出研究问题—理论基础、理论探索与分析框架构建—田野调查与材料收集—质性资料分析—得到研究结果。具体的技术思

路设计如图 2-1。

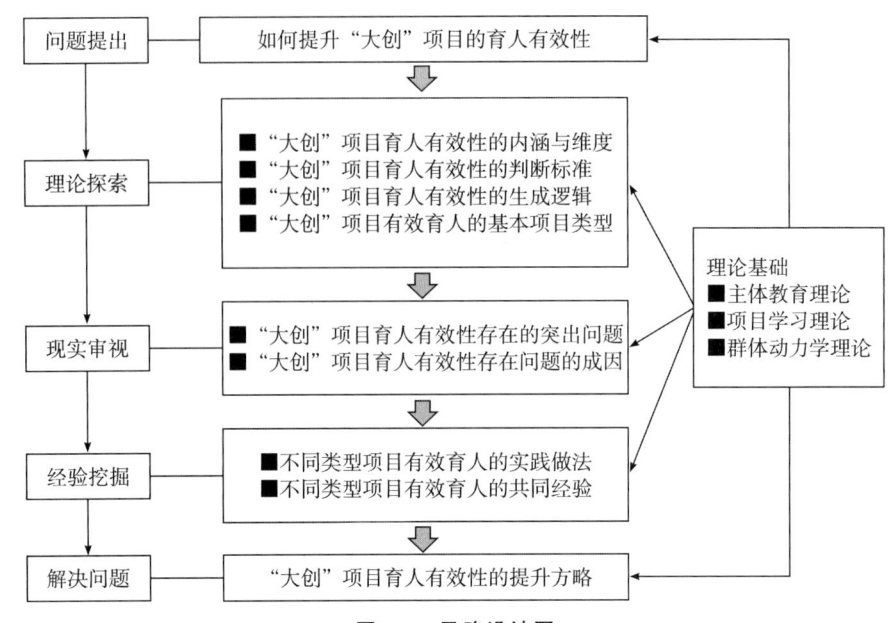

图 2-1　思路设计图

第二节　核心概念界定

在对研究问题进行表述之后,研究者还需要对研究问题表述中以及研究内容涉及的重要概念进行定义。①

一、"大创"项目

"大创"项目是"大学生创新创业训练计划"项目的简称,其前身为 2006 年由教育部高教司设立,2007 年启动的名为"大学生创新性实验计划",并于 2012 年由教育部调整为"大学生创新创业训练计划",并在全国范围内进行推广。该项目面向全国本科大学生,在项目级别上分为国家级、省级和校级,部分学校还设置有院级项目,也就是说"大创"项目分为国家级"大创"项目、省级"大创"项目和校级"大创"项目,在实施上构成了一个国家、地方和高校三级计

① 陈向明. 质的研究方法与社会科学研究[M].北京:教育科学出版社,2000:83.

划实施体系。

"大学生创新创业训练计划"实行项目制管理,因此"大创"项目指的是"大学生创新创业训练计划"项目,在内容上分为创新训练项目、创业训练项目和创业实践项目三类,从2021年起,在类别上分为一般项目和重点支持领域项目两类。其中,创新训练项目是本科生个人或团队,在导师指导下,自主完成创新性研究项目设计、研究条件准备和项目实施、研究报告撰写、成果(学术)交流等工作;创业训练项目是本科生团队,在导师指导下,团队中每个学生在项目实施过程中扮演一个或多个具体的角色,通过编制商业计划书、开展可行性研究、模拟企业运行、参加企业实践、撰写创业报告等工作;创业实践项目是学生团队,在学校导师和企业导师共同指导下,采用前期创新训练项目(或创新性实验)的成果,提出一项具有市场前景的创新性产品或者服务,以此为基础开展创业实践活动。[①]

综上,本书中的"大创"项目指的是由教育部高教司设立、各本科高校组织实施,旨在培养适应创新型国家建设需要的高水平创新创业人才的大学生创新创业训练计划项目,在内容上包括创新训练项目、创业训练项目和创业实践项目三类,在项目级别上包括国家级、省级、校级/院级项目。从学生学习的角度看,"大创"项目实际上是一种项目学习,是本科生以一个科学研究问题或创业想法为驱动的项目为载体,在真实情境中借助多种资源并通过与同伴、老师以及其他团体/他人的互动来开展创新创业探究活动并在一定时间内解决一系列相互关联着的问题并最终形成产品(例如论文、报告、设计计划、计算机程序和模型、产品、服务等),以建构自身知识与发展独立思考、善于质疑、勇于创新的探索精神、敢闯会创的意志品格和创新创业能力的体验式学习方式。

二、育人与项目育人

(一)育人

"育人"一词于大众而言并不陌生,"育人"的观念在我国也源远流长。例如,在《论语·雍也》中孔子提出"君子博学于文,约之以礼",认为君子学习要

---

① 中华人民共和国教育部.教育部关于做好"本科教学工程"国家级大学生创新创业训练计划实施工作的通知[EB/OL].(2012-02-22)[2021-08-27].http://www.moe.gov.cn/srcsite/A08/s7056/201202/t20120222_166881.html.

"文""礼"并重，这体现了孔子的教育观念；在《礼记·大学》中则系统地阐述了"格物""致知""修身""正心"等教育思想与育人理念。这些思想与理念虽然没有直接回答"育人是什么"，却有助于我们从教育理念的层面理解"育人"的内涵。

在《现代汉语词典》中没有"育人"一词的解释，但对于"育"有如下解释：一是生育，如节育等；二是养活，如育婴、育儿、育苗、封山育林等；三是教育，如德育、智育、体育等；四是姓。① 前三种解释虽然不同，但其核心都有成长、发展之意，蕴含着"育"这一活动/行动的目的是促进个体的成长与发展。此外，在这三种解释中，第三种解释无疑是指教育学中的"育人"。在《大辞海》中，"教书育人"则指的是"既传授文化科学知识和专业知识，又培养学生良好的品德"②。一般来说，育人即培养人，教育主体通过一定的教育手段、按照一定的目的长期地教导与训练学生，以促进他们的成长与发展。

在现代，学者们也对"育人"进行了丰富的阐述。例如，杨叔子认为教育是"以人为本"与"以育为法"的"育人"而非"以器为本"和"以制为法"的"制器"；所谓"以人为本"就是将教育的对象看成是一个有人性、有灵性、有丰富情感、复杂思维、独特精神境界的人；所谓"以育为法"就是针对"人"所遵循的指导思想、所采用的实施方法；所谓育人，就是"教会学生如何做人、如何做事、如何做学问"③。鲁洁则认为"育人是教育的原点，教育要以'育人为本'，教育要以人之生成、完善为基本出发点，将人的发展作为衡量育人的根本尺度，用人自我生成的逻辑去理解和运作教育"④。李海林认为"育人就是发现人的价值、发挥人的潜能、发展人的个性；育人为本就是以人的基本素质为出发点和最高目标，以人的自我完善和自我发展为最终原则"⑤。虽然这些学者对"育人"的阐释不尽相同，但这些阐释都共同指向："以人为本"是育人的出发点，促进人的发展则是育人的目的。此外，从这些观点中还可以看出，育人既是一种教育理念，也是一个过程，还需依据学生个体的发展规律采用适切的方法。

---

①中国社会科学院语言研究所词典编辑室.现代汉语词典[M].7版.北京:商务印书馆,2016:1603.

②夏征农,陈至立.大辞海(教育卷)[M].上海:上海辞书出版社,2015:766.

③杨叔子.文明以止 化成天下:纪念我国高等学校文化素质教育开展十周年[J].高等教育研究,2005(9):1-6.

④鲁洁.教育的原点:育人[J].华东师范大学学报(教育科学版),2008(4):15-22.

⑤李海林."三育人"概念的内涵与高等教育的使命[J].江苏高教,1996(5):3.

综上所述,可以从以下几个方面把握育人的基本内涵。首先,"人"是育人的出发点与归宿。育人要贯穿"以人为本"的教育理念,要将人的成长、发展与完善作为出发点,同时将促进人的全面发展作为育人的目的。这就表明,育人要尊重、发挥、发展人的主体性。其次,育人是一个过程。人的成长、发展与完善是一个过程,育人也必然是一个过程,是教育者有目的、有计划地对人施加影响的过程。再次,育人是一种活动。不管是亲对子的抚育、养育还是学校中的德育、智育、美育等都是一种活动。因而,活动中涉及的活动主体、活动内容、活动环境、活动组织等既是育人本身,也是育人结果的影响因素。最后,人的发展规律是育人要遵循的"法"。育人需要采用一定的形式与方法,而采用何种形式与方法是由人的发展规律、人的特点来决定的。

根据前文学者们对育人的相关论述,结合我国当前的人才培养要求,本书认为,育人是坚持以人为本的教育理念,将学生的成长、发展与完善作为基本出发点,遵循学生的发展规律与特点选择适切的教育手段、形式与方法,通过系列教育活动使作为教育主体的学生的潜能得到充分挖掘与发挥、培养学生的个性与品德、提升他们的知识技能与多方面的能力,从而促进学生的全面发展。

(二)项目育人

项目育人是一个由"项目"与"育人"共同组成的概念,可以把"项目育人"解构成"项目""育人"两个词来把握其内涵。美国项目管理协会将项目定义为"为创造独特的产品、服务或成果而进行的临时性工作"[①]。当项目被引入教育中就成了教育项目,就具有了育人的功能。根据前文对育人的概念阐释可知,项目是育人的一种形式、手段和载体,项目育人首先是项目这种教育形式、手段和载体对学生潜能挖掘与发挥和对学生知识、技能、个性、品德、能力发展的影响,也即项目作为一种不同于课堂教学等的教育形式、手段对学生发展的影响;其次,"项目"是一系列独特的、复杂的并相互关联的活动[②]。因而,项目育人还是以项目为载体的活动对学生潜能挖掘与发挥及对学生知识、技能、个性、品德、能力发展的影响;再次,项目的运行是一个由启动、计划、实施、控制

---

①项目管理协会.项目管理知识体系指南:PMBOK[M]王勇,张斌,译.北京:电子工业出版社,2009:5.

②罗伯特·K.威索基.创建有效的项目团队[M]曹维武,译.北京:电子工业出版社,2003:4.

与收尾这五个阶段构成的过程①,因而,项目育人还是项目运行全过程对学生全面发展的影响。

综上所述,本书认为,从宏观层面看,项目育人的内涵是教育主体将"项目"这一形式引入教育活动当中,并根据社会发展与客观实际和现实需求,依据学生身心发展的规律与发展需求选择合适的项目类型、内容、运行方式、评价方式与标准,构建项目教育体系,让项目的内容、活动、评价等作用于学生的身心,从而助力学生的发展。从微观层面,理解项目育人需要把握好以下几个方面:一是项目育人是从教育方式与学习方式的角度探讨作为教育形式、手段与学习方式的教育项目的运用问题,其本质是研究项目作为方法、载体与学校的其他育人方式、载体、活动等的融合问题;二是项目育人是利用项目对学生施加教育影响,项目的多种形态与类型就拓宽了育人理论和实践层面的范式选择;三是项目是一个活动集合体,项目育人实际上是一种实践活动育人,活动的内容、活动的方式、活动的过程、活动所处的环境、活动的内部结构、活动的设计者与实施者及参与者都是育人的具体要素,这些要素交织在一起、相互作用对学生的身心产生影响。

三、有效性

从一般意义上看,有效性是一种价值判断,是"特定实践活动及其结果所具有的相应特性"②。在学术研究与具体应用中,有效性的解释与界定因学科领域不同而侧重点有所不同。例如,在测量学领域,有效性指的是效度,即测量工具或手段能够准确测出所需测量的事物的程度。在经济学领域,有效性则指"遵循实践活动的客观规律,以尽可能少的时间、人力和物力投入,实现特定目标,取得尽可能好的效果,以满足社会和个人的价值需求;具体蕴含着效果、效率、效益三个方面"③。在管理学领域,有效性则指"消除客观基础条件的优劣,真正反映人们由于经营管理而产生效益的一种行为特性"④。在教育学领域,有效性涉及的具体领域非常广泛,如教学有效性、教育评价有效性、教

①丁宁.项目管理[M].3版.北京:北京交通大学出版社,2017:34.

②谢志贤.政府绩效评估有效性问题研究:以吉林省政府绩效评估为个案[D].长春:吉林大学,2010:6.

③谢志贤.政府绩效评估有效性问题研究:以吉林省政府绩效评估为个案[D].长春:吉林大学,2010:7.

④冯英浚,王大伟,丁文桓,等.绩效管理与管理有效性[J].中国软科学,2003(4):132-136.

育政策有效性、人才培养有效性、课程有效性、作业有效性等,在教育学的不同研究领域中对于有效性的解释也各不相同。例如,对于教学有效性,指的是"通过有效的教学准备、有效的教学活动和有效的教学评价来促进学生学习与发展"[①]。程红等则认为教学有效性的认识经历了从"有效果"到"有效率",再到"有质量"的发展,并且他们认为教学有效性的概念包含有效果、有效率、有效益三种意蕴,有效性的本质是一种价值属性。[②]

综上所述可知,"有效性"并没有一个统一的界定。但分析可知,有效性蕴含着效果、效率、效能、目标达成度、效益、效度,不仅是结果的有效性,还是对实践活动本身价值与过程的审视与研判。而教育学中的"有效性"的核心则是学生的发展。综合前文教育学领域对"有效性"的阐释,在本书中,有效性指的是"特定事物或实践活动实现预期目标,达到预期效果,并对社会产生积极影响的某种属性"[③]。既包括结果有效(即有效果),也包括过程有效(即有效率),还包括教育投入要素有效(即影响效果的要素的状态与作用机制有效)。

四、创新创业能力

文献研究发现少有学者对创新创业能力的内涵进行阐述。学者们要么将其等同于创新教育中培养的创新能力,要么将其等同于创业教育中培养的创业能力,或者认为是创新能力与创业能力的结合。目前对创新创业能力进行系统阐释的是王洪才,他认为创新创业能力并非一种单一能力,而是一种系统的复合能力,具有很强的个性化色彩,其实质上是"一种有效行动能力,是突破自我发展过程中所遇到的难关的能力",是"自我发展能力的集中体现"。[④]

在本书中,将采用王洪才对创新创业能力的界定,认为创新创业能力是一个人在事业追求和奋斗过程中所表现出来的能力总和,它是以创造性人格形成为根本、以创新创业素质形成作为中介和以创新创业关键能力形成作为支撑的人格—素质—能力系统,具体由目标确定能力、行动筹划能力、果断决策能力、

①陈晓端,KEITH S.当代西方有效教学研究的系统考察与启示[J].比较教育研究,2005(8):56-60,71.

②程红,张天宝.论教学的有效性及其提高策略[J].中国教育学刊,1998(5):37-40.

③张丽,裘指挥.大学章程文本及其运行有效性的理论分析[J].江西师范大学学报(哲学社会科学版),2020(1):139-144.

④王洪才.论创新创业人才的人格特质、核心素质与关键能力[J].江苏高教,2020(12):44-51.

沟通合作能力、把握机遇能力、防范风险能力、逆境奋起能力这七个能力构成。[①]

第三节 研究方法与研究对象

不管开展什么样的研究,均需要依据一种或多种研究方法。在教育科学研究中,研究方法众多。在对教育研究方法的分类及其哲学基础进行分析的基础上,王洪才提出"教育研究应有思辨、批判、行动与实证四种基本方法范式"[②]。研究方法是为回答研究问题而精心挑选的,其本身并无优劣之分,适切于研究问题与研究条件的方法就是最优的方法。

一、研究方法

研究问题的性质决定着研究方法的选择。依据要解决的研究问题,本书采用思辨研究与质性研究相结合的方法进行:在思辨研究方面主要采用文献研究法与理论分析法;在质性研究方面则主要采用案例研究法,同时以访谈法为研究资料收集的主要方法。在资料整理时则主要采用文本分析法。

(一)案例研究法

案例研究法是社会科学研究中常用的方法之一。根据罗伯特(Robert)的观点,案例研究具有双重定义,一是案例研究探讨的是真实环境中正在发生的现象(即"案例"),尤其是现象与环境之间的界限不明显时;二是案例研究设计和资料收集的特点,如在研究变量多于数据点的案例研究中,资料三角形如何帮助解决特殊技术问题;此外,在各种案例研究中,每个研究可以包括一个或多个案例。[③] 克里斯韦尔(Creswell)则认为,案例研究是质性研究的五种传统之一,是对某个"限定系统"或某个案例进行的探究。[④] 研究者可以通过案例研究对某些现象、事物进行描述、探索和解释,可以建立新的理论或是对已有

①王洪才.创新创业能力的科学内涵及其意义[J].教育发展研究,2022(1):53-59.

②王洪才.教育研究的基本方法论[J].北京师范大学学报(社会科学版),2006(6):21-27.

③罗伯特·K.殷.案例研究:设计与方法(第5版)[M].周海涛,史少杰,译.重庆:重庆大学出版社,2017:21-22.

④约翰·W.克里斯韦尔.质的研究及其设计:方法与选择[M].余东升,译.青岛:中国海洋大学出版社,2008:54-69.

理论进行检验、发展与修改。① 通常,案例研究适用于回答"是什么""怎么样""为什么"的问题,其研究的对象是目前正在发生的事件,研究者对当前发生的事件不能进行控制或仅能进行弱控制。② 案例研究的目的或用途可以是探索、描述、解释、验证、评估中的一种或多种。③ 通过对典型案例的分析,可以获取对研究问题深入、细致的分析。④

要回答"如何提升'大创'项目的育人有效性"这一问题,意味着需要对"大创"项目的育人实践进行深度分析,深度了解实践中"大创"项目有效育人存在的现实问题及其成因,意味着要对实践中那些育人效果良好的项目进行深度分析,通过对具体案例的分析,揭示那些育人效果良好的项目背后的共同点。因此,结合案例研究法的性质与其适用性可知,案例研究法适用于解决这些问题。

(二)访谈法

访谈法是定性研究中重要与常用的研究方法之一,它是"访谈者与访谈对象进行有目的、有计划、有准备的研究性交谈,以此收集各种客观性的有价值的资料的一种教育研究方法"⑤。具体而言,本书主要采用实地个体面谈、视频个体访谈、实地群体面谈、视频群体访谈这四种方式收集资料,在具体访谈过程中,主要采用半结构性访谈。

本书根据研究问题与内容并参考与"大创"项目育人相关的文献来确定访谈的主要内容。围绕研究问题以及不同类型访谈者在"大创"项目育人中扮演的角色与作用,分别设计了学生、导师、管理者的访谈提纲。其中,针对学生的访谈提纲由受访者基本信息、参与项目基本信息、参与项目动机、导师选择、团队组建、导师指导过程、团队互动过程、项目进程中的难忘/最有收获/困难/最遗憾事项、项目收获与评价、项目管理评价与建议十个部分组成。针对项目导

---

① 孙海法,朱莹楚.案例研究法的理论与应用[J].科学管理研究,2004(1):116-120.

② 罗伯特·K.殷.案例研究:设计与方法(第 5 版)[M].周海涛,史少杰,译.重庆:重庆大学出版社,2017:11-25.

③ 唐权.混合案例研究法:混合研究法在质性—实证型案例研究法中的导入[J].科技进步与对策,2017(12):155-160.

④ 凯瑟琳·马歇尔,格雷琴·B.罗斯曼.设计质性研究:有效研究计划的全程指导[M].何江惠,译.重庆:重庆大学出版社,2015:113.

⑤ 周东明,熊淳.教育研究方法[M].武汉:华中师范大学出版社,2012:81.

师的访谈提纲则由受访者基本信息、指导项目基本情况、指导项目的动机、印象深刻或是最近指导的一个项目过程、选择团队与成员的标准、指导生涯中印象深刻的事情、影响项目育人的因素、学生常遇到的困难及解决、对"大创"项目育人的评价、对项目管理的评价与建议十个部分组成。针对管理者的访谈提纲则由受访者基本信息、学校近年来的"大创"项目概况、学校的项目管理模式/机制、项目导师与学生激励、项目管理特色与成功经验、典型案例分享、管理困境七个部分组成。在具体访谈中会在每个部分中设置几个具体的子问题,在访谈过程中也会根据实际情况来调整访谈问题。

在选择访谈对象方面,主要采用关键联系人的方式联系访谈对象。在联系访谈对象阶段,笔者首先在"国家级创新创业训练平台"的网站上以及拟调研学校的官网上,基于抽样标准选择拟访谈的对象,然后通过熟人关系联系到调研学校的"大创"项目管理人员,联系上管理人员后,笔者请求管理人员帮忙将设计好的邀请信和研究信息表、知情同意书等转发给拟访谈对象。在访谈邀请信中,笔者做了自我介绍,告知了目的与计划、访谈原则和访谈提纲、笔者的联系方式,访谈对象可自由决定是否愿意参与访谈。

经过筛选后,本书对 7 所高校中的相关人员共计 112 人(包括 83 名学生、21 名项目指导教师、8 名项目管理者)进行了访谈,收集到了学生的"大创"项目育人相关经历、收获以及对"大创"项目育人的相关看法、项目导师的"大创"项目育人指导经历以及对"大创"项目育人的相关看法、管理者在"大创"项目育人管理方面的经验以及对"大创"项目育人的相关看法。访谈对象的相关信息见下文中的研究样本。参与项目的个体访谈时长一般是 1 小时,但有的访谈进行了两次,时间累计时长达 2~3 小时,此外有的是群体访谈,时间则会随着群体访谈的参与人数而改变,群体访谈一般是 1.5~3 小时。与学生个体的访谈时长最短为 35 分钟,最长为 89 分钟,一般为 1 小时左右;与学生的群体访谈时长最短为 93 分钟,最长为 181 分钟,一般为 2 小时左右;与指导老师的访谈时长最短为 45 分钟,最长为 145 分钟,一般为 1 小时左右;与管理人员访谈时长最短为 75 分钟,最长为 186 分钟,一般为 2 小时左右。经统计,112 名样本的访谈时长共计为 6756 分钟。

(三)文本分析法

文本分析是"对文本的表示及其特征项的选取,以进行相应的文本挖掘、因果推断等数据分析"，主题分析、内容分析等被认为是常用的文本分析技术。① 文本分析法是分析质性研究资料的常用方法。在本书中，文本分析法主要用于分析研究收集到的各种研究资料。具体而言，一是用于对相关文献进行梳理。通过对创新创业教育尤其是创新创业教育效果影响因素的相关研究、项目学习的相关研究、本科生科研的相关研究、"大创"项目的相关研究进行梳理，笔者对"大创"项目育人有效性的研究现状和基本问题有了较为全面的了解，并在现有研究基础上寻找新的突破点。二是采用文本分析法对收集到的访谈资料进行分析。主要采用主题分析技术。三是用于对其他资料，如"大创"项目的相关政策文件、"大创"项目的管理制度文本、"大创"项目的年度进展报告、"大创"项目的申报书与结题材料、案例高校关于"大创"项目的相关报道文本等进行分析，在具体分析时主要也是采用主题分析技术。

此外，还采用了思辨研究法。思辨研究法是"通过对教育经验、概念和命题进行逻辑推理来获得普遍性教育认识的活动"②，是"研究者在个体理性认识能力及直观经验基础上，通过对概念、命题进行逻辑演绎推理以认识事物本质特征的研究方法"③，"思辨研究法内在的思辨理性、思辨逻辑，使它天然地就是探究事物本质和世界本原的最适切工具"④。作为教育研究中的一种基本方法，思辨研究的目的是"对事物存在的本质与价值进行思考，从而对事物进行定性判断"⑤。因此，对于教育研究而言，思辨研究是不可或缺的，尤其是对于探究教育中有关本质属性、概念、教育活动与项目等的功能和价值等问题，思辨研究具有其独特价值，采用思辨研究法能比较好地解答。

对于本书而言，需要解决的核心问题是"如何提升'大创'项目的育人有效性"。首先，需要明确"大创"项目育人有效性的基本内涵是什么。其次，还需要明确"大创"项目育人有效性的分析维度与判断标准是什么；再次，还需要分析"大创"项目育人有效性的生成逻辑是什么。显然，这些问题都与"大创"项目育人有效性的本质属性、概念密切相关，因而，思辨研究法适合探究这些问

①王赫男.幼儿园园长学习力模型建构及提升策略研究[D].长春：东北师范大学，2023：45-56.

②余清臣.论教育思辨研究的时代挑战与应对[J].教育学报，2018(5)：13-21.

③彭荣础.思辨研究方法：历史、困境与前景[J].大学教育科学，2011(5)：86-88.

④彭荣础.思辨研究方法：历史、困境与前景[J].大学教育科学，2011(5)：86-88.

⑤潘懋元.高等教育研究方法[M].北京：高等教育出版社，2008：53.

题。此外,有效性的本质是一种价值属性①,而"'大创'项目育人有效性"是主要研究对象,因而,采用思辨研究法能对"大创"项目的育人有效性进行更深刻的思考与认识。除了上述问题,我们计划对"大创"项目有效育人的组织形式进行分类,进而更好地把握"大创"项目育人的有效性。思辨研究法中的理想类型分析法(Methodology of Ideal Type)则适合解决该问题。理想类型分析法是韦伯(Weber)所提出的一种社会科学研究方法。根据韦伯的观点,理想类型是一种概念图式,是一种抽象出来的、反映事物本质特征的分类概念,而理想类型分析法则是专门构建这种分类概念的方法。②

二、研究对象

研究对象的选择事关研究的信度与效度,更事关研究问题的有效解决。陈向明指出,我们在进行研究对象抽样前需要自问:"我希望到什么地方、在什么时间、向什么人收集什么资料? 我为什么要选择这个地方、这个时间和这些人? 这些对象可以为我提供什么信息? 这些信息可以如何回答我的研究问题?"③带着这些问题,我们进行样本抽样。

(一)样本抽样

分层目的性抽样与滚雪球抽样是主要采用的两种抽样方法。我们在综合考虑高校的地域分布、学校层次类型、是否为全国创新创业教育改革示范高校/全国创新创业典型经验高校、案例可获得性这几个方面选择了我国 7 所本科院校作为案例学校,把参与"大创"项目并通过结题评价(结题评价等级在合格及以上,在具体抽样中优先选取那些结题评价等级为"优秀"且对项目体验与收获感到满意的参与者)作为研究学生样本选择的标准。这些学生既有在校的,也有已毕业的;参与的项目类型既有"创新训练项目"的,也有"创业训练项目"和"创业实践项目"的;参与的项目级别既有国家级的,也有省级和校级的项目;既有来自 985/211 高校的,也有地方本科院校的;既有来自创新创业

①程红,张天宝.论教学的有效性及其提高策略[J].中国教育学刊,1998(5):37-40.

②袁继红.当代社会科学哲学对理想类型方法的批判和改进[J].科学技术哲学研究,2015(2):14-20.

③陈向明.质的研究方法与社会科学研究[M].北京:教育科学出版社,2000:92-93.

典型示范学校的,也有非典型示范学校的。在选择学生样本时,尽量以项目团队进行选择优先,以在学生内部形成三角互证,并增强研究视角的全面性。

同时,"大创"项目指导老师与管理人员也是访谈对象。在指导老师的选取中,将是否具有多次指导经验并且所指导的项目中有结题评价等级为"优秀"的项目作为抽样标准,在具体抽样时尽可能选择那些被抽取为研究对象的学生的项目指导老师。在管理人员的选取中,将具有一年及以上"大创"项目育人管理经验作为抽样标准,这些管理人员中既有普通的管理人员,也有创新创业教育学院的院长。

在具体的抽样实践中,笔者先通过联系"大创"项目的管理人员,告知研究目的、研究内容与抽样标准,附以研究方案和知情同意书,在征求同意的基础上请求管理人员引荐拟访谈的学生和指导老师,或请其推荐学生和指导老师。此外,在访谈过程中,有些被访者推荐了他们认为符合抽样标准并可能对有帮助的其他访谈对象,因而形成滚雪球抽样后的样本。再者,我们还通过"招募"的方式联系了部分学生,在具体的招募中,笔者同样会事先告知研究目的、研究内容与抽样标准,附以研究方案和知情同意书,以自愿参与为原则并支付一定的报酬来寻找合适的被试。

(二)样本典型性

参与"大创"项目并通过结题评价(结题评价为"优秀"且对项目体验与收获感到满意)的大学生为访谈的主要对象,同时,"大创"项目开展过程中起重要作用的利益相关者——项目指导老师与管理人员也需要作为访谈对象,两者分别从"大创"项目指导教师与管理者的视角对"大创"项目育人提供信息,并提供更为全面的视角。

1. 案例学校

我们选取了 A、B、C、D、E、F、G 七所本科高校为调研学校(具体见表 2-1),以深度了解"大创"项目育人有效性的具体情况。此七所案例高校中 F、G 为"双一流"建设高校,A、B、C、D、E 为非"双一流"建设高校;A、B、C、D 这四所院校地处我国西部,E 院校地处我国中部,F、G 这两所院校则地处我国东部;E、G 为全国首批深化创新创业教育改革示范高校,B、F 为全国第二批深化创新创业教育改革示范高校,E 为 2017 年度全国创新创业典型经验高校,B 为 2019 年度全国创新创业典型经验高校,A、C、D 则既不是创新创业典型经

验高校也非创新创业教育改革示范高校。

表 2-1 七所案例高校基本分布情况

类别	A	B	C	D	E	F	G
高校所处地域	西部	西部	西部	西部	中部	东部	东部
高校的类型(是否双一流)	否	否	否	否	否	是	是
全国创新创业教育改革示范高校/ 全国创新创业典型经验高校	否	是	否	否	是	是	是

2. 学生、项目导师与管理人员

本书所选择的学生覆盖了不同层次的学校、人文社科与理工科、不同年级、不同性别、不同项目类型、不同项目级别、不同项目结题评优级别、项目主持人与项目成员;所选取的项目指导老师覆盖了不同层次的学校、人文社科与理工科、不同学历、不同职称、不同性别、不同指导年限;所选取的管理人员覆盖了不同层次的学校、不同行政岗位,包括了分管"大创"项目的校级管理人员和二级学院分管人员、分管"大创"项目的学校领导(一般都是创新创业教育学院院长或是教务处处长)。

我们共访谈了 112 人。其中,学生 83 人,他们都参与了"大创"项目并且他们的项目均通过了结题验收(验收评优等级为合格及以上),项目指导教师 21 人,管理人员 8 人。受访的学生与项目导师间构成的团队共有 19 支(受访者中多于一人属于同一个团队,含指导老师,视为一个团队)。受访学生中男生 29 人,女生 54 人;已经毕业的 19 人,2018 级 37 人,2019 级 25 人,2020 级 2 人;人文社科 45 人,理工医科 38 人;项目主持人 50 人,项目成员 33 人。

为方便后续材料分析,本书对受访者进行了编码。编码号由受访者身份、学校、团队(管理人员无这个部分)、编号构成;受访者身份中学生用字母"S"表示,教师用"T"表示,管理者用"M"表示;学校用字母 A、B、C、D、E、F、G 来表示;团队也分别用字母 A、B、C、D、E、F、G 等来表示(如果一个受访者与其他受访者构不成团队,则用"0"表示,这里的受访者指学生和指导老师),编号用阿拉伯数字表示。例如编号"SA-A-01"表示学生 1 号,这个学生属于 A 校中的 A 团队;"SA-B-02"表示学生 2 号,该生属于 A 校中的 B 团队;"TA-A-01"表示指导老师 1 号,该教师属于 A 校并是 A 团队的指导老师,"TA-CE-03"表示指导老师 3 号,该教师属于 A 校并是 C 团队和 E 团队的指导老师;"MA01"表示管理人员 1 号,该管理人员属于 A 校。

本书共访谈项目导师 21 人。受访的导师中,男教师 14 人,女教师 7 人;讲师 4 人,副教授/副研究员 10 人,教授 6 人,企业导师 1 人;硕士 10 人,博士 11 人;人文社科 8 人,理工科 13 人。这些指导老师均多次指导"大创"项目,具有非常丰富的指导经验,他们指导的项目大多都按时结题,结题评优等级均在"合格"及以上。

本书受访的学生和教师不少是来自同一个团队。这些团队至少有两人(含指导老师)接受了访谈。这些团队承担的项目类型既有"创新训练"项目,也有"创业实践"项目;既有国家级项目,也有省级和校级项目。此外,这些团队中有 5 支团队入选了全国大学生创新创业年会展,有 10 支团队以"大创"项目的成果参加互联网+大学生创新创业大赛获得省级及以上奖项。

本书共访谈"大创"项目管理者 8 人。受访的管理者中,男 7 人,女 1 人;普通管理者 4 人,创新创业学院院长 4 人;硕士 4 人,博士 4 人;教授 4 人,讲师 4 人;人文社科 3 人,理工科 5 人。这些管理者分管"大创"项目均在一年以上,均具有丰富的"大创"项目管理经验,并且都非常乐意分享。

第四节　研究资料收集与分析

在质的研究中,对"资料"的定义比较宽泛。陈向明认为,只要是可以为研究目的服务,可以用来回答研究问题的"东西",都可以作为质性研究的"资料";在收集与分析质的研究所需要的资料时,我们需要自问:"是如何收集和分析这些资料的? 这些资料是被拿来做什么用的? 这些资料与研究的问题和研究的目的是否匹配?"[①]本书严格遵守质的研究关于资料收集与分析的原则与程序,收集与分析解答问题所需要的资料。

一、研究资料收集

质性研究的资料来源十分丰富,如"访谈、观察、实物分析、口述史、叙事分析、历史法等"都是质的研究中的资料来源[②]。克里斯韦尔认为质的研究收集的资料主要有三种:一是访谈,二是观察,三是证物,如日记、书信、电子信件、

---

①陈向明.质的研究方法与社会科学研究[M].北京:教育科学出版社,2000:95.
②陈向明.质的研究方法与社会科学研究[M].北京:教育科学出版社,2000:95.

音像材料、档案材料、人工制品等。[①] 我们研究资料的主要来源有：半结构访谈、政策文本、工作报告、申报书、结题材料、网上收集的资料等。

本书中，资料的收集和分析历时近一年。资料的收集主要经历了三个阶段：第一阶段是在 2021 年 6 月至 7 月，该阶段主要收集了三方面的资料。一是在"国家级创新创业训练平台"的网站上收集了各省、自治区、直辖市国家级大学生创新创业训练计划项目 2020 年度进展报告；二是在教育部的官网上收集了有关"大创"项目的政策文本；三是面向 G 大学 2021 年夏令营营员发放"大学生能力发展研究问卷"（该问卷中设置了三道有关"大创"项目的开放性问题，以帮助研究者在真正进入田野前深度思考研究问题与设计访谈提纲等）。第二阶段是在 2021 年 11 月至 12 月，在该阶段笔者实地调研了 A、B、C、D 这四所院校，每所学校实地调研时长约为一星期，在实地调研中，一是通过半结构性访谈收集资料；二是尽可能收集受访学生参与"大创"项目的相关证物（如申报书、结题材料、人工制品等）；三是收集调研学校有关"大创"项目管理的政策文本；四是在所调研学校的官网上收集有关"大创"项目的工作通知、新闻报道等。第三阶段是在 2022 年 3 月至 7 月，在该阶段笔者对 E、F 两所院校进行了线上调研，对 G 院校进行了实地调研。在该阶段，笔者一是通过线上访谈来收集资料；二是尽可能收集受访学生参与"大创"项目的相关证物（如申报书、结题材料、人工制品等）；三是收集 E、F、G 有关"大创"项目管理的政策文本；四是在 E、F、G 的官网上收集有关"大创"项目的工作通知、新闻报道等；五是在"国家级创新创业训练平台"的网站上收集了各省、自治区、直辖市国家级大学生创新创业训练计划项目 2021 年度进展报告。

二、研究信度与效度保证

不管是质性研究还是量化研究均需要有信度与效度保证。其中，信度指的是研究的可靠性和一致性，效度则指研究的有效性。为提高信度和效度，笔者通过增加案例学校的数量以及相同学校的受访人数，尤其是同一个项目团队的人数，运用"三角互证"来检验资料的真实性和有效性。此外，在具体研究中严格遵循访谈法的规范来保证信度与效度。

首先，进行预访谈。在正式访谈前，笔者联系了部分"大创"项目的参与学

---

①约翰·W.克里斯韦尔.质的研究及其设计：方法与选择[M].余东升,译.青岛:中国海洋大学出版社,2008:3.

生、导师和管理人员进行预访谈。这些预访谈能够帮助笔者了解"大创"项目育人的具体情况,加深了笔者对"大创"项目育人过程和影响因素的了解程度,也有助于笔者完善访谈提纲和提高访谈技巧。

其次,编制和完善访谈提纲。通过编制有效的访谈提纲可以提高资料收集的有效性。围绕研究问题以及不同类型访谈者在"大创"项目育人中的扮演是角色与作用,笔者针对学生、导师、管理者的特点设计了三份访谈提纲,具体的访谈内容见附录1。在设置访谈提纲时,笔者先是通过开放式问卷了解"大创"项目育人有效性的相关信息,然后根据要解决的研究问题设计具体的访谈提纲。在这基础上,通过预访谈来进一步优化访谈提纲。此外,在访谈中也会根据实际情况来调整访谈问题。

再次,正式访谈。笔者主要采用三大策略来保证信息的真实性。一是在访谈前笔者会先查阅相关文献,阅读并思考,通过调研学校官网等尽可能多地了解受访者的信息,尤其是收集与"大创"项目或是创新创业教育有关的信息,以调整访谈的重点和调整具体的访谈问题。二是在联系访谈者、访谈与整理访谈资料的过程中,秉持尊重与保护研究对象隐私的原则,在录音前都会征得受访者的同意,在整理访谈资料后会将整理好的访谈资料发给受访者核对并再次征得受访者使用同意。三是访谈中访谈的地点与时间基本上由受访者决定,目的是让受访者选择他们认为能感觉到轻松舒服并方便的地点,以减少接受访谈的心理不适感,从而放松心情进行交流。在实地调研的五所学校中,与学生的会面地点一般安排在教室、实验室、创新创业学院的会议室等,与指导老师的访谈地点则一般在其办公室、实验室或是学校的咖啡厅,与管理人员的访谈地点也一般在其办公室或是会议室。此外,由于部分学生缺席的缘故,有部分访谈采用的是线上访谈方式。线上的访谈一般是借助腾讯会议进行,少部分是根据受访者的要求采用 QQ 视频或微信视频的方式。采用腾讯会议进行的访谈,笔者会在访谈前半天将预定好的会议号发给对方。

最后,在访谈结束后,笔者第一时间整理了访谈的录音和访谈札记,并将整理后的访谈文本发给被访谈者进行核对。此外,对于同一团队的访谈者,笔者还将他们的访谈文本进行了比对,以此进行互证。

三、研究资料的整理和分析

研究资料的整理与分析是一个密不可分并且漫长的过程。在整理和分析资料前,笔者先将所有的访谈资料进行了文字转录,形成文字版的文档,每份

文档内容均包括访谈者的基本信息、访谈时间、访谈地点和访谈时长,同时对每份资料进行了编号以方便资料的分析。访谈资料的编号与受访者的编号保持一致。收集到的各省、自治区、直辖市国家级大学生创新创业训练计划项目进展报告主要用于了解"大创"项目的整体实施情况,"大创"项目的相关政策文本和开放式问卷收集到资料则主要用于反思和分析资料时穿插使用。做好资料的整理工作后,借助 NVivo 12.0 软件对质性资料进行进一步分析。

对于质性资料的分析,本书主要采用的方法是文本分析法。主要的质性材料是访谈收集的材料。因此,在分析前,笔者首先将访谈录音转录为文字。然后,对转录后的文本进行编辑。这个过程主要是对访谈文本的语句进行理顺,将一些意思相同的材料进行合并,并将重复的材料进行删除。在对访谈文本进行了梳理后,笔者将整理过的文本转发给被访谈者,请其对文本内容进行复核并再次向其征求访谈资料的使用权。在获得被访者的同意后,笔者按照研究框架,带着要解决的研究问题对访谈文本进行主题分析。

第三章

"大创"项目育人有效性的理论探讨

"大创"项目育人不仅涉及项目的具体实施、项目的具体运行,还涉及"如何培养创新创业人才""如何培育与发展大学生的创新创业能力"等问题。因而,对"大创"项目育人有效性的研究,也是对"大创"项目育人现实问题与理论问题的研究。实际上,要深度认识与解决"大创"项目育人有效性的现实问题,首先要深度探析"大创"项目育人有效性的理论问题。因此,本章从理论的维度,对"大创"项目育人有效性的基本内涵、分析维度、判断标准、生成逻辑、组织形式类型进行探究,由此也形成了总体分析框架和思路。

第一节　理论基础

深入、全面地认识"大创"项目的育人有效性是什么及其如何实现育人有效性,需要有一定的理论作为指导。基于研究视角以及要解决的研究问题,本节将对主体教育理论、项目学习理论和群体动力学理论的相关内容进行阐述。

一、主体教育理论

主体性是创新创业人才培育的根本,因而,"大创"项目要实现有效育人就必须能够充分激发大学生的主体性。主体教育理论能为我们认识"大创"项目育人有效性的内涵、生成逻辑与基本组织类型等提供指导。

（一）主体教育理论的提出与发展

主体教育理论是我国原创的一个教育理论。其始于 20 世纪 80 年代,并

在 90 年代以及 21 世纪初得到了广泛的探讨与应用。1981 年,顾明远先生提出"学生既是教育的客体,又是教育的主体"的观点被认为是主体教育理论探讨的开始。之后,"学生是教育的主体"这一命题引发了学术界广泛的关注与讨论,尤其是王道俊、郭文安、裴娣娜、冯建军、和学新、杜时忠等学者就该命题展开了丰富的研究与讨论。1992 年,王道俊与郭文安在《教育研究》发表《关于主体教育思想的思考》,这被认为是主体教育理论或主体教育思想的正式提出。① 2005 年,王道俊及其团队撰写的《主体教育理论》出版,加之其他学者的探讨,关于"主体教育理论"的理论研究得到了极大丰富。此外,在理论研究的基础上,主体教育实验也卓有成效地开展着。例如,裴娣娜于 1992 年在河南省安阳市人民大道小学实施了"少年儿童主体性发展实验",杨小微等于 1993 年在湖北省荆门市象山小学实施了"学生主体性素质的构建实验",并进行了丰富的理论探讨。② 在党的二十大之后,郭文安等则对"新时代主体教育理论的历史使命"进行了阐述③,刘燕楠等则对"主体教育的当代价值取向"进行了阐述④。

对于主体教育理论的发展,冯建军认为我国主体教育研究走过的 40 年大致可以分为教育过程中教师与学生主体地位讨论(1981—1990 年)、主体性教育(1991—2000 年)、主体间性教育(2001—2010 年)和公共性教育(2011—2021 年)四个阶段。⑤ 裴娣娜则认为我国主体教育经历了正本清源与主体教育的提出(1981—1990 年)、主体教育实验的奠基性研究(1991—2000 年)、基础教育改革与教育主体实践范式的整体构建(2001—2015 年)以及教育主体理论模型的实践提升(2016 年至今)四个阶段,整体上呈现出结构性、文化性和实践性三种存在形态;同时,裴娣娜指出,主体教育体现了我国教育发展的目标定位,是高质量教育创新发展的基本模式与实践范式,为我国教育科学学

---

①顾明远.编写中师《教育学》[J].中国教师,2021(2):114-115.

②郭文安,田友谊.培育时代新人:新时代主体教育论的历史使命[J].教育研究,2022(11):31-41.

③郭文安,田友谊.培育时代新人:新时代主体教育论的历史使命[J].教育研究,2022(11):31-41.

④刘燕楠,李姣姣.从主体间性到他者性:主体教育的当代价值取向[J].高等教育研究,2020(12):10-15.

⑤冯建军.主体教育研究 40 年:中国特色教育学建设的案例与经验[J].中国教育科学(中英文),2021(4):8-19.

科建设提供了基石。① 总体而言，经过 40 多年的发展，主体教育理论的研究经历了从认识论到本体论，由理论探讨到教育改革与实验的发展，成为我国影响重大的原创教育理论，指导着我国教育实践的开展。

（二）主体教育理论研究的基本内容

王道俊指出，主体教育理论研究的主旨在于寻求一种立足于时代特点和我国社会走向以有效地实现马克思关于人的全面而自由发展思想的教育学理论，教育观念和教育思维方式、教育活动、教育事业、教育研究方法是主体教育探讨的四个层面。② 其中，王道俊指出对于教育观念和教育思维方式层次的探讨要着力于教育观念和教育思维方式的转换，应把现实生活的人或人的现实生活当作教育的出发点；教育活动则包括教育活动的目的、过程与评价，是主体教育理论研究要着重关注的方面；在教育事业层次上，则需要关注"教育的社会制约性与相对独立性、超越性""教育的社会功能""教育制度与各级各类教育发展的规模、结构"与"教育管理体制"这四个问题。涂艳国则认为，学生的主体性、教育活动的主体性、教育系统的主体性这三个相互联系的方面是主体教育理论研究者对教育主体性研究的主要方面。③ 可见，主体教育理论研究的内容甚广，但基本内容主要包括学生、教育活动、教育系统（或教育事业）的主体性这三个方面。

（三）主体教育理论的基本观点

在 40 多年的探究与发展中，主体教育理论形成了丰富的教育观点。综合来看，该理论的基本主张主要包括以下几点：

1. 教育的主体性是教育的本质特性④

"教育的本质是什么"是教育理论研究必须首先回答的问题。主体教育理论的观点认为"主体性是人性或人的本质的最高层面"⑤，教育是一种主体性

---

① 裴娣娜.主体教育的实践生成与发展[J].教育研究,2022(11):18-30.

② 王道俊,郭文安.主体教育论[M].北京:人民教育出版社,2005:22,30-50.

③ 涂艳国.主体教育理论研究的现状与趋势[J].教育研究与实验,1995(3):1-4.

④ 王道俊,郭文安.试论教育的主体性:兼谈教育、社会与人[J].华东师范大学学报(教育科学版),1990(4):33-40.

⑤ 李培湘,徐东.哲学视野下的主体与主体教育[J].国家教育行政学院学报,2008(4):46-51.

活动,其根本在于培育和发挥人的主体性,主要表现在培育人的主体性、培育人的过程的主体性、教育系统的主体性这三个方面①。所谓主体性是"人作为活动主体的规定性,是指主体在认知、交往及自我反思与调整活动中表现出的基本特性,包括能动性、自主性、自为性、自律性、社会性"②,主要表现为自主性、主动性和创造性③④。而教育的主体性,既表现为教育主体的主体性,又表现为教育活动的主体性,其中,教育主体的主体性又具体表现在受教育者的主体性、教育者的主体性、决策者的主体性三个方面,并且,受教育者的主体性是在育人过程中逐步发展和提高的,教育活动过程的状况在很大程度上决定着受教育者身心发展、主体性的发展与发挥。⑤ 此外,随着主体教育理论的发展,学者们对于"主体性"的探讨向"主体间性"与"他者性"发展。主体间性是主体性研究的深化,也有人将其称为交互主体性、主体际性等,⑥是"主体与主体间的相互交往的特性"⑦。

2. 提高学生的主体地位并发展学生的主体性是教育的最高任务

除了探讨与回答"教育的本质是什么"这一问题,主体教育理论的研究者还提出要将学生的主体地位和培育学生的主体性作为教育应有的最高任务和重要目的。因为,人的发展根本在于主体性的发展。例如,王道俊指出"教育以培育人的主体性为最高任务"⑧,培养受教育者各项素质的主体性品格应成为教育的重要目的之一⑨。郭文安则指出"提高学生的主体地位和作用,让他们为成为社会需要的、既全面发展又有个性特点的、富有主体性的人而奋进不

---

①王道俊,郭文安.试论教育的主体性:兼谈教育、社会与人[J].华东师范大学学报(教育科学版),1990(4):33-40.

②王道俊,郭文安.主体教育论[M].北京:人民教育出版社,2005:2.

③和学新.主体性的内涵、结构及其存在形态与主体性教育[J].西南师范大学学报(人文社会科学版),2005(1):65-71.

④裴娣娜.发展性教学与学生主体性发展[J].河南教育,1999(1):14-16.

⑤王道俊,郭文安.试论教育的主体性:兼谈教育、社会与人[J].华东师范大学学报(教育科学版),1990(4):33-40.

⑥岳伟,王坤庆.主体间性:当代主体教育的价值追求[J].华东师范大学学报(教育科学版),2004(2):1-6,36.

⑦裴娣娜.主体教育理论研究的范畴及基本问题[J].教育研究,2004(6):13-15.

⑧王道俊,郭文安.试论教育的主体性:兼谈教育、社会与人[J].华东师范大学学报(教育科学版),1990(4):33-40.

⑨王道俊.关于教育的主体性问题[J].教育研究与实验,1996(2):1-5.

已"①。高向斌则认为主体教育理论的教育目的观是"造就社会历史活动的主体"②。虽然这些学者的提法不尽相同,但他们的核心观点与论述都表明,提高学生的主体地位并发展学生的主体性是教育应该重视和完成的重要任务。

3. 教师与学生之间应是平等的关系

师生关系是教育中的核心关系之一,也是影响学生发展的重要关系。主体教育理论主张学生与教师都是教育活动的主体,师生间的关系应是一种平等的关系。在教育活动过程中,"师生交往与生生交往应当是平等的、公正的、友爱的、和谐的、有创意的、有沟通的"③。要培育与发挥学生的主体性,学生的"学"必然不能依附于教师的"教",不能将学生看成是一个需要被改造的客体与需要被填满的"容器",而是要将学生看作是具有独立性、能动性、鲜活生命的主体。④

4. 自我教育是主体性发展不可或缺的基本方面

学生主体性的发展需要学生进行自我教育。在主体教育理论看来,教育与自我教育是学生个性形成、主体性提高的统一过程中不可缺少的两个基本方面,自我教育是由教育激发、引导与推动并与之相辅的另一个方面的重要活动,教育理应包含着一个受其影响、与之紧密配合的自我教育,因为教育对学生的发展而言只是一种外部影响与动因,教育要起作用必须通过学生的内因,作为外部影响与动因的教育要通过学生的自我教育才能真正地被学生领悟、运用并内化为他们自身的发展。⑤ 正如苏霍姆林斯基所说"只有能够激发学生去进行自我教育的教育,才是真正的教育"⑥。王道俊等则指出,知识的教育价值要通过学生的活动(交往)才能转换为学生的个性素质,学生主体性的发展需要引导学生以主体的身份参与教育过程,让学生经过自己的主动学习来获得发展。⑦

---

①郭文安.主体教育思想发展的回顾与前瞻[J].教育研究与实验,2006(5):1-6.

②高向斌.主体教育:我国走向新世纪的一种教育理论[J].中国教育学刊,2005(4):22-25.

③王道俊,郭文安.主体教育论[M].北京:人民教育出版社,2005:46.

④曾素林.论实践教育:基于实证方法与国际比较[D].武汉:华中师范大学,2013:83.

⑤王道俊,郭文安.试论教育的主体性:兼谈教育、社会与人[J].华东师范大学学报(教育科学版),1990(4):33-40.

⑥苏霍姆林斯基.给教师的建议[M].杜殿坤,译.北京:教育科学出版社,1984:350.

⑦王道俊,郭文安.主体教育论[M].北京:人民教育出版社,2005:42.

5. 交往实践是学生主体性发展的重要途径

作为社会中的人,要发展自身需要通过交往活动来实现,交往形态不同,人的发展情况就不同。[1] 学生主体性的发展亦需要通过交往实践来实现。例如,王道俊指出,人的发展需要以交往和活动为基础,知识的教育价值要转换为学生的个性素质则需要通过学生的交往活动。[2] 裴娣娜则指出,要"在实践活动基础上通过交往促进主体性的发展"[3]。岳伟则指出,教育活动是人与人之间的相互作用活动,"教育不是主体改造客体的生产实践,而是主体间双向建构的交往实践"。[4]

6. 教育民主化与个性化是学生主体性发展的必要条件

学生主体性的发展要满足一定的条件。主体教育理论的观点认为,教育民主化与个性化是学生主体性发展的必要条件。例如,王道俊和郭文安就明确指出,没有一定的教育民主化和个性化,学生的主体地位就没有保障,主体性发展就会受到限制,主体作用也难以发挥。[5] 其中,教育民主化就是要在教育中充分尊重学生的人格与权利,革除一切不平等对待学生的现象、革除非人道对待学生的种种做法,要进行教育民主建设,要对学生一视同仁,为学生发展提供均等的机会,发挥学生的主体性与创造性;教育的个性化就是要使教育活动适应与促进学生的特点、个性的发展,具有针对性,要反对一般化、反对管得过死,要从学生的实际出发进行教育、要根据学生的特点因材施教,要增强学生的选择权。[6]

(四)对"大创"项目育人的启示

主体教育理论虽然没有直接探讨"大创"项目育人问题,但该理论的核心观点却与创新创业人才培养密切相关。因此,主体教育理论的观点,尤其是关于培养学生主体性的观点对"大创"项目育人有重要启示。

————————

① 冯建军.主体间性与教育交往[J].高等教育研究,2001(6):26-31.

② 王道俊,郭文安.主体教育论[M].北京:人民教育出版社,2005:42.

③ 裴娣娜.主体教育理论研究的范畴及基本问题[J].教育研究,2004(6):13-15.

④ 岳伟.教育:主体间双向建构的交往实践活动[J].教育研究与实验,2008(1):15-18,31.

⑤ 王道俊,郭文安.让学生真正成为教育的主体[J].教育研究,1989(9):14-17.

⑥ 王道俊,郭文安.主体教育论[M].北京:人民教育出版社,2005:55-57.

1. 培育与发挥学生的主体性是"大创"项目育人的根本

"大创"项目育人的根本目标是培养大学生的创新创业能力,而创新创业能力形成的根本则在于主体性的形成与发挥。主体教育理论的观点认为,"主体性"具体表现为自主性、主动性与创造性,其中,自主性指的是自己做自己的主人,是独立的、自我决定的、自由的、自信的;主动性则指主体自觉地从事自己的活动,知道"为什么"与"怎么办";创造性则是主体对现有事物与状态的一种挑战与超越。[①] 显然,创新创业活动的有效开展需要活动主体具有并充分发挥主体性。此外,创造性是创新创业人才的理想品质[②],而创造性人格的形成无疑需要以主体性为前提与基础。因为只有独立、自信、自觉、自强的人才可能挑战自己、实现自己、超越自己,最终实现社会层面的创新创业。这就要求在创新创业教育过程中要重视培育和充分发挥学生的主体性。

2."大创"项目育人应通过师生间、生生间的互动交往来促进学生主体性发展

教育活动中的交往是学生主体性发展的重要途径。在主体教育理论提出的早期,师生间、生生间的互动交往对于学生主体性发展的重要性就得到了明确,在"主体性"研究向"主体间性"研究发展之后,这种重要性得到了进一步强化。对于创新创业能力培养而言,创新创业教育活动中的师生互动交往、生生互动交往至关重要。没有师生间的互动交往,师生间就不会有思想上的交流与碰撞,更不会有情感上的交流与涵养,导师在项目中"导"的作用就无法实现;没有生生间的互动交往,就不会有团队知识的共享、想法的相互激发、困难时的相互支持,项目团队中的合作就是空谈,学生的主体性发展就只能处于"孤岛"之中。

3."大创"项目育人应重视并引导学生学会如何进行自我教育

从前文可知,在主体教育理论看来,教育与自我教育是学生个性形成、主体性提高的统一过程中不可缺少的两个基本方面,自我教育是培养和发挥学生主体性的必要条件,加强自我教育是教育的主体性要求。[③] 实际上,自我教

[①]和学新.主体性的内涵、结构及其存在形态与主体性教育[J].西南师范大学学报(人文社会科学版),2005(1):65-71.

[②]王洪才.论创新创业人才的人格特质、核心素质与关键能力[J].江苏高教,2020(12):44-51.

[③]王道俊,郭文安.试论教育的主体性:兼谈教育、社会与人[J].华东师范大学学报(教育科学版),1990(4):33-40.

育不仅是一种学习的方式,更是一种行动、一种意识。[①] 在"大创"项目的相关文件中,"自主实践"一直都是"大创"项目的实施原则之一。因而,在"大创"项目育人过程中,我们不仅需要重视并督促学生进行自我教育,同时,也需要引导他们学会如何进行自我教育,并为他们的自我教育提供与创造必要的条件与环境,让他们学会自我教育并通过自我教育来发展自身的创新创业能力。

(五)主体教育理论对本研究的适切性

主体性是创新创业人才培育的根本,而"大创"项目是培养创新创业人才的重要举措,因而,主体教育理论能为本研究探究"大创"项目的育人有效性提供理论指导。具体而言,首先,主体教育理论的基本观点,尤其是"教育的主体性是教育的本质特性"[②]与"教育以培育人的主体性为最高任务"[③]的观点能为本研究探讨"大创"项目育人有效性的基本内涵与判断标准以及"大创"项目有效育人的基本组织类型提供理论指导。其次,主体教育理论的基本观点,尤其是有关师生关系、师生互动、生生互动的观点能为本研究分析"大创"项目育人有效性的生成逻辑以及"大创"项目有效育人的基本组织类型提供理论根据。

二、项目学习理论

"大创"项目是项目学习在创新创业教育领域的具体应用。因而,项目学习理论能为我们更好地认识与具体分析"大创"项目的育人有效性提供指导。

(一)项目学习的起源与发展

项目学习是国际流行的教育方式之一,但项目学习并非创始于教育学领域,而是源于管理学科。教育学领域的项目学习理念起源于 16 世纪晚期,但其发展过程并不是一帆风顺的,在几百年的发展、演变过程中经历了起伏、兴衰与复苏三个阶段。克诺尔(Knoll)通过历史研究指出,教育学中的项目学习

---

①买买提依明·阿巴拜克.信息化时代青少年的精神成长及其教育对策研究[D].武汉:华中师范大学,2021:63.

②王道俊,郭文安.试论教育的主体性:兼谈教育、社会与人[J].华东师范大学学报(教育科学版),1990(4):33-40.

③王道俊,郭文安.试论教育的主体性:兼谈教育、社会与人[J].华东师范大学学报(教育科学版),1990(4):33-40.

最早出现于文艺复兴后期的意大利建筑学派(1590—1765 年)的建筑和工程教育运动,此外,克诺尔及其同事还认为,杜威及其学生克伯屈(Kilpatrick)的"做中学"的教育实践探索对项目学习的发展产生了很大的影响。① 这种方法最初被称为"项目方法",关注的是制造机器的技术方面,到 18 世纪末,随着工程学的专业化发展,工程学校与职业学校开始在欧洲各国和美国等发达国家得以建立并发展,项目学习也随之吸收科学知识,从欧洲传播到美国。② 从 1880 年到 1915 年,项目作为手工训练运动的一部分被纳入美国的公立学校,并成为美国工程学校教学大纲的重要组成部分。③ 1918 年,克伯屈对"项目方法"进行了界定,当时,该方法被认为是一种进步的教育方法并变得流行起来。到了 20 世纪二三十年代,克伯屈的项目方法在美国的初等学校和中学的低年级里得到了广泛的应用。与此同时,在欧洲和俄罗斯,教育项目的使用也蓬勃发展。但在 20 世纪五六十年代,随着苏联人造卫星的上天,杜威的教育理论遭受到了严重的质疑,项目方法在美国不再流行。但是,自 1980 年以来,随着新实用主义在思想界的影响越来越大,项目学习再次得到了恢复,在美国、加拿大、英国、法国、澳大利亚、以色列、土耳其、新加坡以及我国香港等地,该方法都被认为是学校(K-12)科学技术的主要创新方法之一。④ 每当在职业教育、工程教育以及美国教育的其他领域讨论建构主义概念、探究式学习、问题解决和设计时,"项目方法"均被认为是最好、最合适的方法之一。⑤

　　当今,项目学习也有了不同的变种。总的来说,项目学习发展出了三大变种:一是"基于项目的科学"(Project-based Science,PBS),该变种由驱动问题、

　　①KNOLL M. The project method: its vocational education origin and international development[J]. Journal of industrial teacher education,1997(1):59-80.

　　②张心瑜.教育领域中项目方法的历史渊源[J].科协论坛(下半月),2010(9):145-147.

　　③FALLIK O,EYLON B S,ROSENFELD S. Motivating teachers to enact free-choice project-based learning in science and technology (PBLSAT): effects of a professional development model[J]. Journal of science teacher education,2008(6):565-591.

　　④HASNI A,BOUSADRA F,BELLETÊTE V,et al. Trends in research on project-based science and technology teaching and learning at K-12 levels: a systematic review[J]. Studies in science education,2016(2):199-231.

　　⑤KNOLL M. The project method: its vocational education origin and international development[J]. Journal of industrial teacher education,1997(1):59-80.

调查、工件、合作和技术工具这五个基础部分构成；[①]二是"科学与技术 PBL"（PBL in Science and Technology，PBLST），该变种是以色列雷霍沃特魏茨曼科学研究所（Weizmann Institute of Science in Rehovot，Israel）的员工在1992—2005 年为中学生开发；[②]三是"基于问题与项目的学习"（Problem-and Project-based Learnin），该变种是由斯坦福大学教育学院的巴伦（Barron）与范德比尔特大学学习技术中心（Learning Technology Center Vanderbilt University）的施瓦特（Schwartz）等提出，他们还指出该方法的课程设计有 4 个特别重要的原则：一是制定一个能引导学生进行深度学习的恰当目标；二是提供"嵌入式教学""教学工具""对照案例"等支架，并在开展项目前先进行以问题为基础的学习活动；三是确保有多种机会进行形成性自我评价和修订；四是发展社会结构，促进参与和代理意识。[③]

（二）项目学习的本质与价值

1. 项目学习的本质：以学生为中心的生成性、体验式学习

要深度理解与有效实施项目学习，首先需要揭示其本质内涵。在克伯屈看来，当我们探讨项目学习时，不必过于关注其术语本身，也不可将其划归为某一种具体模式，而是要将关注的重点放到项目学习背后所体现出的新的学习观、课程观、教学观。[④] 而从项目学习的产生与发展历程看，其是杜威的"做中学"理念的具体体现。里奥萨（Ríos）则认为，项目学习整合了知识、技能和价值观，是有效实现能力发展的最合适的教育手段，其是一种生成式学习。[⑤]

---

①KRAJCIK J S，BLUMENFELD P C，MARX R W，et al. A collaborative model for helping middle grade science teachers learn project-based instruction[J]. The elementary school journal,1994(94):483-497.

②BREINER A，ROSENFELD S，FALLIK O. Project-based learning in science and technology：a student guide[R]. Israel：Weizmann Institute of Science,1999.

③BARRON B J S，SCHWARTZ D L，VYE N J，et al. Doing with understanding：lessons from research on problem-and project-based learning[J]. Journal of the learning sciences，1998(3-4):271-311.

④KILPATRICK W，et al. Dangers and difficulties of the project method and how to overcome them [J]. Teachers college record,1921(4): 283-321.

⑤RÍOS I D L，CAZORLA A，JOSÉ M，et al. Project-based learning in engineering higher education：two decades of teaching competences in real environments[J]. Procedia social and behavioral sciences,2010(2):1368-1378.

张华在对克伯屈关于项目学习的相关研究进行梳理的基础上指出，项目学习中的"项目"是学生在社会环境中从事的热情的目的性活动。[①] 法瓦洛罗（Favaloro）等则认为，项目学习是体验式学习的一种具体表现方式。[②] 综合可见，项目学习是建构主义指导下的学习，是"做中学"理念的真实反映，是以学生为中心、在社会情境中开展的有目的的生成性、体验式学习。

2. 项目学习的价值：有效促进学生学业与高阶能力的发展

众多研究表明，项目学习能有效促进学生的学业成就与高阶能力发展。例如，郭鹏跃与萨博（Saab）等研究发现，项目学习对学生的知识理解与获得、认知策略、自我效能、专业技能、团队合作能力、问题解决能力、终身学习能力、批判性思维、写作能力等的发展均具有显著促进作用。[③] 穆萨（Musa）等的研究指出，项目学习不仅能显著提升学业成就，还能显著提升学生的批判性思维、解决问题能力、沟通能力、协作能力、创造力和创新能力等。[④] 萨森（Sasson）等的研究也得到类似的发现。[⑤] 张文兰等的元分析结果表明，项目学习对学生的学业成就、学习能力、创新能力等都有显著影响。[⑥] 此外，项目学习（如本科生科研、社会实践和田野调查等）还被国内外学者认为是高影响

①张华.论克伯屈的项目学习哲学[J].远程教育杂志，2023(5)：16-27.

②FAVALORO T，BALL T，LIPSCHUTZ R D. Mind the gap! Developing the campus as a living lab for student experiential learning in sustainability[C]//LEAL F W，BARDI U. Sustainability on university campuses：learning，skills building and best practices.2109：91-113.

③GUO P，SAAB N，POST L S，et al. A review of project-based learning in higher education：student outcomes and measures［J］. International journal of educational research，2020(102)：1-13.

④MUSA F，MUFTI N，LATIFF R A，et al. Project-based learning（PjBL）：inculcating soft skills in 21st century workplace[J]. Procedia-social and behavioral sciences，2012(1)：565-573.

⑤SASSON I，YEHUDA I，MALKINSON N. Fostering the skills of critical thinking and question-posing in a project-based learning environment［J］. Thinking skills and creativity，2018(29)：203-212.

⑥张文兰，胡姣.项目式学习的学习作用发生了吗？基于46项实验与准实验研究的元分析[J].电化教育研究，2019(2)：95-104.

力的教育活动之一。[1][2][3]

(三)项目学习促进学生发展的基本过程与影响因素

1. 项目学习促进学生发展的基本过程

项目学习促进学生发展的基本过程是项目学习理论关注的重要方面之一。总体而言,不少学者是基于库伯(Kolb)所提出体验式学习四阶段循环圈(具体体验、反思观察、抽象概括与行动应用)[4]进行探究与拓展。

(1)四阶段循环圈

法瓦洛罗(Favaloro)等认为,遵循体验式学习的四阶段循环圈将导致多轮经验、反思、概念化和实验的迭代,并且,在这一循环过程中(见图 3-1),不仅需要一定的技术或特定学科的知识,还需要对手头问题进行整体理解、构建项目、评估其可行性、收集、组织和分析数据以及评估和理解其影响的能力,因而,经过四个阶段的不断循环,学习者的知识、技能、能力等都会得到发展,如人际交往技能、沟通能力、协作能力、信息技能、数据收集与分析技能、问题解决能力、领导能力、时间与项目管理技能、学习主动性、行动能力等。[5]

(2)"吸收式学习"与"反思式学习"

斯卡布勒(Scarbrough)等人基于学习过程与知识流的关系,认为"吸收式学习(Learning-by-Absorption)"与"反思式学习(Learning-by-Reflection)"是项目学习的两个主要过程;其中,"吸收式学习"指的是项目学习与组织的先验知识和公共知识相关并在其中被吸收的过程,这一过程是以多种不同的方式展开的,具体取决于语境,其在学习结果方面是模棱两可的,结果有可能是积

---

①乔治·库,金红昊.非认知能力:培养面向 21 世纪的核心胜任力[J].北京大学教育评论,2019(3):2-12, 187.

②文雯,初静,史静寰."985"高校高影响力教育活动初探[J].高等教育研究,2014(8):92-98.

③郭娇.本科生高影响力活动与其毕业后预期目标的匹配:基于 2019 年中国本科教与学调查数据[J].教育发展研究,2019(23):18-26.

④大卫·库伯.体验学习:让体验成为学习和发展的源泉[M].王灿明,朱水萍,译.上海,华东师范大学出版社,2008:52-83.

⑤FAVALORO T, BALL T, LIPSCHUTZ R D. Mind the gap! Developing the campus as a living lab for student experiential learning in sustainability[C]//LEAL F W, BARDI U. Sustainability on university campuses: learning, skills building and best practices, 2019:91-113.

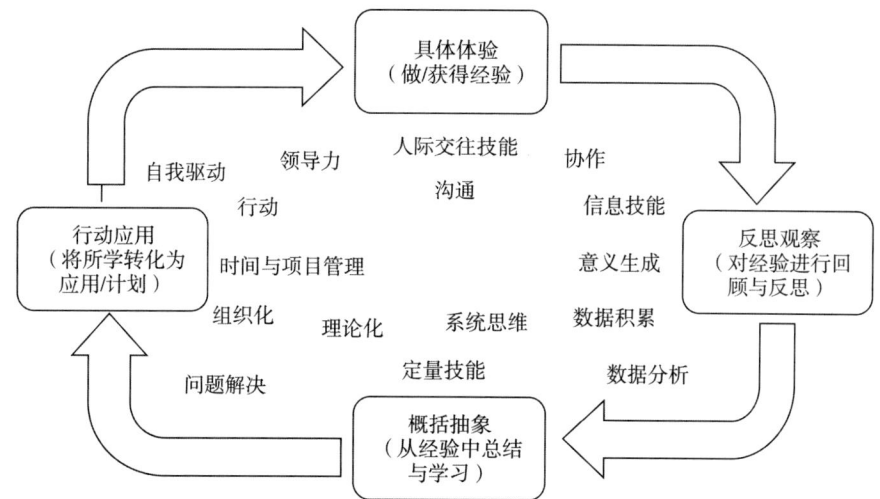

图3-1 体验式学习的基本过程与相关技能/能力发展①

极的也有可能是消极的;"反思式学习"则指的是个体和群体通过基于回顾和自我诊断的活动,使其先前的和隐含的知识对自己和彼此更加明确的过程,同样,这一过程也是以多种方式进行的,如集体讨论、汇报会议、学习效果评价过程等。他们通过案例分析发现,"吸收式学习"在项目学习的不同阶段发挥的作用是可变的,与项目的生命周期存在间歇性联系:项目的初始阶段,先验知识的可用性使项目特定的学习能够随时融入现有的专业知识体系,然而,随着这些知识的相关性降低,吸收式学习往往会阻碍处理项目特定问题所需的职能间和组织间的协作,从而限制学习;同样,"反思式学习"的作用发挥也存在"阶段性"特征。②

(3)"3C3R"模型

根据学习中涉及的核心要素与主要过程,洪伟义(Woei Hung)提出了基于问题学习的"3C3R"模型(见图3-2),该模型由核心要素与过程要素两类要素及要素间的相互作用关系构成,其中,核心要素属于静态要素,用于支持内

①FAVALORO T,BALL T,LIPSCHUTZ R D. Mind the gap! Developing the campus as a living lab for student experiential learning in sustainability[C]//LEAL F W,BARDI U. Sustainability on university campuses:learning,skills building and best practices,2019:91-113.

②SCARBROUGH H,BRESNEN M,EDELMAN L F,et al. The processes of project-based learning[J]. Management learning,2016(4):491-506.

容/概念学习,由内容(Content)、情境(Context)、联系(Connection)这三个子要素构成,过程要素则属于动态要素,涉及学习者的学习认知过程和解决问题的能力,其主要功能是充当激活器,即引导学习者利用核心组件的设计,由研究(Researching)、推理(Reasoning)和反思(Reflecting)三个子要素构成。①此外,洪伟义还指出,过程要素还是一个校准系统,起到以下三个方面的作用:一是引导学生的学习朝向预期的学习目标,二是根据学习者的认知准备情况调整学习过程中所需的认知加工水平,三是减轻学生由于对基于问题学习的不熟悉或不适应而产生的担忧。②

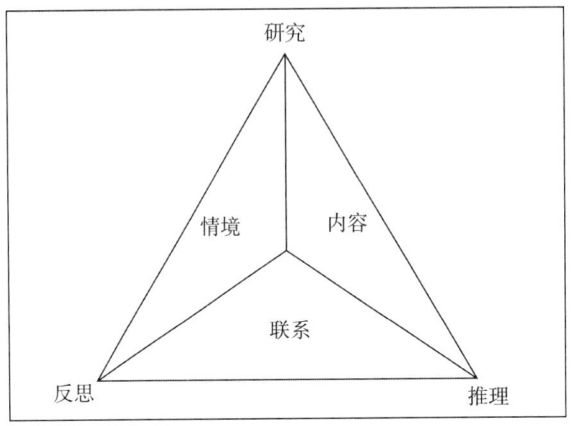

图 3-2 PBL 的 3C3R 的模型

资料来源:HUNG W. The 3C3R model:a conceptual framework for designing problems in PBL[J]. Interdisciplinary journal of problem-based learning,2006(1):55-77.

综合可见,项目学习理论具有关注过程的传统,因为过程是学生能力发展的关键。虽然不同学者对项目学习的基本过程有不同的看法,但他们的观点之间也存在一些共同点:一是都认同过程对学生发展的重要性;二是都认为过程中的"做中学"与反思、过程中的互动对学生的发展至关重要;三是项目学习的过程具有"阶段性"特征;四是过程中涉及各种要素,这些要素的状态与动态都会影响学生的学习效果。这些已有理论结果为我们思考"大创"项目育人有效性的过程有效性以及育人有效性的生成逻辑提供了参考。

---

①HUNG W. The 3C3R model:a conceptual framework for designing problems in PBL[J]. Interdisciplinary journal of problem-based learning,2006(1):55-77.

②HUNG W. The 3C3R model:a conceptual framework for designing problems in PBL[J]. Interdisciplinary journal of problem-based learning,2006(1):55-77.

2. 有效育人的项目学习是多种因素共同作用的结果

已有研究表明,有效育人的项目学习是多种因素共同作用的结果。例如,法瓦洛罗(Favaloro)等的研究指出,问题类型与情境、学习目标、学习者个体的已有知识与技能、学习者的主动性与参与度、导师的指导、评价机制等都会影响项目学习的效果。① 综合已有研究的发现可知,项目学习的效果主要受到项目、教师、学习者、团队这几类因素的影响。

(1)项目因素:项目设计决定问题的类型与情境

项目学习的核心是项目本身。② 布鲁门菲尔德(Blumenfeld)等的研究指出,要想实现项目学习有效育人,项目设计需使项目任务具有创新性、挑战性、现实问题性、可合作性。③ 斯蒂姆森(Stimson)则认为,项目学习要实现有效育人,首先要为学习者创设一种具有目的感与真实性的学习情境,要让学生成为项目选择或设计的主体。④ 综合可知,项目学习的有效性首先会受到项目设计的影响,因为项目设计决定了驱动项目学习的问题类型与情境以及动力(兴趣、动机)。

(2)教师因素:需要教师提供学习支架与扮演多种角色

有效育人的项目学习需要教师提供各种学习支架并在其中扮演多种角色。库伯于2011年提出了教育者角色轮廓(Educator Role Profile),该角色轮廓表明教师在体验式学习中应扮演的四种角色(见图3-3):促进者、学科专家、评估者、指导者,在体验式学习循环圈的四个阶段中,教师需要扮演不同的角色来帮助学生实现最大化的学习效果。⑤ 除了需要教师扮演多种角

---

①FAVALORO T, BALL T, LIPSCHUTZ R D. Mind the gap! Developing the campus as a living lab for student experiential learning in sustainability[C]//LEAL F W, BARDI U. Sustainability on university campuses: learning, skills building and best practices,2019:91-113.

②TRILLING B, FADEL C. 21st century skills: learning for life in our times[M]. San Francisco, CA: Jossey-Bass,2009:97.

③BLUMENFELD P C, SOLOWAY E, MARX R W, et al. Motivating project-based learning: sustaining the doing, supporting the learning[J]. Educational psychologist, 1991 (3-4):369-398.

④STIMSON R W. The Massachusetts home-project plan of vocational agricultural education[M]. Washington, DC: U.S. Bureau of Education,1914:2645.

⑤刘祥玲.大卫·库伯的体验式教学[M].太原:山西人民出版社,2020:160.

色外,项目学习还需要教师提供各种学习支架(包括认知层面的与非认知层面的)①。

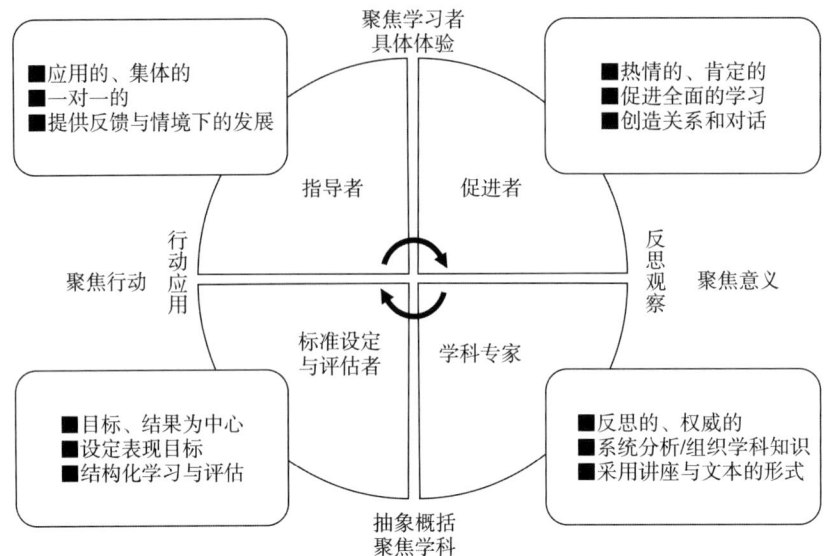

图 3-3　教育者角色与体验式学习循环圈

(3)学习者因素:个体特征与参与度的影响

学习结果会因人而异已成为共识。学习者的个体特征、参与动机与参与度等都会影响项目学习的效果。例如,库伯研究发现,学习者的学习风格、人格类型、学习策略、职业生涯选择等都会影响他们对体验式学习四个基本过程重要性的认知以及偏好,进而影响学习的效果。② 此外,迈尔(Meyer)等研究发现,不同成就目标定向的学生在项目学习中的表现存在显著差异。③ 法瓦洛罗等的研究则表明,项目学习的效果受学习者参与度的影响,有效育人的项

①叶碧欣,桑国元,邓英华.项目学习能否提升大学英语教学成效:针对干预实验研究的元分析[J].中国高教研究,2022(7):83-88.

②大卫·库伯.体验学习:让体验成为学习和发展的源泉[M].王灿明,朱水萍,译.上海,华东师范大学出版社,2008:37.

③MEYER D K, TURNER J C, SPENCER, C A. Challenge in a mathematics classroom: students' motivation and strategies in project-based learning [J]. The elementary school journal, 1997(5):501-521.

目学习需要学习者身临其境地动手解决系列问题。[①]

（4）团队因素：团队互动的影响

在项目学习中，学生通常以团队形式进行学习，因而，团队因素必然会影响项目学习的效果。例如，杨明海等的研究发现，项目团队学习的效果会受到团队目标的认同度、团队的学习条件、团队成员的心理安全感、团队学习的激励机制、项目经理才能这五个因素的重要影响。[②] 高艳玲等对研究生科研项目学习的研究则表明，项目团队互动氛围中的师生互动质量最终会影响团队成员的创新能力发展。[③]

（四）项目学习有效性的评价：从结果取向到全过程多样化取向的转变

作为一种教学方式，项目学习有效性如何评价也是项目学习理论研究关注的重点之一。总体而言，关于项目学习有效性的评价主要有以下几种取向：一是结果取向。该取向的评价主要是采用前后测的方法从项目学习的结果对项目学习的有效性进行评价，涉及的指标主要有学生学业成绩的提高、学生问题解决能力的提高、学生对基于项目学习的主题理解的进步、项目中引入的特定技能和策略的收获、群体问题解决、行为习惯和其他 PBL 过程行为的感知变化等。[④] 二是表现取向。该取向是基于表现性评价理论对项目学习有效性进行评价，主要的指标有学生在项目中"做中学"与探究的表现、项目参与性、师生互动、生生互动与合作等。三是全过程多样化取向。该取向是采用多样化的评价手段对项目学习不同阶段中的表现与结果进行评价。例如，华中科技大学高等工程教育研究中心课题组构建了一个全过程多样化的项目学习评价体系，他们将项目学习评价的全过程分为准备、实施和后项目学习评价三个

①FAVALORO T，BALL T，LIPSCHUTZ R D. Mind the gap! Developing the campus as a living lab for student experiential learning in sustainability[C]//LEAL F W，BARDI U. Sustainability on university campuses：learning，skills building and best practices，2019：91-113.

②杨明海，张体勤，丁荣贵.项目团队学习的涵义、形式与模型研究[J].自然辩证法研究，2006(9)：73-76.

③高艳玲，李虹，裴瑞敏，等.教育科研团队互动氛围对个体创新能力的中介影响机制研究[J].军事医学，2012(12)：929-933.

④THOMAS J W. A review of research on project-based learning[EB/OL].(2000-01-22)[2023-03-05].http://www.autodesk.com/foundation.

主要阶段。①

（五）对"大创"项目育人的启示

"大创"项目是项目学习的具体应用，因而，项目学习理论的相关观点，尤其是有关项目学习有效育人的关键要素与项目学习有效性评价的已有研究成果对探究"大创"项目育人有效性的分析维度、判断标准与生成逻辑等有重要启示。

1."大创"项目育人有效性受项目、学生、团队、导师的多维影响

综合项目学习有效育人关键要素的已有研究可知，"大创"项目要有效育人，其关键要素至少有四大方面：一是项目设计要素。项目设计必须能引起学生的兴趣、激发他们的参与动机。也即是说，"大创"项目要有效育人，首先要精心设计项目的选题。二是学生要素，学生在开展"大创"项目时要具备一定的知识与技能并能体验到自主性。三是需要有教师的引导与支持。四是团队要素，要保证"大创"项目过程中团队的充分协作与互动。这四方面要素都事关学生在"大创"项目学习中内部学习动机的激发与维持。

2."大创"项目育人有效性既包括结果有效性也包括过程有效性

从项目学习有效性评价的相关研究可知，结果有效性、过程有效性均是项目学习有效性的重要方面。在结果有效性中不仅包括学生的学业成绩提高，也包括学生经历项目学习后的知识增长、能力发展、意识激发；过程有效性则需要关注项目运作的各个阶段中的具体环节的具体任务执行及各阶段中学生的阶段性发展。作为项目学习的具体应用，结果有效性与过程有效性也应成为"大创"项目育人有效性评价的维度。

（六）项目学习理论对本研究的适切性

"大创"项目是项目学习的具体应用，因而，项目学习理论天然地适切于本研究。具体而言，首先，关于项目学习的本质的观点能为本研究明确"大创"项目的本质提供理论依据；其次，关于项目学习促进学生发展的相关观点能为本研究阐释"大创"项目育人有效性的内涵和判断标准提供参考；再次，关于项目学习基本过程与影响因素的相关观点则能为本研究揭示"大创"项目育人有效

---

①华中科技大学高等工程教育研究中心课题组,李瑾,陈敏,等.项目学习的评价:光电工程创新创业人才培养的工程训练体系探索[J].高等工程教育研究,2010(6):82-87.

性的生成逻辑与提升策略提供理论依据和分析框架;最后,关于项目学习有效性评价的相关研究则能为本研究探究"大创"项目育人有效性的内涵、分析维度、判断标准等提供理论依据和分析思路。

三、群体动力学理论

"大创"项目基本上是以团队为组织形式开展的。因而,除了主体教育理论、项目学习理论,团队有效性的相关理论,如群体动力学理论也适合于"大创"项目运行机理的分析。

(一)群体动力学理论概述

群体动力学理论(Group dynamics theory)是由美国心理学家勒温(Lewin)所提出的一种关于群体中各种力量(因素)对个体行为与态度的作用与影响的理论。勒温借鉴物理学中"场"的概念来对个体的行为与态度进行阐释,他认为个体的行为与态度是个体的内在需求与所处的环境因素相互作用的结果,当个体的需求未得到满足时就会产生推动个体行动以满足需要的内部动力,而所处的环境则是个体产生内部动力的导火索。[1] 他提出用一个函数式来表示个体与其所处的环境间的交互作用关系:B=f(P,E),函数式中的B代表的是个体的行为(Behavior),P代表的是人(Person),E代表的是个体所处的环境(Environment)。[2] 该理论认为,一般的群体动力系统由内聚力、驱动力和耗散力这三大要素构成,其中,内聚力是使群体内个体间结合在一起的力量,即维系群体的力量;驱动力是促使群体演化与发展的力量,耗散力则是降低群体效应、阻碍群体发展的力量。[3]

(二)高效能团队的特征

高效能的群体/团队具有什么样的特征?国内外学者对高效能团队的特征开展了丰富的研究。例如,美国著名管理学家斯蒂芬·P.罗宾斯(Stephen P. Robbins)在《组织行为学》中指出,高效的团队需要具备以下八个基本特征:一是具有明确的目标,二是掌握或具备完成团队任务的相关技能,三是团

---

① 闫华.大学生思想政治教育的群体动力功能研究[D].北京:北京科技大学,2020:25-26.

② 宋亦芳.基于群体动力理论的社区团队学习研究[J].职教论坛,2017(9):40-47.

③ 闫华.大学生思想政治教育的群体动力功能研究[D].北京:北京科技大学,2020:26.

队成员间相互信任,四是共同的诺言,五是良好的沟通,六是谈判的技能,七是合适的领导,八是内部与外部的支持。^① 分析这八个特征可知,罗宾斯是从影响团队效能有效性因素的角度来描绘高效能团队的特征的,而不是从团队工作的结果的角度来描绘的;当影响团队有效性的关键因素表现出理想样态时,高效能的团队也就形成了。换言之,高效能团队的特征也即是影响团队有效性关键影响因素的理想状态。

国内学者对高效能团队的特征也开展了丰富的研究。例如徐礼平和李林英对我国重大科研项目团队的基本特征进行探究发现,从团队结构看,这些团队具有知识密集型、成员学科背景多样性、研究目标一致性、时限性与非时限性并存的特征;从运行过程看,则表现出合作意识较强、团队精神良好、团队内部相互关怀、信任、尊重、分工明确、资源共享、共享成果与共担责任的特征;从团队的绩效产出看,则表现出团队成员学术成长快、积极心理资本稳步提升、绩效产出可观、科研成果推广效果好的特征。^② 由上可知,对于有效的科研项目团队的特征分析,既需要从项目团队的输入(团队结构)进行分析,也需要关注项目团队的过程特征(运行过程),还需要对项目团队的输出(绩效产出)特征进行分析。

(三)团队有效性的评价标准

对于团队有效性,不少学者进行了深入的探究与分析。例如,哈克曼(Hackman)认为可以从以下三个方面来衡量团队的有效性:一是团队的实际产出,团队的生产性产出应达到或超过接收或审查团队产出的人员所定的绩效标准;二是团队开展工作的状态,团队在开展团队工作任务时所使用的社会过程应保持或提升成员在后续团队任务中共同工作的能力;三是团队经验对个体成员的影响,总的来说,团队体验应该满足而不是挫败团队成员的个人需求。^③ 从哈克曼的观点可知,对于团队产出有效性的衡量,不仅需要关注团队层面的产出,还需要关注成员个体层面的收获;不仅需要关注结果性产出(如

①斯蒂芬·P.罗宾斯,蒂莫西·A.贾奇.组织行为学[M].李原,孙慧敏,译.北京:中国人民大学出版社,2008:287-291.

②徐礼平,李林英.重大科研项目团队:内涵、特征与研究视角[J].黑龙江高教研究,2017(08):51-54.

③HACKMAN J R. The design of work teams [G]//LORSH J W. Handbook of organizational behavior. Englewood Cliffs, NJ: Prentice hall,1987:315-342.

生产性产生与个体成长收获），还需关注过程，要将团队开展工作的过程状态也纳入有效性的范围。

瓦戈曼（Wageman）和哈克曼等则从以下三个方面来定义团队的有效性：一是团队的生产性输出（即其产品、服务或决策）达到或超过团队客户（接收、审查和/或使用输出的人）的数量、质量和及时性标准；二是团队在开展工作中使用的社会过程提高了成员在未来相互依赖地合作的能力；三是团队经验对团队成员的学习和幸福有积极的贡献。[①] 可见，瓦戈曼等对团队有效性的衡量不仅包括了结果产出维度，还包括了过程维度。此外，瓦戈曼等还提出，当满足以下五个条件时，团队的效能会更高：一是拥有一个恰当的负责人，二是团队有一个大家共同认同的目标，三是拥有促进集体工作的团队结构，四是拥有支持团队任务运行的组织环境，五是拥有充足的实践指导。在这基础上，瓦戈曼等开发了一个用于测量团队效能的量表，该量表由两部分构成，一是保障团队效能的条件测量，二是团队效能的测量，在效能的衡量中则包括过程指标、团队互动过程指标和个体收获这三个部分。可见，对于团队有效性的评价，不仅是从团队的结果产出效能的角度衡量，还需要从团队效能的影响因素角度进行考量。换言之，高效的团队不仅体现在其产出上，更体现在保障团队高效的条件上。

（四）群体有效性的分析模型

群体效能是群体动力学研究中重点关注的问题，总的来说，群体效能最经典的分析框架是麦格拉斯（McGrath）于 1964 年构建的"输入—过程—产出"（Input-Process-Outcome）框架，简称 I-P-O 模型。后来，不少学者基于 I-P-O 模型构建了更为具体、丰富的群体有效性分析模型。

在该模型中，输入（Input）指的是那些能够影响群体互动过程的因素，包括个体层面因素、群体层面因素与环境层面因素三类，个体层面因素如群体成员的技能与能力、态度、个性特征等，群体层面因素如群体结构、群体规模、群体凝聚力等，环境层面因素如任务特点、奖励体系、环境复杂性等；群体互动过程在输入与输出（群体绩效关系）间起中介作用，这里的"互动过程"

---

①WAGEMAN R，HACKMAN J R，LEHMAN E. Team diagnostic survey：development of an instrument[J]. The journal of applied behavioral science，2005(4)：373-398.

（Interaction process）涉及发生在两个任意时间点（t_1 与 t_2）间所有可观察到的互动行为，t_1 与 t_2 间的时间间隔越长，输入—输出间交互作用的量就越大，群体交互作用在输入—输出间的中介作用的分析就越复杂，此外，"互动过程"是群体内成员间、群体成员与外部环境间的交互过程；输出（Outcome）则指的是群体的绩效结果，如产出结果的数量与质量、解决问题的速度、群体成员的犯错误数量等，以及其他的一些结果，如群体成员的满意度、群体内聚力、群体成员的态度改变与能力发展等。该模型还认为，"输入—过程—产出"是一个循环过程，输入中的因素，如群体的结构，成员的态度与能力等会影响群体的互动过程，但同时，他们也会被这个互动过程改变；互动过程会影响输出，如群体绩效，而同时，输出的结果也会影响接下来的群体互动过程。①

麦格拉斯提出的 I-P-O 模型给群体效能的研究提供了一个理论分析框架（见图 3-4），该模型从个体、群体与环境多个方面列出了影响群体输出的影响因素，并指出这些影响因素是通过群体互动过程对群体产出产生作用的，即该模式不仅指出了群体效能的影响因素，还指出了群体效能产生的作用过程。I-P-O 模型提出后得到了较多学者的认可，成为学术界研究群体/团体有效性

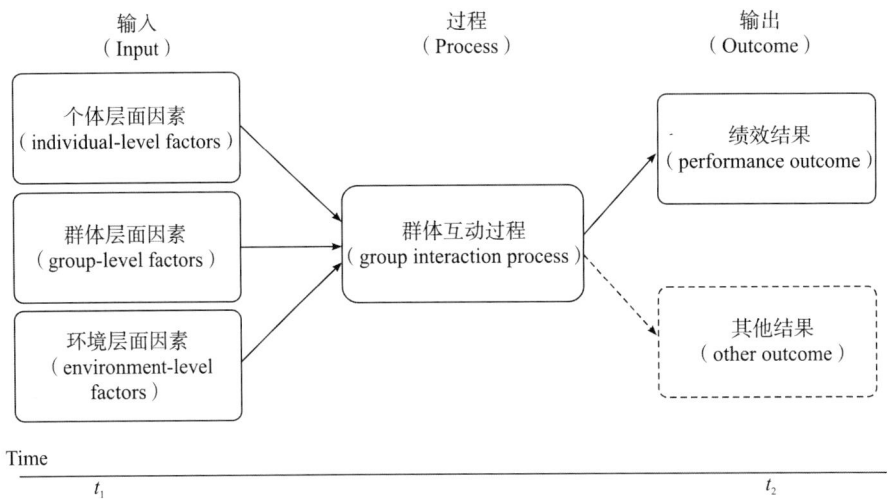

图 3-4　I-P-O 模型

资料来源：MCGRATH J E. Social psychology：a brief introduction［M］.New York：Holt，Rinehart and Winston，1964：166.

①MCGRATH J E. Social psychology：a brief introduction［M］. New York：Holt，Rinehart and Winston，1964：166.

的经典框架,之后的群体/团体有效性的研究模型基本上都是以 I-P-O 框架为基础的。已有研究主要从三个方面来探究群体的效能:一是探究"输入—过程"的关系(Input-Process relationship),二是探究"过程—产出"的关系(Process-Outcome relationship),三是探究整体的"输入—过程—产出"关系(Input-Process-Outcome relationship)。[①]

随着研究的推进,I-P-O 模型也受到了不同程度的批判,主要表现在以下几个方面:一是已有研究中有不少关于"过程—产出"影响效应的研究实际上探究的并不是交互过程对群体效能的影响;二是 I-P-O 模型忽视了"输入—产出"间的作用关系,也就是说 I-P-O 模型忽视了输入因素对产出的直接作用;三是 I-P-O 模型主要用来解释"输入""过程""产出"间的关系,但目前不少研究已经探究了"输入—过程"与"过程—产出"间的交互作用,已经在 I-P-O 模型的范畴之外了。因此,基于 I-P-O 模型并针对 I-P-O 模型的局限性,有不少学者修正和发展了 I-P-O 模型。

科恩(Cohen)和贝利(Bailey)提出了一个用于分析群体有效性的启发式框架,见图 3-5。在这个框架中,群体有效性是环境因素、设计因素、群体过程和群体心理特征的函数。环境因素是组织所处的外部环境的特征,例如行业特征或环境的动荡性;设计因素指任务、团队和组织的那些特征,这些因素可

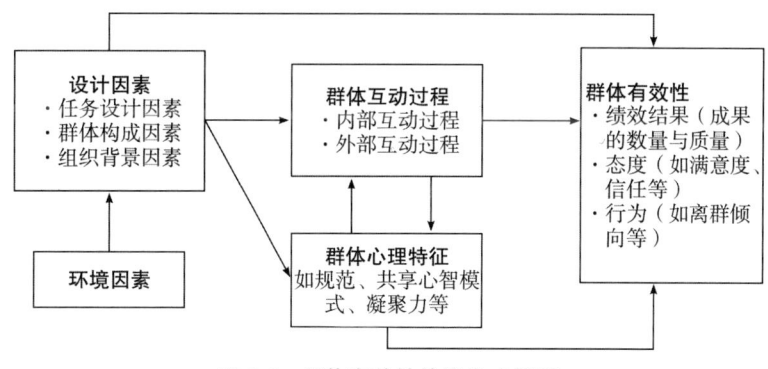

图 3-5 群体有效性的启发式模型

资料来源:COHEN S G, BAILEY D E. What makes teams work: group effectiveness research from the shop floor to the executive suite[J]. Journal of management,1997(3):239-290.

---

①Hackman J R. The design of work teams [G]//LORSH J W. Handbook of organizational behavior. Englewood Cliffs, NJ: Prentice Hall,1987:315-342.

以被管理者直接操纵,为有效绩效创造条件,其中,任务设计因素如有任务的自主性和相互依存性等,群体结构因素有群体规模、群体领导任期、群体成员的人口统计学特征与多样性,组织背景因素如奖励、监督、培训和资源等;群体过程则指的是发生在群体成员之间以及群体与外部其他人之间的互动,如沟通、冲突、合作等;群体心理特征则是共同的理解、信念或情绪基调,如规范、凝聚力、团队心理模型和群体影响;群体有效性结果则包括群体绩效、群体成员的态度和行为等。

通过对设计因素的描述,科恩等认为该框架摆脱了 I-P-O 模型。该框架认为设计因素不仅通过群体过程和群体心理特征对结果产生间接影响,同时也对结果产生直接影响。此外,该模型认为,群体心理特征才是真正的群体水平体现,群体心理特征不仅能直接影响结果,它们还能通过塑造群体的内部和外部互动过程来间接影响结果。该框架说明群体过程可以嵌入群体心理特征,例如规范、共享的心智模式或情感状态。同时,环境因素对设计因素有直接影响。总之,环境因素、设计因素、内部和外部过程以及群体心理特征可以预测群体的有效性。此外,我们还应该注意到,群体的有效性结果还可以影响群体过程、群体的心理特征,甚至是设计因素。

对比麦格拉斯提出的 I-P-O 模型,科恩等提出的群体有效性启发式模型不仅细化了群体互动的过程,将群体互动分为群体内部互动过程与群体外部互动过程,还将群体的心理特征,如规范、共享心智模式、凝聚力等作为影响群体有效性的重要过程因素,并且指出群体心理特征与群体互动过程间是一种相互影响的关系。

(五)群体动力学理论对本研究的适切性

"大创"项目一般都是基于团队开展,其运行过程则是其育人过程。因而,群体动力学理论能为本研究探究"大创"项目的育人有效性提供理论指导。具体而言,一方面,群体动力学理论中关于高效能团队特征的相关研究与团队有效性评价标准的相关研究能为本研究探讨"大创"育人有效性的判断标准提供理论指导。另一方面,群体动力学理论中的群体有效性分析模型,尤其是 I-P-O 模型能为本研究探究"大创"项目育人有效性的结构维度以及"大创"项目育人有效性的生成逻辑提供理论参考。

第二节 "大创"项目育人有效性的基本释义

"'大创'项目的育人有效性是什么"是要解决的首要问题,要解决这一问题就需要先阐述"大创"项目育人有效性的基本内涵、结构维度以及判断标准。

一、"大创"项目的育人目标分析

从第二章的有效性概念阐述可知,有效性蕴含着目标达成度,可见,有效性必然与目标实现的程度相关。因而,要深度理解"大创"项目育人有效性,首先需要对其育人目标进行分析,必须先厘清"大创"项目的育人目标都有什么、核心育人目标是什么以及不同目标之间存在的关系。

(一)"大创"项目的多重育人目标

通过对"大创"项目相关政策(见表3-1)中有关目标的相关内容进行整理分析发现,"大创"项目的育人目标是多重的:促进高校转变教育思想观念、推动人才培养模式与教学模式改革、培养大学生的创新创业素质与能力。

表3-1 有关"大创"项目的政策文本

政策文本名称	发文字号
关于申报"国家大学生创新训练计划"试点高校的通知	高教司函〔2006〕215号
关于启动国家大学生创新创业训练计划试点工作的通知	高教司函〔2006〕231号
教育部财政部关于实施高等学校本科教学质量与教学改革工作的意见	教高〔2007〕1号
教育部关于进一步深化本科教学改革全面提高教学质量的若干意见	教高〔2007〕2号
教育部办公厅关于申报国家大学生创新性实验计划的通知	教高厅函〔2007〕20号
教育部 财政部关于"十二五"期间实施"高等学校本科教学质量与教学改革工程"的意见	教高〔2011〕6号

续表

政策文本名称	发文字号
教育部关于做好"本科教学工程"国家级大学生创新创业训练计划实施工作的通知	教高函〔2012〕5 号
国家级大学生创新创业训练计划工作手册	2012
国务院办公厅关于深化高等学校创新创业教育改革的实施意见	国办发〔2015〕36 号
教育部关于印发《国家级大学生创新创业训练计划管理办法》的通知	教高函〔2019〕13 号

资料来源:根据教育部颁布的相关政策整理。

1. 促进高校转变教育思想观念

"大创"项目旨在促进高校转变教育思想观念,这既是提高我国高等教育质量的需要,也是提升大学生就业能力和创新创业能力的需要。"大创"项目源于教育部的"本科教学质量与教学改革工程"(简称"质量工程")。"质量工程"的实施旨在提升我国高等教育的质量,作为"质量工程"的一个建设项目,"大创"项目必然也是为了提升高等教育质量。要提升高等教育质量,首先需要反对传统的教育思想观念,也即要反对传统的以知识传授为中心的教学模式。因为,在该教学模式下,学生的主体地位与主动性往往被忽视或是遮蔽,教师往往没有把学生的能力发展作为教学的核心目标,学生则将接受现成知识作为学习的核心任务,这在很大程度上降低了学生学习的主动性和积极性。要提升高等教育的质量,首先就要从根本上转变传统的教育思想观念,创新创业教育适时而生。但创新创业教育作为一个新事物、一种新理念,人们对它的认识和理解存在诸多误区。因而,促进高校转变传统的教育思想观念,确立"广谱式"的创新创业教育观念就成为"大创"项目育人的目标之一。

2. 推动人才培养模式与教学模式改革

创新创业人才的培养需要在一定的创新创业活动中实现。然而,在现行的人才培养模式中,探究性、创新性、开放性的实践活动却非常欠缺;教学的内容是固定的、源于教科书并止于教科书的,学生的学习以理解、记忆知识为主;教学的方法也是以教师为中心的、灌输式的、填鸭式的;课堂是"教师讲,学生听"的。显然,这样的培养模式与教学模式无法满足创新创业型人才的培养需求。"质量工程"将"大创"项目作为建设内容"实践教学与人才培养模式改革创新"中的一个组成部分,旨在"推进高等学校在教学内容、课程体系、实践环节等方面进行人才培养模式的综合改革,以倡导启发式教学和研究性学习为核心,探索教学理念、培养模式和管理机制的全方位创新。"①可见,推动高校的人才培养模式与教学模式的改革与创新也是"大创"项目的目标之一。

3. 培养大学生的创新创业素质与能力

创新驱动发展时代呼唤高等教育培养大批创新创业人才,创新创业素质与能力培养应是高质量高等教育的核心内涵。② 实施"大创"项目的初衷是"以项目为载体,以计划为突破口,推动大学生创新创业教育改革,培养大学生独立思考、善于质疑、勇于创新的探索精神和敢闯会创的意志品格,提升大学生创新创业能力"③。可见,"大创"项目实施的初心就是培养创新创业型人才。④《国家大学生创新性实验计划指南》则对学生参与创新训练、创业训练与创业实践项目要培养的素质与能力进行了系统的阐述。不管是从"大创"项目实施的初衷、初心看,还是从相关政策中关于"大创"项目目标的阐述看,培养大学生的创新创业素质与能力一直都是"大创"项目的目标追求。

(二)创新创业素质与能力培养应是"大创"项目的核心育人目标

培养大学生的创新创业素质与能力应是"大创"项目的核心育人目标。通过上述分析可知,"大创"项目的育人目标是多重的,但这些目标之间的主次关系在相关政策中并没有交代。已有的"大创"项目政策中并未清楚地指明"大创"项目的主要目标、次要目标以及目标之间的层次关系,这可以说是已有政策中的一个缺陷。"当一项政策带有多重目标时,政策执行的结果将很难保证,与此同时,还会衍生许多预期外目标。"⑤不管是要明确"大创"项目的定位,还是要判断其育人效果,都必须先厘清这些目标间的序次与关系。在"大

①中华人民共和国教育部.教育部财政部关于实施高等学校本科教学质量与教学改革工程的意见[EB/OL]. (2007-01-22)[2023-03-05].http://www.moe.gov.cn/s78/A08/moe_734/201001/t20100129_20038.html.

②王洪才.创新创业能力培养:作为高质量高等教育的核心内涵[J].江苏高教,2021(11):21-27.

③中华人民共和国教育部.教育部关于印发《国家级大学生创新创业训练计划管理办法》的通知[EB/OL]. (2019-09-15)[2021-06-27]. http://www.gov.cn/xinwen/2019-07/31/content_5417440.htm.

④国家大学生创新创业训练计划专家工作小组.砥砺十年 星火燎原:国家大学生创新创业训练计划十周年(回眸篇)[M].北京:高等教育出版社,2018:4.

⑤韩映雄.我国高等教育"质量工程"政策目标分析[J].复旦教育论坛,2009(5):19-21.

创"项目的三大目标中,"促进高校转变教育思想观念"旨在扫平创新创业教育面临的观念障碍,"推动人才培养模式与教学模式改革"旨在改变以知识传授为中心的教学模式,这两个目标的最终追求都是为了培养大学生的创新创业素质与能力。综合可见,培养大学生的创新创业素质与能力既是"大创"项目的出发点也是其归宿。因而可以得出,"大创"项目的核心育人目标是培养大学生的创新创业素质与能力。

二、"大创"项目育人有效性的基本内涵

明确育人有效性与"大创"项目育人有效性的内涵是首先要解决的问题。

（一）育人有效性的基本内涵

育人有效性是一个由"育人"与"有效性"组成的概念,可以从解析构成"育人有效性"的"育人"与"有效性"这两个词来认识其内涵。

在《现代汉语词典》中,"有效"指的是"能实现预期的目的;即有效果"[①],其蕴含着人们需要与愿望的满足程度[②],此外,"有效"还意味着"人们在实现目标过程中的一切付出要符合'经济原则'或'节约原则'"[③]。"有效性"则是一种价值属性的体现[④],其实质是"体现于特定价值关系中的价值属性问题"[⑤]。陈寿根研究指出,有效性的具体内涵会因不同的审视视角而不同,如价值取向主义者认为,有效性是一种价值判断;过程主义取向者则认为,有效性是构成事物/系统的各要素间在不同阶段富有成效地协作、协同;目标取向主义者则认为,有效性是能满足或超于预期的目标。[⑥] 此外,从第二章中"有效性"的概念界定可知,在不同领域,有效性的解释与界定的侧重点也不同。

在教育学领域中,学者们对"有效性"的探究主要集中于教学有效性方面。

①中国社会科学院语言研究所词典编辑室.现代汉语词典[Z].7版.北京:商务印书馆,2016:1590.

②陈敏.论大学生思想政治教育有效性及其评价标准[J].黑龙江高教研究,2006(2):43-44.

③程红,张天宝.论教学的有效性及其提高策略[J].中国教育学刊,1998(5):37-40.

④陈敏.论大学生思想政治教育有效性及其评价标准[J].黑龙江高教研究,2006(2):43-44.

⑤沈壮海.思想政治教育有效性研究[M].武汉:武汉大学出版社,2001:14.

⑥陈寿根.高职院校内部治理有效性:内涵、特征与提升[J].黑龙江高教研究,2016(10):117-120.

对于教学有效性中的"有效性"，程红等认为其指的是"在教学效果中体现出来的教师和学生共同活动引起学生身心素质变化并使之符合预定目的的特性"，包括有效果、有效率、有效益三重意蕴。[①] 同样，李召存也认为教学有效性应包含有效果、有效率、有效益这三个方面。[②] 而张俊列则认为，教学有效性主要指的是"教学中学生主体性发展的有效性"，并且需要从认知、伦理与心理三个维度进行把握，并且其指出持有什么样的教学观，就会有什么样的有效观。[③]

此外，也有部分学者探究了教育的有效性、教育质量的有效性与学习有效性。在教育的有效性探究方面，杨小微认为教育有效性的核心是学生的真实成长。[④] 王晴则在杨小微这一观点的基础上指出，教育的有效性是"表现为某种教育活动、过程是否及在多大程度上促进受教育者的健康成长"。[⑤] 在教育质量的有效性探究方面，钱军平认为教育质量有效性的指向包括三个方面：一是效果即合目的性，二是效率即合经济性，三是效益即合需要性。[⑥] 在学习有效性方面，申云凤认为"互联网＋"背景下基于问题的学习的有效性指的是"学习者以问题为引导，在学习支持平台支持下，通过网络基于问题解决学习社会性交互（小组协作和教师指导），使学习者通过问题解决，从而获得问题解决的实践能力，养成问题解决的核心素养"。[⑦]

综合可见，在教育学领域中，"有效性"是一个动态的议题，尚未形成统一的、确切的定义，人们对有效性内涵的具体阐释会因所持的教育观、教学观不同而异。虽然人们在不同研究主题中对有效性的内涵阐释不尽相同，但其核心都是关注学生的发展，其一般性内涵是教育活动/实践等实际运行结果达到预期目标的程度。此外，有效性不仅是指结果有效还包括其他维度的有效性也是人们的共识。

关于育人的内涵，从第二章中的核心概念界定可知，其同样具有多重意

①程红，张天宝.论教学的有效性及其提高策略[J].中国教育学刊，1998(5)：37-40.

②李召存.教学中主体参与的有效性分析[J].中国教育学刊，2000(5)：26-28.

③张俊列.对"有效教学""有效性"的理性审视[J].教学与管理，2013(1)：8-10.

④杨小微.以学生的真实成长考量教育的有效性[J].教育测量与评价（理论版），2009(3)：1.

⑤王晴.教育有效性的判断标准初探[J].教育研究与实验，2011(2)：51-54.

⑥钱军平.基于生源差异的高等教育质量有效性分析[J].江苏高教，2010(3)：32-35.

⑦申云凤."互联网＋"背景下基于问题解决学习有效性评价指标体系构建[J].中国电化教育，2018(10)：87-94.

蕴。首先,"人"是育人的根本。如,杨叔子认为教育是"以人为本"和"以育为法"的"育人",并且他指出所谓育人,就是"教会学生如何做人、如何做事、如何做学问"。① 鲁洁则认为,育人要以"人之生成、完善为基本出发点,将人的发展作为衡量的根本尺度,用人自我生成的逻辑去理解和运作教育"②。其次,育人是一个过程,是教育者有目的、有计划地对人施加影响的过程。例如,刘献君认为"文化育人是指在文化传承与创新的过程中,引导人们进行正确的文化选择,使社会文化转化为个体文化,从而实现人的自我完善与自我超越的过程"③。再次,育人是一种活动。例如,孙喜亭认为,"教育是培养人的活动,'育人为本'最核心的是'教育'"④。最后,人的发展规律是育人要遵循的"法"。如,杨叔子指出,育人是"在充分尊重'人'的内在因素、调动'人'的内在的主动性、积极性的基础上与外在环境相结合进行化育"⑤。

综上所述,我们认为育人有效性的一般性内涵可界定为育人活动/实践的结果达到预期目标的程度。但是,育人既是一种活动,也是一个过程,还需要"以人为本"并遵循人的发展规律、调动"人"的主体性,其核心是促进人的发展,如果育人有效性仅是停留于育人结果有效性上,并不能让我们充分、全面地把握其内涵。正如沈壮海所言:"如果我们对于有效性问题的研究仅停留在对实践活动结果有效性的分析之上,那么我们充其量只能辨识结果、享用结果,而不可能有效地优化结果、提高结果,从而实现我们进行有效性问题研究的最终目的。"⑥因而,育人有效性不只是育人结果的有效性,还包括育人输入的有效性与育人过程的有效性这两重意蕴。具体而言:

育人输入有效性指的是育人活动输入的要素,如教育者、育人环境、育人载体、育人活动与内容等能满足育人需要的程度。其关注的是育人所输入的要素在育人过程中担负的功能和各要素达到它们应呈现的理想状态的程度。因为,要素是构成特定系统与活动不可或缺的因素、元素,系统整体功能的发

---

①杨叔子.文明以止 化成天下:纪念我国高等学校文化素质教育开展十周年[J].高等教育研究,2005(9):1-6.

②鲁洁.教育的原点:育人[J].华东师范大学学报(教育科学版),2008(4):15-22.

③刘献君.论文化育人[J].高等教育研究,2013(2):1-8.

④孙喜亭.论"以人为本"和"育人为本"的教育观:再论教育的出发点问题[J].高等师范教育研究,2002(4):3-12.

⑤杨叔子.文明以止 化成天下:纪念我国高等学校文化素质教育开展十周年[J].高等教育研究,2005(9):1-6.

⑥沈壮海.思想政治教育有效性研究[M].武汉:武汉大学出版社,2001:17.

挥依赖于要素对系统的积极效能①,任何实践活动的结果有效都是需要一定的条件和基础的,结果有效性依赖于各种要素的有效性以及要素间的有机组合、互动。② 因此,育人有效性意味着要对育人输入的各要素的状态及其功能进行考察。

对于育人过程有效性的理解,一方面关注的是育人各环节中生生、师生交往与活动的有效性。因为,交往与活动是人发展的基础,知识的教育价值需要通过学生的活动交往才能转换为学生的个性素质③,教育要基于实践活动通过交往的方式发展个体的主体性④。另一方面关注的则是育人过程中的不同阶段或环节中各育人要素的相互作用、相互协调的状态。任何实践活动的有效性都是在一定的过程中产生的,在不同的实践活动过程中,要素间的不同组合、联结会产生不同的结果。⑤

对于育人结果有效性的理解,关注的是育人活动/实践的结果与育人预期目标间的差距,关注的是育人的实效性,也即效果。结果是否有效是任何一项教育活动或教育方式的有效性问题首先看的和首要评价的标准。⑥ 活动结果是否达到了预期目标、是否取得了预期的成效是任何一项实践活动或是教育方式等是否有效最直接、最根本的感知与判断。⑦ 因而,育人结果有效性就是对育人实际结果是否取得了相应的成效进行判断,即育人活动是否能实现教育者的预期、满足学生的需要,以及实现预期和满足需要的程度情况。

(二)"大创"项目育人有效性的内涵阐释

育人需要借助一定的载体与方式、手段,"大创"项目既是育人的一种方式,也是育人的载体,还是一种基于问题的学习。基于前文关于育人有效性内

---

①胡杨.高校红色文化资源育人研究[D].贵阳:贵州师范大学,2021:68.

②任艳妮.大众传媒环境下大学生思想政治教育传播有效性研究[D].兰州:西北工业大学,2015:33.

③王道俊,郭文安.主体教育论[M].北京:人民教育出版社,2005:42.

④裴娣娜.主体教育理论研究的范畴及基本问题[J].教育研究,2004(6):13-15.

⑤任艳妮.大众传媒环境下大学生思想政治教育传播有效性研究[D].兰州:西北工业大学,2015:33.

⑥任艳妮.大众传媒环境下大学生思想政治教育传播有效性研究[D].兰州:西北工业大学,2015:33.

⑦任艳妮.大众传媒环境下大学生思想政治教育传播有效性研究[D].兰州:西北工业大学,2015:33.

涵的探讨,借鉴申云凤对"互联网＋"背景下基于问题的学习的有效性界定[①]以及沈壮海对实践活动有效性本质的阐释[②]以及"大创"项目的育人目标分析结果,本书认为"大创"项目育人有效性指的是"大创"项目这一育人方式和载体促进学生发展与成长,尤其是促进学生创新创业品质与能力发展的有效性。即学习者以一个科学研究问题或创业想法为驱动的项目为载体,通过在真实情境中借助多种资源并通过与同伴、老师以及其他团体的互动来开展创新创业探究活动,使学习者通过问题解决与形成人工制品(如论文、产品等),从而促进创新创业能力发展,养成创新创业品质。从本质上看,"大创"项目育人有效性是"大创"项目本身所具有的育人作用以及这种作用对参与项目的学生、教育者需要满足的程度。

具体而言,"大创"项目育人有效性的主要维度也应包括育人输入有效性、过程有效性、结果有效性这三个方面。其中,"大创"项目育人输入有效性关注的是项目育人输入的各要素在"大创"项目育人过程中担负的功能、配置和所应呈现的理想状态与实然状态间的差距;"大创"项目育人过程有效性则关注的是项目运行过程中的各个环节、各项活动的有效性以及各个环节间的联结关系,以及项目输入的各个要素在项目运行各环节中的组合与相互作用;"大创"项目育人结果有效性关注的是项目的实效性,是项目育人的实际效果,是项目达成目标的实际情况,是项目结果的目标达成度。

三、"大创"项目育人有效性的关键维度

在有效性的探究中,从多个维度进行分析是学者们的共识。例如,程红等认为有效果、有效率、有效益是有效性的三重意蕴[③],这种观点得到了李召存[④]的认同;张俊列则认为,教学有效性要从认知、伦理与心理三个维度进行把握[⑤];沈壮海则指出要素有效性、过程有效性与结果有效性是思想政治教育有效性的三个基本构成维度[⑥]。朱德全等则指出,课堂教学的有效性是教学过

---

①申云凤."互联网＋"背景下基于问题解决学习有效性评价指标体系构建[J].中国电化教育,2018(10):87-94.

②沈壮海.思想政治教育有效性研究[M].武汉:武汉大学出版社,2001:17.

③程红,张天宝.论教学的有效性及其提高策略[J].中国教育学刊,1998(5):37-40.

④李召存.教学中主体参与的有效性分析[J].中国教育学刊,2000(5):26-28.

⑤张俊列.对"有效教学""有效性"的理性审视[J].教学与管理,2013(1):8-10.

⑥沈壮海.思想政治教育有效性研究[M].武汉:武汉大学出版社,2001:16.

程、教学状态和教学境界的有机耦合。① 黄柏江则认为课程实施有效性由前置（课程实施前有效性）、内在（课程实施过程有效性）、后置（课程实施结果有效性）这三个维度构成，并且认为前置维度决定课程的基本框架，内在维度则决定课程实施的品质，后置维度则是有效性的通行证。② 王晴则认为考量教育有效性可以从价值取向的教育性、教育方式的道德性、教育结果的成长性三个维度进行。③ 申云凤则从学习者、学习支持平台、社会交互性三个维度来分析互联网＋背景下基于问题学习的有效性。④ 综合可知，虽然当前学者们对于有效性的分析维度尚未形成一致的观点，但多数学者都认为对于有效性的分析不能仅关注结果的有效性，而应该从多个维度进行分析。尤其是对于教育有效性而言，如果仅关注结果有效性，则会容易忽略过程以及难以把握教育活动背后的规律。

在团队有效性的探索中，多维度分析也是学者们的共识。例如，哈克曼认为可以从以下三个方面来衡量团队的有效性：一是团队的实际输出，二是团队开展工作的状态，三是团队经验对个体成员的影响。⑤ 科恩等则从团队输出的数量与质量、团队成员工作态度、团队成员行为结果三个维度分析企业中的团队有效性。⑥ 瓦戈曼等在开发 TDS 量表（Team Diagnostic Survey，团队效能诊断量表）时则将保障团队效能的条件、团队效能标准作为一级维度，同时将过程效能、团队互动、个体收获作为团队效能标准的三个二级维度。⑦ 徐佩与章仁俊则认为可以从团队环境、团队组成、团队运行、团队产出这四个维度

①朱德全，李鹏.课堂教学有效性论纲[J].教育研究，2015，36（10）：90-97.

②黄柏江.高等职业教育课程实施有效性评价模型构建及其内涵分析[J].中国高教研究，2011（3）：90-91.

③王晴.教育有效性的判断标准初探[J].教育研究与实验，2011（2）：51-54.

④申云凤."互联网＋"背景下基于问题解决学习有效性评价指标体系构建[J].中国电化教育，2018（10）：87-94.

⑤HACKMAN J R. The design of work teams [G]//LORSH J W. Handbook of organizational behavior. Englewood Cliffs，NJ：Prentice hall，1987：316.

⑥COHEN S G, BAILEY D E. What makes teams work：group effectiveness research from the shop floor to the executive suite[J]. Journal of management，1997（3）：239-290.

⑦WAGEMAN R，HACKMAN J R，LEHMAN E. Team diagnostic survey：Development of an instrument[J]. The journal of applied behavioral science，2005（4）：373-398.

来分析研发项目团队的有效性。[①] 总体而言,对于团队有效性的分析,学者们同样不只是停留于团队的产出有效性上,还将团队的运行过程、团队有效性的条件或影响因素等纳入有效性的分析维度中。

在项目有效性的探究中,多维度分析同样是学者们的共识。例如,纪延光在构建 R&D 项目(Research and Development,R&D,科学研究与试验发展项目,如国家科技计划项目、企业研发项目等)质量评价体系时,将项目设计、项目实施过程、项目结果作为评价的一级维度。[②] 孟玉环则从过程管理措施、科研成果质量、社会影响三个方面分析高校科研项目质量管理的有效性。[③] 在 STEM(Science,Technology,Engineering,Mathematics)项目有效性的探究中,赵慧臣等的研究发现美国青少年课外 STEM 项目的评价主要是从供给、应用、监督和保障这四个层面展开的[④];张芮的研究则发现,背景、输入、过程、结果这四个维度是圣地亚哥郡的 STEM 项目评价的一级维度[⑤]。综合可见,学术界对于项目有效性的评价不仅在多维评价上达成了共识,输入、过程、结果的三维分析框架也是学者们的共识。

在"大创"项目评价的相关探索中,多维度分析不仅是学者们的共识,也是"大创"项目评价的工作指向。例如,李旦等所构建的"创新性实验计划"项目("大创"项目前身)评价体系时,从选题、过程、成果三个维度设置评价指标[⑥];冯小平等则从组织管理、创新教育、过程管理、人才培养四个方面评价"大创"项目的实施有效性[⑦]。《国家大学生创新创业训练计划工作手册(试行)》是"大创"项目的工作指南,该手册中提出了"大创"项目的检查办法,不管是创新

①徐佩,章仁俊.企业研发项目团队有效性评价指标体系构建研究[J].科技进步与对策,2006(12):146-148.

②纪延光.基础研究类 R&D 项目质量管理研究[D].南京:南京理工大学,2004:50-67.

③孟玉环.高校科研项目质量管理有效性评价体系构建研究[J].科技进步与对策,2012,29(4):115-118.

④赵慧臣,张亚林,马佳雯,等.青少年课外 STEM 项目质量评价系统的建构与启示:基于美国《印第安纳州课外项目规范和专业标准:STEM 教育》的分析[J].电化教育研究,2019,40(10):115-122.

⑤张芮.我国 STEM 教育项目评价指标体系研究[D].北京:北京邮电大学,2019:18-21.

⑥李旦,赵希文,吴菊花.以过程为导向的大学生创新性实验计划评价体系研究[J].高等工程教育研究,2010(1):102-105.

⑦冯小平,邹昀,陈颖龄,等.大学生创新训练计划项目多层次灰色评价[J].西南师范大学学报(自然科学版),2015(11):198-203.

训练项目,还是创业训练项目抑或是创业实践项目,均是从立项评价、中期检查评价与结题验收评价这三大方面进行。可见,在对"大创"项目的评价方面,已有研究与实践大多也是从输入(选题/立项)、过程(中期)、结果(结题)这三个方面进行。

综合前文可知,不管是在教育有效性的探究中,还是在团队有效性、项目有效性抑或是"大创"项目的评价中,有效性都不是一个单一维度的概念,其分析的维度不只是结果有效性,还包括过程有效性、输入有效性或要素有效性等方面。"大创"项目作为一种教育方式、作为一种特殊的项目类型,对其育人有效性的分析也不能仅关注其结果有效性,还应该关注其过程有效性和输入要素有效性。因为只有同时从输入要素、过程、结果三个方面对其育人有效性进行分析,才能更加全面地把握"大创"项目育人的有效性,才能更好地揭示"大创"项目育人有效性的生成规律,才能更好地提高"大创"项目达到预期目标的程度,才能更好地通过"大创"项目来促进学生的创新创业能力发展。因此,基于学者们达成的共识以及教育有效性、团队有效性、项目有效性以及"大创"项目评价的研究结果,本书认为"大创"项目的整个育人过程可以概括为:"教育要素输入—交往活动过程—育人结果输出"。因此,具体分析"大创"项目育人有效性时,可以从项目育人输入有效性、过程有效性、结果有效性这三维度进行。

(一)项目育人输入有效性

"大创"项目要产生育人作用,需要输入一定的要素。所输入要素的性质、配置、状态不同,都会导致"大创"项目育人结果的不同。"大创"项目育人输入有效性指的是项目育人所输入各要素的配置或状态能满足项目育人过程需要的程度,可以理解为"大创"项目有效育人所需要的输入要素的理想配置与理想状态。"大创"项目育人的输入要素,主要包括项目育人主体(项目导师、管理者、学生)、项目内容与活动、项目团队、环境这几个基本要素。要分析"大创"项目育人输入的有效性就需要对这四个基本要素的具体配置或状态进行分析。

从项目育人主体的有效性看,要求项目育人主体具备"主体性"的观念并充分发挥"主体性"。"大创"项目育人的主体是项目的参与者、组织者和实施者,主要包括参与项目的学生、项目导师、项目管理者。根据主体教育理论的

观点,教育的主体性是教育的本质特性,教育的根本在于培育和发挥人的主体性。[①] 作为一种具体的教育活动,"大创"项目育人主体的有效性就集中表现在参与项目的学生、导师、管理者的主体性发挥上。

学生是"大创"项目育人的主体,也是"大创"项目这一教育实践中的受教育者,是"大创"项目运行的第一位主体。"大创"项目育人主体要素有效,就需要参与项目的学生具有自我驱动的项目参与动机,需要他们"能参与""想参与"和"会参与"项目,其中最为关键的是需要他们有较强的内部参与动机。

项目导师是"大创"项目育人的具体实施者,是学生基于"大创"项目的学习获得发展的重要他人。导师具备主体性观念意味着项目导师要自觉、主动地扮演好指导者、监督者等角色并思考如何才能更好地培育和发挥学生的主体性,意味着他们要主动并创造性地基于"大创"项目进行人才培养与教学改革的尝试。

管理者是"大创"项目育人的决策者、规划者、资源供给者与环境营造者。具备主体性观念意味着管理者要主动思考如何才能通过系列管理举措培育与发挥学生的主体性、促进教师主动履行导师责任并进行人才培养与教学改革的尝试,意味着他们要提高管理的创新性、科学性以保证"大创"项目育人的有效性。

从项目本身的有效性看,要求项目设计能激发学生的兴趣,为学生基于"大创"项目的学习创设能激发并保持他们内部动机的学习情境。项目是"大创"项目育人的载体,项目设计决定了学生基于"大创"项目学习的情境与内容。因而,对于项目本身这一要素有效性的分析,就需要对项目的设计进行分析。

从项目团队的有效性看,要求项目团队有能促进团队互动的结构、一致认可的目标、有效的管理策略等。项目团队的结构、目标、管理不同,项目团队合作与互动的结果就不同。因而,要对项目团队的输入有效性进行分析,就需要对项目团队的结构、目标、管理者等进行分析,还需要对影响项目团队合作与互动的因素进行分析。

从项目育人环境的有效性看,要求有多维的支持性环境为保障。任何事物都是处在一定的环境当中的,其功能的发挥也必然会受到环境的制约与影

---

①王道俊、郭文安.试论教育的主体性:兼谈教育、社会与人[J].华东师范大学学报(教育科学版),1990(4):33-40.

响。"大创"项目要有效育人,与学校支持、学校组织与管理是分不开的。对育人环境这一要素的有效性分析,需要对学校塑造的各种环境条件进行分析。

（二）项目育人过程有效性

"大创"项目是实践育人的一种载体,其育人是一个过程,项目运行的过程即"大创"项目育人的过程。"大创"项目育人过程的有效性在于在项目运行的不同环节中能够对项目育人的各要素进行有效的组合、配置,从而形成不同的项目运行类型,进而实现项目育人目标。也就是说,项目运行的不同阶段、环节中各育人要素的相互作用、组合、关联等是"大创"项目育人过程有效性关注的主要内容,其中最为重要的就是项目运行的各环节中项目成员间以及师生间的交往互动。因为,根据主体教育理论的观点,要"在实践活动基础上通过交往促进主体性的发展"[①]。

一般来说,"大创"项目的具体运行过程可以分为以下八个环节（如图 3-6）:项目启动、团队组建、选题申报、立项评审、任务执行、成果形成、成果交流、结题验收。若将这八个环节再进一步整合划分,则可将"大创"项目的运行过程分为三大阶段:项目立项阶段、项目实施阶段、项目收尾阶段。其中,项目启动、团队组建、选题申报、立项评审属于项目立项阶段,任务执行、成果形成则属于项目实施阶段,成果交流、结题验收则属于项目收尾阶段。"大创"项目运行的这三个阶段,八个环节紧密连接、环环相扣,少了哪一个阶段,或哪一个环节做得不到位,都会影响项目的育人有效性。

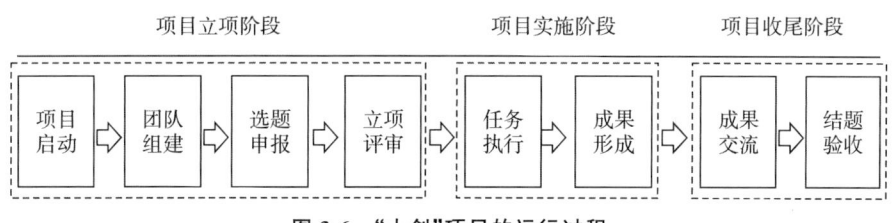

图3-6 "大创"项目的运行过程

实际上,"大创"项目的运行过程同时也是其育人的过程。也即是说,"大创"项目的运行过程与育人过程是一体的。因为学生的发展是在参与"大创"项目中的各项活动来达成的。"大创"项目运行过程中的关键环节也是项目育人的关键环节,如团队组建、选题申报、任务执行与成果形成、成果交流等,学

---

① 裴娣娜.主体教育理论研究的范畴及基本问题[J].教育研究,2004(6):13-15.

生是通过参与这些环节中的具体活动来获得发展的。"大创"项目育人过程的有效性,一方面要分析在项目运行的不同阶段、不同环节中各育人要素应如何组合与配置才能促使项目育人功能充分发挥;另一方面则是要分析在项目运行的不同阶段、不同环节中各育人要素的实然状况与各要素间组合、配置的实然情况及其所导致的结果,尤其是要分析项目运行的各环节中学生间以及师生间的交往互动。

(三)项目育人结果有效性

任何实践活动的有效性最终都只能通过实践活动结果的有效性表现出来,而活动结果是否达到了目标、是否取得了预期的成效、是否满足了主体的需要则是结果有效性最直接、最根本的感知与判断。[①] 因此,对于"大创"项目育人结果的有效性问题,可从以下三个方面来理解:

一是从"大创"项目的参与主体——学生的角度看,结果有效性指的是参与"大创"项目对学生个体需求的满足,引起学生在认知、态度、情感、行为、能力等方面的发展,尤其是创新创业品质与能力的发展。这是"大创"项目育人结果有效性的最直接的体现,是"大创"项目对学生需要的满足程度与个体价值的实现。这种个体需要的满足与个体价值的实现,所带来的结果有效性就是大学生对"大创"项目的接受与认同,即大学生对"大创"项目有深度认识与认同,能积极主动参与项目,在参与项目后在认知上对"大创"项目以及创新创业教育有所提高、态度上有所转变、创新精神与创业精神得到发展、各种创新创业素质与能力得到提升等。有效育人的"大创"项目必定是被大学生接受、选择、认同与积极主动参与的,并且对参与项目的收获感到满意的。

二是从教育者的角度看,结果有效性则指的是"大创"项目是否和在多大程度上实现了"大创"项目的意图与预期目标,即"大创"项目的育人效果。"大创"项目实施的初衷是"以项目为载体,以计划为突破口,推动大学生创新创业教育改革,培养大学生独立思考、善于质疑、勇于创新的探索精神和敢闯会创的意志品格,提升大学生的创新创业能力"[②]。可见,从教育者的角度看,"大

---

①任艳妮.大众传媒环境下大学生思想政治教育传播有效性研究[D].兰州:西北工业大学,2015:33.

②中华人民共和国教育部.教育部关于印发《国家级大学生创新创业训练计划管理办法》的通知[EB/OL].[2021-06-27].http://www.gov.cn/xinwen/2019-07/31/content_5417440.htm.

创"项目育人结果的有效性体现在对促进高校转变教育思想观念、推动人才培养模式与教学模式改革、提升大学生的创新创业素质与能力的作用与程度上。

三是从整体上看,结果有效性是指"大创"项目对社会所产生的积极效果的总和。这一层面强调的是"大创"项目宏观性的育人效果以及"大创"项目所带来的社会价值。"大创"项目不仅是我国最早、面向全体大学生的创新创业教育举措,也是高校创新创业教育体系的重要组成部分和深化创新创业教育改革的重要载体。[①] 因而,"大创"项目社会价值的实现就是指"大创"项目的实施有效宣传、传播了创新创业教育理念,增强了公众对创新创业教育与"大创"项目的认同感,促进了高校教师与大学生对创新创业教育与"大创"项目的广泛参与。

(四)项目育人输入、过程与结果有效性间的关系

基于前文的分析可知,"大创"项目育人输入有效性、过程有效性、结果有效性三者间是一个统一体。具体而言:首先,"大创"项目育人结果有效性的产生是建立在一定的条件与基础上的,项目育人结果有效性的产生依赖于项目输入的各种要素的配置。可见,项目育人输入有效性是"大创"项目育人结果有效性的基础与必要条件。其次,"大创"项目育人有效性的获得必然是在一定的实践过程中产生的,在项目运行的不同阶段、不同环节中,项目输入的各要素间的不同组合与互动,会产生不同的育人效果。项目运行中各环节、各"子过程"的有效运转是实现"大创"项目育人整体过程有效性的基础,项目运行中各环节、各"子过程"的充分开展是"大创"项目育人过程有效性获得的前提条件。再次,对于"大创"项目育人有效性,首要的衡量标准就是项目育人结果是否有效、育人结果是否达到了预期目标。因为,结果是人们对于一项实践活动是否有效最直接、最根本的感知与判断。因而,对于"大创"项目育人有效性的判断,最直接、最根本的依据就是项目育人结果的有效性。

总体而言,三者的关系是:育人输入有效性是"大创"项目育人有效性的基础,育人过程有效性是项目育人有效性的中心环节和连接育人输入有效性与结果有效性的中介,育人结果有效性则是最终的产物。三者有机统一,共同构成了"大创"项目育人有效性的分析维度。因此,我们对"大创"项目育人有效

---

①姜艳霞,贺婉青,王佳莹.大学生创新创业计划现状和发展趋势[J].创新创业理论研究与实践,2021,4(24):180-182.

性问题的探讨,不仅要关注到其结果的有效性,同时必须关注促成这种有效结果产生的各种输入要素的有效性问题与项目运行过程中各环节、各"子过程"的有效性问题,并在此基础上揭示"大创"项目育人有效性产生和实现的规律性和原则性问题。

四、"大创"项目育人有效性的判断标准

本书提出的"大创"项目育人有效性的判断标准主要是针对项目育人输入、过程与结果的理论推演性的定性式测量,并不是结合统计学、行为科学研究范式对项目育人输入、过程、结果进行指标设定、数据分析式的量化研究。量化研究虽然存在一定的优点,能更加准确、精确地研究问题,但其局限性也很明显:需要有大量的人力、物力、财力支持,但最终的统计结果往往只能说明部分问题。因此,我们对"大创"项目育人有效性判断标准的探索,是从"大创"项目育人有效性的基本内涵出发做的定性式标准。

在教育学领域中,有不少关于有效性判断标准的相关观点。例如,杨小微认为应该"以学生的真实成长作为教育的有效性标准"[1]。朱德全等则认为课堂教学有效性内隐着效果、效率、效益、效能和效应的"五效"表征,外显为教学的信度、内在效度、外在效度、难度和区分度的"五度"标准。[2] 陈敏则认为个体价值与社会价值是确立大学生思想政治教育有效性评价标准的依据,其中"三个有利于"是根本标准,"社会需要满足性"与"个体需要满足性"则是具体标准。[3] 王晴则认为教育取向的价值性是评价教育有效性的价值性标准,教育方式的道德性则是过程性标准,教育结果的成长性则是结果性标准。[4] 综合可见,教育有效性的判断标准不是唯一的,但其核心是关注学生的成长。

在团队有效性评价的相关研究中,科恩等认为团队有效性可从团队输出、团队生命力、团队成员行为结果三个维度衡量,其中,效率、生产力、响应时间、质量、客户满意度和创新等都可以作为团队输出有效性的评价标准,满意度、承诺和对管理的信任则可作为团队生命力的评价标准,旷工、离职和安全则可

①杨小微.以学生的真实成长考量教育的有效性[J].教育测量与评价(理论版),2009(3):1.

②朱德全,李鹏.课堂教学有效性论纲[J].教育研究,2015(10):90-97.

③陈敏.论大学生思想政治教育有效性及其评价标准[J].黑龙江高教研究,2006(2):43-44.

④王晴.教育有效性的判断标准初探[J].教育研究与实验,2011(2):51-54.

作为团队成为行为结果的评价标准。① 瓦戈曼等开发的 TDS 量表则将团队的使能结构、团队目标、支持性组织环境、团队获得的指导、团队凝聚力作为"保障团队效能的条件"的评价标准,将团队成员努力程度、团队工作策略、团队成员知识与技能的共享、团队互动质量、团队关系满意度作为"过程有效性"的评价标准,将内部(团队)工作动机、个体成长满意度、团队满意度作为"个体收获"的评价标准。② 徐佩等则将组织环境、组织结构、人力资源控制、团队目标、团队规范作为团队有效性的团队环境维度的评价指标,将团队任务、团队规模、团队领导、团队成员作为团队组成维度的评价指标,将团队凝聚力、团队沟通、团队冲突、团队学习作为团队运行维度的评价指标,将研发产品结果、研究经济性、顾客满意度、成员满意度、团队生命力作为团队产出维度的评价指标。③ 综合可见,在团队有效性的评价中,生产率、满意度、成员成长是团队输出有效性的常用指标,成员努力、凝聚力、互动质量、获得的指导等是团队运行过程有效性的常用指标,支持性环境、团队结构则是团队输入有效性的常用指标。

在科研项目有效性的评价中,孟玉环则将科研资源配置、科研实施和监管、经费管理和监督作为过程管理有效性的评价指标,将科研论著质量、技术成果水平作为科研成果质量的评价指标,将成果转化收益、人才科技服务作为社会影响的评价指标。④ 在李旦等构建的创新训练计划项目评价体系中,则将前期准备、实施方案、创新意识、预期成果、团队协作、答辩表现作为选题评价维度的指标,将调查论证、方案实施、能力水平、团队合作、工作态度、创新意识、中期检查、实验日志作为过程维度的指标,将创新性、学术水平、理论可靠性、文字水平、实物或成果、独立性、答辩表现作为成果维度的指标。⑤ 在冯小

①COHEN S G, BAILEY D E. What makes teams work: group effectiveness research from the shop floor to the executive suite[J]. Journal of management,1997(3):239-290.

②WAGEMAN R, HACKMAN J R, LEHMAN E. Team diagnostic survey: development of an instrument[J]. The journal of applied behavioral science,2005(4):373-398.

③徐佩,章仁俊.企业研发项目团队有效性评价指标体系构建研究[J].科技进步与对策,2006(12):146-148.

④孟玉环.高校科研项目质量管理有效性评价体系构建研究[J].科技进步与对策,2012(4):115-118.

⑤李旦,赵希文,吴菊花.以过程为导向的大学生创新性实验计划评价体系研究[J].高等工程教育研究,2010(1):102-105.

平等人构建的"大创"项目实施质量评价体系中则将组织结构建设、管理制度建设、管理模式建设作为组织管理维度的指标,将课堂教育、课外实践与创新环境作为创新教育维度的指标,将申报阶段、实施阶段、结题阶段作为过程维度的评价指标,将大学生创新素质与导师创新素质作为人才培养维度的指标。① 综上可见,当前的"大创"项目评价指标体系主要是建立在项目实施效果的影响因素基础上的,在结果评价中则将实物成果、创新素质作为主要指标。

综合教育有效性评价、团队有效性评价、科研项目有效性以及"大创"项目实施质量评价的已有研究可知,有效性不仅需要从多个维度进行分析,其判断的标准也是多样的。已有研究为探索"大创"项目育人有效性的判断标准提供了非常有益的参考,但这些研究结果又不能完全回答"该如何判断'大创'项目的育人有效性"这一问题,例如,在教育有效性的评价中没有结合项目的特点与团队学习的特点来形成评价标准,在团队有效性的评价中则主要是从企业团队管理的视角来探究而没有结合育人的特点与项目的特点,在"大创"项目实施质量的评价中则主要是从工作管理的视角而没有结合"大创"项目的育人目标和项目团队学习的特点,因而不能作为"大创"项目育人有效性的判断标准。

基于前文的分析可知,"大创"项目育人结果有效性基于三个层面:学生层面、教育者层面、社会层面,由于教育者与社会层面的有效性最终落到学生身上。因此,在探讨结果有效性的判断标准时,本书主要是从学生层面进行探讨。在探究项目输入有效性时,项目本身、项目团队、项目导师、环境是主要的输入要素,其中,项目本身又是最为关键的输入因素,因而,在探讨项目输入有效性的判断依据时,主要分析项目本身的理想样态。在探讨项目过程有效性时,项目主体(学生、导师、管理者)间的交往与互动最为关键,因而,我们主要从学生、导师与管理者间的互动交往进行分析。基于此及前文中关于"大创"项目育人有效性的相关分析,我们认为可以从以下八个方面来判断"大创"项目的育人有效性:一是选题适切性,二是学生主体性,三是团队凝聚力,四是导师支持力,五是管理科学性,六是创新创业能力发展,七是学生满意度,八是项目完成度。其中,选题适切性是对项目育人输入有效性的判断,学生主体性、

---

① 冯小平,邹昀,陈颖龄,等.大学生创新训练计划项目多层次灰色评价[J].西南师范大学学报(自然科学版),2015(11):198-203.

团队凝聚力、导师支持力与管理科学性则是对项目育人过程有效性的判断,创新创业能力发展、学生满意度与项目完成度是对项目育人结果有效性的判断。

（一）项目育人输入有效性判断的主要标准

选题适切性是"大创"项目育人输入有效性判断的主要标准。项目是"大创"项目育人的载体,项目的内容与情境是"大创"项目育人输入的主要要素之一,而项目设计决定了学生基于"大创"项目学习的情境与内容,项目设计有效性的核心则在于选题的质量。在《国家大学生创新创业训练计划工作手册(试行)》中,项目内容目标、项目可行性是评价项目选题质量的主要指标;项目学习理论的观点认为,项目应该具有多样性、新颖性、真实性、价值性、挑战性、可行性的特点①。这些关于项目选题的观点虽然表述不同,但其共同指向都是"大创"项目的选题应具有适切性。因而,选题的适切性可以作为判断选题质量的标准、作为"大创"项目输入有效性判断的主要标准。

这里的"适切性"具体表现在以下几个方面:一是选题的难度是适中的。要在项目中保持学生的积极性和深思熟虑,"大创"项目的选题必然需要有一定的挑战性,但不能过高,那样不仅不能起正向的激励作用,甚至会产生负向的抑制作用,主要原因是参与者的自信心会受到挫折或打击。挑战性过低也会让学生产生错误的估计,这当然就不利于学生的自我判断或自我认知。因而,选题的难度应该是适中的,是匹配学生的最近发展区的。二是选题源于现实问题。项目源于现实问题,才能让学生觉得自己所做的项目是有意义的,才能促进学生将理论知识与现实生活联系起来。三是选题具有专业关联性。自主学习理论的观点认为,学生的自主学习需要学生具备一定的基础,如果项目选题设计远离学生所学的专业,学生将难以基于项目进行自主学习和深度学习,更遑论创新。

（二）项目育人过程有效性判断的主要标准

基于有效性和"大创"项目实施质量评价标准的相关研究以及对"大创"项目育人过程有效性的内涵阐释,本书认为学生主体性、团队凝聚力、导师支持

①BLUMENFELD P C, SOLOWAY E, MARX R W, et al. Motivating project-based learning: sustaining the doing, supporting the learning[J]. Educational psychologist, 1991 (3-4):369-398.

力、管理科学性都可以作为判断"大创"项目育人过程有效性的主要标准。

1. 学生主体性

学生主体性是"大创"项目育人过程有效性判断的主要标准之一。因为，"教育以培育人的主体性为最高任务"[①]，"学生具有主体性是创新性实验计划实施的基础"[②]。《国家级大学生创新创业训练计划管理办法》中指出，实施"大创"项目要坚持以学生为中心的理念，遵循"自主实践"的原则。"自主实践"就是要充分发挥学生的主体性，因为，根据主体教育理论的观点，主体性具体表现为自主性、主动性与创造性。在李旦等构建的创新性实验训练计划项目评价体系中，"主动收集文献资料，有加工各种信息、获取新知识的能力"[③]是过程评价指标中的内容之一。在瓦戈曼等开发的 TDS 量表（Team Diagnostic Survey，团队效能诊断量表）中，"团队成员努力程度"[④]也是团队有效性的过程有效的评价指标之一，而成员的努力程度显然隐含着成员的主体性。

培育与发挥学生的主体性是"大创"项目育人的根本。因而，学生的主体性是否被激发就是判断"大创"项目育人是否有效的一个根本标准。培养大学生的创新创业能力是"大创"项目的根本目标，而主体性是创新创业能力形成的根本。此外，"大创"项目的推进与成果形成等也依赖于学生主体性的发挥。因而，学生在"大创"项目的各环节、各活动、各任务中是否具有自主性、主动性与创造性以及他们的自主性、主动性与创造性发挥的程度如何就能成为衡量"大创"项目育人有效性的具体判断标准。如果学生在"大创"项目运行过程中仅是项目导师想法的执行者、"机器人"或是被动地等待项目导师来推动项目，那这样的"大创"项目必然是低效的。

2. 团队凝聚力

团队凝聚力也是"大创"项目育人过程有效性的主要判断标准之一。因

---

①王道俊，郭文安.试论教育的主体性：兼谈教育、社会与人[J].华东师范大学学报（教育科学版），1990(4):33-40.

②刘大军，罗一帆，周合兵.基于大学生创新性实验计划下学生主体性的发展策略[J].实验室研究与探索，2011(8):304-306,445.

③李旦，赵希文，吴菊花.以过程为导向的大学生创新性实验计划评价体系研究[J].高等工程教育研究，2010(1):102-105.

④WAGEMAN R，HACKMAN J R，LEHMAN E. Team diagnostic survey：development of an instrument[J]. The journal of applied behavioral science，2005(4)：373-398.

为,团队是"大创"项目运行的组织形式,因而,对于"大创"项目育人有效性的判断必然需要观照团队有效性。团队凝聚力是"所有作用在成员身上的力量的合力",由成员吸引力、群体活动(即任务承诺)和声望或群体自豪感这三个方面构成,[①]其反映的是一个群体倾向于团结在一起并保持团结以实现共同目标的过程[②]。在团队有效性的评价中,团队凝聚力是常见的指标之一。例如,瓦戈曼等开发的团队效能诊断量表[③]以及徐佩等开发的研发项目团队有效性评价体系[④]都将团队凝聚力作为团队运行有效性的指标之一。团队组织得合理不合理直接影响到项目能否成功,而考察团队的组织性往往是从分工是否明确、团队领导是否具有领导力、团队成员之间的合作性这三个方面进行判断,而这三点的集中表现则是团队的凝聚力。有效育人的"大创"项目,其团队应表现出成员间能相互合作并共同完成团队任务,对团队充满信任与自豪感,愿意为项目的推进投入自己的时间和精力,不会因学业压力或是其他压力而退出团队,能与团队同甘共苦,能团结一致直面困难,甚至能为项目的推进牺牲部分自我利益。

3. 导师支持力

导师支持力也是"大创"项目育人过程有效性判断的主要标准之一。因为,在"大创"项目育人过程中,学生基于项目学习的内部动机的激发与维持、对于项目困难的解决等需要来自导师的支持。在《国家级大学生创新创业训练计划管理办法》中,关于导师的工作指南中不仅包括了导师应具备的品质和能力,还包括了项目实施阶段导师工作的具体规定。布卢门菲尔德指出,要保证项目学习的效果,教师应为学生搭建学习的支架,为学生提供学习所需要的信息与资源,为学生创造学习的机会,为学生提供咨询与学习激励,创造良好

①FESTINGER L. Informal social communication[J]. Psychological review,1950(57):271-282.

②CARRON A V. Cohesiveness in sport groups: interpretations and considerations[J]. Journal of sport psychology,1982(4):123-138.

③WAGEMAN R, HACKMAN J R, LEHMAN E. Team diagnostic survey: development of an instrument[J]. The journal of applied behavioral science,2005(4):373-398.

④徐佩,章仁俊.企业研发项目团队有效性评价指标体系构建研究[J].科技进步与对策,2006(12):146-148.

的学习环境等。[①] 在瓦戈曼等开发的团队效能诊断量表中则将"来自专家的指导"[②]作为团队有效性的评价指标之一。有效育人的"大创"项目,其项目导师应能通过及时的、适宜的支持促进学生主体性的发展与发挥。换言之,导师支持力是对"大创"项目育人过程中导师所提供学习支架的数量、质量、及时性的评价标准。

4. 管理科学性

管理科学性也是"大创"项目育人过程有效性的主要判断标准之一。因为,"大创"项目要实现有效育人与管理是分不开的。任何事物都处在一定的环境中,其功能的发挥必然会受到环境的制约与影响,而"大创"项目育人的环境,尤其是学校的环境是由管理所决定。在冯小平等人构建的"大创"项目实施质量评价体系中,组织结构建设、管理制度建设、管理模式建设、创新环境均是具体的评价指标。[③] 从这些指标的共性看,它们共同指向的就是管理科学性。"大创"项目管理的具体要素多而杂,如项目评审过程设计是否合理、是否严格,项目实施是否具有督促措施和反馈机制,项目支持条件和激励性制度是否到位、学校的创新创业文化氛围是否浓厚等都会影响"大创"项目的育人有效性。不过,这一切虽然都是影响"大创"项目有效育人的因素,但都属于辅助性条件,但对于这些辅助性条件也不能轻视,否则也会在很大程度上影响学生的参与性,影响选题的适切性,影响导师的支持力,影响项目团队的凝聚力。

(三)项目育人结果有效性判断的主要标准

基于前文中有效性评价的相关研究结果以及本书对"大创"项目育人结果有效性的内涵阐释,本书认为学生创新创业能力发展、学生满意度、项目完成度都可以作为判断"大创"项目育人结果有效性的主要标准。

---

①BLUMENFELD P C, SOLOWAY E, MARX R W, et al. Motivating project-based learning: sustaining the doing, supporting the learning[J]. Educational psychologist, 1991(3-4): 369-398.

②WAGEMAN R, HACKMAN J R, LEHMAN E. Team diagnostic survey: development of an instrument[J]. The journal of applied behavioral science, 2005(4): 373-398.

③冯小平,邹昀,陈颖龄,等.大学生创新训练计划项目多层次灰色评价[J].西南师范大学学报(自然科学版),2015(11):198-203.

1. 创新创业能力发展

学生的创新创业能力发展是"大创"项目育人结果有效性的核心判断标准。因为，项目育人结果有效性首先及最重要的体现就在于育人的实际结果达到预期目标的程度，而从前文的分析可知，培养大学生的创新创业能力是"大创"项目的核心育人目标。因而，"大创"项目育人结果是否有效首先要看的就是其能否促进学生的创新创业能力发展以及促进学生创新创业能力发展的程度。根据杨小微的观点，教育有效性的核心是学生的真实成长。[①] 如果学生参与了"大创"项目后，其创新创业能力得到显著发展，就说明其育人是有效的。在《国家级大学生创新创业训练计划管理办法》中，学生获得的创新创业能力发展也是项目结题评价中的重要内容之一。此外，在冯小平等人构建的"大创"项目实施质量评价体系中，"大学生创新素质"发展也是人才培养维度的评价指标之一。综上所述，我们认为，"大创"项目育人结果有效性最根本、最核心的判断标准应是学生的创新创业能力发展。

2. 学生满意度

学生满意度是"大创"项目育人结果有效性判断的主要标准之一。因为，满意度常被用于对事物结果、效果的评价中，如学习满意度等。在项目团队有效性的衡量标准中，满意度也是一个核心指标，如工作满意度、个体成长满意度、团队满意度。[②] 例如，瓦戈曼等开发的团队效能诊断量表中，"个体成长满意度"[③]就是个体收获维度的评价指标之一。在徐佩等构建的企业研发项目团队有效性评价指标体系[④]以及戴勇等构建的高校基础研究团队有效性评价模型[⑤]中，"成员满意度"都是团队产出有效性的评价指标之一。在国外关于

①杨小微.以学生的真实成长考量教育的有效性[J].教育测量与评价(理论版),2009(3):1.

②COHEN S G, LEDFORD G E, SPREITZER G M. A Predictive model of self-managing work team effectiveness[J].Human relations，1996(5):643-676.

③WAGEMAN R，HACKMAN J R，LEHMAN E. Team diagnostic survey：development of an instrument[J]. The journal of applied behavioral science,2005(4)：373-398.

④徐佩,章仁俊.企业研发项目团队有效性评价指标体系构建研究[J].科技进步与对策,2006(12):146-148.

⑤戴勇,范明.高校基础研究团队有效性及影响因素分析[J].科技进步与对策,2010(13):134-137.

本科生科研的评价中,满意度也是一个核心指标。[①] 对于学生而言,"大创"项目育人结果有效性指的是"大创"项目的实际结果对学生需要的满足程度与个体价值的实现程度,因而,满意度可以作为项目育人结果有效性的判断标准之一。

具体而言,这种满意度可以体现在以下几个方面:一是对参与项目于自身发展促进作用的满意度。其衡量的是学生参与项目对其知识学习收获、技能、创新创业素质与能力发展的满意度。判断的标准是学生自评参与项目后他们在知识、技能、素质、能力方面的发展是否达到了他们的预期、达到的程度如何。二是对项目成果的满意度。其衡量的是项目所取得的成果是否达到了他们的预期、达到的程度如何。三是对项目团队体验的满意度。其衡量的是项目团队的合作、互动是否达到了他们的预期以及达到的程度如何。四是对"大创"项目管理与环境的满意度。其衡量的是学生对学校为项目运行所创设的环境与构建的支持体系的满意度。五是对导师指导的满意度。其衡量的是学生对项目导师指导的方式、及时性、其评价的是内容等的满意度。

3. 项目完成度

项目完成度也是"大创"项目育人结果有效性的主要判断标准之一。满意度是对项目育人结果的主观评价标准,项目完成度则是对项目育人结果的客观衡量标准。项目完成度指的是学生基于项目设计好的方案,进行项目实践后项目任务的完成程度。不管是哪种类型的项目,在申报时都需要根据项目选题设定项目任务、项目内容与项目目标,并且制定相应的规划,这与教师的纵向科研项目、横向项目一样。项目立项后,学生按照项目规划,通过完成系列具体的项目任务来开展项目,如设计调研方案/实验方案/产品设计方案、开展实地调研/进行产品研发等,学生通过完成系列相互联系的任务而生成项目成果与获得自身的发展。可见,项目完成度一方面衡量的是任务完成的程度,另一方面衡量的是项目成果与项目内容的一致性程度。这也是其能成为"大创"项目育人有效性的判断标准之一。实际上,大多数高校在对"大创"项目进行结题评价中,项目完成度就是一个重要的评价指标。

---

①孙荪,余秀兰.国外本科生科研评价方式的比较分析[J].江苏高教,2019(11):114-118.

第三节 "大创"项目育人有效性的生成逻辑

基于前文关于"大创"项目育人有效性的基本内涵、结构维度、判断标准的分析，本节将进一步从理论上分析"大创"项目育人有效性的生成逻辑。

主体教育理论的观点认为，要促进学生的主体性发展与发挥，不仅要重视发挥教师的主体性、主导作用，还需要教育系统发挥主体性作用。[①] 基于主体教育理论的观点可知，"大创"项目要有效育人，要有效促进学生的主体性发展与发挥，最终发展创新创业能力，不仅需要重视项目导师的主体性与主导作用的发挥，还需要重视发挥管理者的主体性。导师要发挥主体性，就意味着导师在"大创"项目育人过程中要自觉地、积极地、创造性地为学生提供及时的、多样的指导与支持。管理者要发挥主体性，就意味着他们在"大创"项目育人的管理过程中要自觉地、积极地、创造性地为项目的推进与完成及学生的发展提供适切和丰富的环境、资源等支持。

群体动力学的理论认为，群体/团队有效性是个体层面因素、团队层面因素、环境层面因素与团队互动因素，共同作用的结果，并且，个体、团队、环境因素是通过群体互动过程对群体产生作用的。因而，可以推知，以团队为主要组织形式的"大创"项目其育人有效性也应是项目团队成员因素、团队因素、环境因素以及团队互动因素共同作用的结果并且团队成员、团队、环境因素的作用要有助于促进团队互动才能更好地实现项目结果有效性。

项目学习理论的观点则认为，有效育人的项目学习是项目设计、教师、学习者、团队这几个因素共同作用的结果。例如，法瓦洛罗（Favaloro）等的研究指出，项目学习的效果会受到问题类型与情境、学习目标、学习者个体的已有知识与技能、学习者的主动性与参与度、导师的指导、评价机制等的影响。[②] 布鲁门菲尔德（Blumenfeld）等则研究指出，要想项目学习有效育人，项目需要

①郭文安，田友谊.培育时代新人：新时代主体教育论的历史使命[J].教育研究，2022(11)：31-41.

②FAVALORO T，BALL T，LIPSCHUTZ R D. Mind the gap! Developing the campus as a living lab for student experiential learning in sustainability[C]//LEAL F W，BARDI U. Sustainability on university campuses：learning，skills building and best practices，2019：91-113.

精心设计。① 叶碧欣等的元分析研究则发现,有效育人的项目学习,不仅需要教师扮演多种角色,还需要教师提供各种学习支架。② 杨明海等的研究则指出,团队的相关因素,如团队目标认同度、学习条件、心理安全感、激励机制、领导者才能等都是会对项目团队学习的有效性有重要影响。③ 综上所述可推论,作为项目学习具体应用的"大创"项目,其育人有效性也应是项目设计、导师、学生自身和团队因素共同作用的结果。

综上所述,从主体教育理论的观点可推知,"大创"项目育人有效性的生成需要学生、导师与管理者共同发挥主体性;从群体动力学理论的观点可推知,"大创"项目育人有效性的生成不仅需要学生发挥主体性,还需要管理者塑造适切与丰富的环境,更需要有导师的支持和充分的团队互动。从项目学习理论的观点则可推知,"大创"项目育人有效性的生成是项目设计、导师支持、学生主动性与参与度、团队互动等多种因素共同作用的结果。因此,"大创"项目要实现其育人有效性,需要遵循以下逻辑:以学生主体性为根本,以项目设计为基础,以团队互动为重点,以导师支持为关键,以环境有效创设为保障。

一、以学生主体性为根本

"大创"项目育人有效性的生成需要以学生主体性为根本。因为,主体性是学生创新创业能力形成的根本,发展创新创业能力是大学生参与"大创"项目的内在需要,项目的高质量完成也需要学生充分发挥主体性。

(一)主体性是学生创新创业能力形成的根本

人的发展根本在于主体性的发展。主体教育理论的观点认为,培育人的主体性是教育的最高任务④,培育和发挥受教育者各项素质的主体性品质则

---

①BLUMENFELD P C, SOLOWAY E, MARX R W, et al. Motivating project-based learning: sustaining the doing, supporting the learning[J]. Educational psychologist, 1991(3-4):369-398.

②叶碧欣,桑国元,邓英华.项目学习能否提升大学英语教学成效:针对干预实验研究的元分析[J].中国高教研究,2022(7):83-88.

③杨明海,张体勤,丁荣贵.项目团队学习的涵义、形式与模型研究[J].自然辩证法研究,2006(9):73-76.

④王道俊,郭文安.试论教育的主体性:兼谈教育、社会与人[J].华东师范大学学报(教育科学版),1990(4):33-40.

是教育的重要目的①。"大创"项目要有效育人，需要以学生的主体性激发为根本。这是由创新创业人才培养的内在需求与学生主体性对"大创"项目有效运行的作用所决定的。创新创业能力本质上是一种"超越自我、实现自我"的能力②。显然，不管是创造性人格的形成还是"超越自我、实现自我"，都需要以主体性为前提与基础。因为，没有主体性或者主体性受到抑制，都意味着个体是不能独立思考与行动的，是受控制的，是没有自觉性的，是被动等待的，是没有批判性思维与创新思维的，更不可能是敢于挑战的。个体创新精神、创业意识与创新创业能力的形成是主体性发挥的标志。

（二）发展创新创业能力是学生参与项目的内在需求

根据王洪才的观点，创新创业能力本质上是一种认识自我、挑战自我、发展自我与实现自我的能力③，并且，每个人都具有创新创业的潜能④。实际上，培养与提升大学生的创新创业能力不仅是高校高质量发展的内在需求，同时也是大学生个体的发展需求。因为，发展是人的本能追求。王建坤等的一项调查就表明，大学生普遍具有较高的安全需求、社交需求、自我价值需求、自我实现需求。⑤ 不管未来规划是就业抑或是继续升学，大学生在大学阶段都必须得到一定的发展，这种发展不仅是获得知识与技能，更是一种认识自我、挑战自我、发展自我与实现自我的发展。因为，只有具备了认识自我、挑战自我、发展自我与实现自我的能力，他们才能在未来更好地适应快速发展的社会。要满足学生的这种需求，就要使"大创"项目的育人全过程有助于提升他们的创新创业能力。

（三）项目任务的高质量完成需要学生充分发挥主体性

学生具有主体性是"大创"项目有效育人的基础。"大创"项目的开展需要学生具有自主性。"自主性是主体与客体关系中所表现出的主人性质，是外化

---

①王道俊.关于教育的主体性问题[J].教育研究与实验,1996(2):1-5.

②王洪才.创新创业能力的科学内涵及其意义[J].教育发展研究,2022(1):53-59.

③王洪才.创新创业能力的科学内涵及其意义[J].教育发展研究,2022(1):53-59.

④王洪才,郑雅倩.创新创业教育的哲学假设与实践意蕴[J].高校教育管理,2020(6):34-40.

⑤王建坤,张平,杜玉春,等.大学生心理发展需求与辅导员工作技能匹配度研究[J].北京邮电大学学报(社会科学版),2015(2):94-99.

了的自我意识"①,具有"自我确真性、自我独立性、自我认同性"的特征②。自主性的本质与特征确立了其在"大创"项目育人中的重要性。在"大创"项目开展中,学生的自主性表现为以下几个方面:一是参与项目的动机是自我驱动的,是学生基于自我发展需要和兴趣自我选择的结果。学生的自主性首先表现为参与项目是不是自我选择与决定的。二是项目的选题是学生自己设计的或是在导师的引导下设计的,或者是通过自主选择导师的某一课题的途径来获得的。三是项目导师是学生自主选择的,项目团队也是学生自己组建和组织的。四是完成项目的方法以及项目开展的步骤是学生自己设计和安排的。

"大创"项目育人过程的控制需要学生具有主动性。主动性是指个体通过思维与实践的结合,自觉地、有计划地、有目的地从事某项活动,知道"为什么"与"怎么办",可以分为认识的主动性与行为的主动性。③ 在"大创"项目育人过程中,学生的主动性起着重要作用。一方面,"大创"项目的育人过程与学生的认识主动性紧密相连,因为任何一种学习都是从认识开始的。另一方面,"大创"项目的运行过程离不开学生参与实践的主动性,只有学生主动参与项目实践,项目任务才能高质量地完成,学生才能获得显著的发展。

"大创"项目高质量成果的形成需要学生具有创造性。作为项目学习的一种具体应用,形成一定的人工制品是"大创"项目区别于其他创新创业教育实践的一个特征。虽然"大创"项目强调注重过程淡化结果,但这不等于不要成果或忽视成果。因为成果不仅是项目完成质量的最直观体现,也是学生获得成就感、提高自我效能感、形成创造性人格的重要来源。要形成高质量的成果,就需要学生具备与发挥批判性思维、创新性思维。

二、以项目设计为基础

有效育人的"大创"项目需要精心设计,项目设计质量事关学生项目内驱力的激发。此外,项目设计过程还是提升学生问题意识的关键项目环节。

(一)"大创"项目本身是学生主体性发展的载体

"大创"项目本身是学生主体性发展的载体,因为项目本身构建了学生学

---

①刘大军,罗一帆,周合兵.基于大学生创新性实验计划下学生主体性的发展策略[J].实验室研究与探索,2011(8):304-306,445.

②董守生.论学生的自主性及其教育[D].上海:华东师范大学,2013:38-41.

③董守生.论学生的自主性及其教育[D].上海:华东师范大学,2013:38-41.

习的内容与情境。情境学习理论的观点认为,知识是个人和社会或物理情境之间联系的属性以及互动的产物,学习是"现实世界中的创造性社会实践活动中完整的一部分",是"对不断变化的实践的理解与参与",是一种情境性活动,学习必然是在一定的情境中进行的,学习的质量依赖于学习的情境。[①] 有意义的学习不只是大量事实性知识的获得,还要将学习嵌入知识产生的情境之中,使学习者通过情境实践与他人及环境相互作用,以此主动地获取、建构知识;[②]高阶思维或技能自身就是情境中知识运用、解决问题的过程与实践,也即是说,高阶思维或技能获得也要依赖于情境的实体和官能[③]。学生主体性的发展需要借助于问题产生、知识运用的具体情境,以使自主性、创造性与积极性整合起来,使知识、技能、能力与态度整合起来。由此可见,情境(情景)是学生主体性培育与发展的重要途径和方法,是主体性发展的现实基础。"大创"项目本身,也即"大创"项目所要研究与解决的问题、要完成的内容与任务、活动就构成了学生基于项目进行学习的情境,承载着学生主体性的发展。

(二)有效育人的"大创"项目需要精心设计

已有研究表明,项目设计是影响项目学习效果的重要因素。例如,有学者认为有效的项目学习中的项目应该具有多样性、新颖性、真实性、价值性、挑战性、合作性、可控性、可行性等特点。[④] 此外,因为项目学习最显著的特点是以问题为导向,所以,拉尔默(Larmer)等认为项目学习的问题应该是定义清晰的,能让学生有目标感和挑战感的,具有开放性与创新性的,能反映学生的声音的,具有一定的复杂性,与学生课程学习的核心内容相关联的。[⑤] 韩婷的研究则发现,基于项目的学习如果要有效促进本科生工程实践能力的发展、激发

①莱夫.温格.情境学习:合法的边缘性参与[M].王文静,译.上海:华东师范大学出版社,2004:7,25-29.

②颜晓程.深度学习视域下的教学情境反思与建构[J].当代教育科学,2022(11):48-54.

③张良,靳玉乐.核心素养的发展需要怎样的教学认识论:基于情境认知理论的勾画[J].教育研究与实验,2019(5):32-37.

④BLUMENFELD P C, SOLOWAY E, MARX R W, et al. Motivating project-based learning: sustaining the doing, supporting the learning[J]. Educational psychologist, 1991(3-4):369-398.

⑤LARMER J, MERGENDOLLER J H. Essentials for project-based learning[J]. Educational leadership: journal of the department of supervision and curriculum development, 2010(1):34-37.

他们的好奇心,挑战性与有用性是教师在设计项目时要重点考虑的因素。①综合可见,问题驱动性、现实性、专业关联性、可操作性、创新性、开放性、价值性、多样性应是有效项目学习中的项目设计的特点。

对于学生的学习而言,学习情境具有以下几个方面的作用:一是有利于学生循着知识产生的脉络去准确把握学习内容;二是有助于学生顺利实现知识的迁移和应用;三是有助于激发学生的学习兴趣;四是能够使学生在学习中产生较强烈的情感共鸣,从而增强学习的情感体验。② 可见,"大创"项目的学习情境会影响学生基于项目的学习效果,尤其是知识学习的学习效果。因而,"大创"项目要充分发挥其育人功能,也必须保证项目的设计质量,也必须精心设计项目。

(三)项目设计质量事关学生项目内驱力的激发

具有内驱力是学生主体性发挥的基础,而项目设计的质量,尤其是项目选题的创新性、现实性、专业关联性、难易度等都是学生项目参与内驱力的重要影响因素。

选题的创新性不仅有助于提升成员的兴趣,并且能为成员学习新知识、新技能奠定基础。不管是创新训练项目还是创业训练或是创业实践项目,创新性都是项目立项的评价标准之一。因为只有具有创新性,才可能形成创新性成果。此外,选题具有一定的创新性,意味着学生开展项目要去探究一个未知的问题。人类具有求知的需要,显然,通过项目探究未知有助于满足求知的需要,从而有助于激发学生的项目兴趣与动机,进而为项目运行提供动力。再者,创新性还意味着项目具有一定的挑战性、一定的难度,而挑战性也有助于激发项目成员的斗志;而且,有研究表明,挑战性压力有助于促进个体的主动性创新性行为③、提升个体的创造力④。

选题的现实性意味着"大创"项目探究的问题应该是一个真问题、公共问

---

①韩婷.基于项目的学习(PjBL)对本科生工程实践能力发展的影响研究[D].武汉:华中科技大学,2021:83-86.

②赵蒙成.学习情境的本质与创设策略[J].课程·教材·教法,2005(11):23-27.

③杨皖苏,杨希,杨善林.挑战性压力源对新生代员工主动性—被动性创新行为的影响[J].科技进步与对策,2019(8):139-145.

④张桂平,朱宇澈.挑战性压力对员工创造力的影响:基于挑战性评价与服务型领导的作用机制[J].软科学,2021(7):91-97.

题,而不只是一个个人问题。项目立足于现实问题有助于学生将理论知识与现实生活联系起来,从而能提高成员对项目的兴趣与增强价值感知,有助于提升学生参与项目的动机、完成项目后的成就感以及理论联系实际的能力。因为,"人只有在应答现实社会需要和回应现实问题的过程中才能极大地激发个体的创造性,也才能充分展现自己的独特个性品质"①。项目源于现实问题,才能让学生觉得自己所做的项目是有意义的,是值得投入时间与精力的。

选题的专业关联性能保障参与学生拥有开展项目所必需的知识与技能基础,从而提高成员的项目效能感,并且能一定程度上平衡参与项目与学业投入间的时间、精力冲突。要有效完成项目,成员需要有必要的理论知识和特定技能来探索相关问题。在任何长期复杂的工作中,如基于"大创"项目的学习,学生如果缺乏必要的知识和技能,他们都可能会变得灰心或沮丧。此外,专业知识与理论是创新得以发生的基础,如果项目选题设计远离学生所学的专业,学生将难以对项目有深度的思考,更遑论创新,也难以在项目进程中进行深度学习,因为知识是情境化的,根据建构主义学习理论的观点,学生是在特定的情境中基于自己已有的经验背景与知识建构新知的。

选题的难易程度是影响成员效能感和挑战性的重要因素。一般来说,过难的选题会挫败成员的效能感,尤其是在没有得到外部及时支持、指导的情况下,从而可能会导致成员在项目立项后迟迟无法开展项目,甚至会因"有心无力"而放弃推进项目或退出项目团队。此外,过难的项目还会引发成员完成项目的不良情绪体验,任务过难,即使项目成员完成了任务,也会觉得过程比较痛苦;而过于容易的项目则会降低项目的挑战性,从而有损成员的兴趣与动机,并且不利于形成成员深度、饱满的投入,也不利于成员学习新的知识与技能。根据维果斯基提出的最近发展区理论,"大创"项目的设计应着眼于学生的最近发展区,具有一定的难度以调动学生的积极性、发挥其潜能,为其学习新知识、新技能提供机会,但又不能超过学生在导师或师兄师姐或其他人的帮助下能达到的水平。也就是说,"大创"项目的有效育人需要设计难度适中的项目任务。

(四)项目设计过程是培养与提升学生问题意识的关键环节

"问题是人们在认识和改造客观世界过程中所遇到的矛盾和疑难",问题

---

① 王洪才.创新创业教育必须树立的四个理念[J].中国高等教育,2016(21):13-15.

意识则是个体"在认识和改造客观实践活动中存在的矛盾和疑难反映到人们头脑中来所形成的观念意识"。[①] 可见,有问题意识意味着个体在积极主动地、批判性地、独立地思考。而"培养大学生独立思考、善于质疑、勇于创新的探索精神"是"大创"项目育人的重要任务与要实现的育人目标之一。由此可知,培育与提升学生的问题意识是"大创"项目的重要育人任务之一。而项目设计的过程则是培养与提升学生问题意识的关键环节。因为,在项目设计的过程中学生需要运用所学知识联系实际进行思考,需要对生活中的各种现象进行剖析或者对所学知识或所接触的事物进行批判性思考才有可能提出一个质量较高的问题或产生一个有价值的创意。因此,项目设计的过程本身就是在培养与提升学生的问题意识。

三、以团队互动为重点

团队互动不仅是学生基于"大创"项目开展团队学习的重要方式,也是学生沟通合作能力发展的关键。此外,项目任务的高质量完成也需要充分的团队互动,团队互动还是学生发展良好人际关系的重要因素。

(一)团队互动是学生基于项目开展团队学习的重要方式

"大创"项目几乎都是以团队来开展的,在"大创"项目运行过程中,强调通过团队的力量来解决问题、开展实践、形成项目成果。这也是基于"大创"项目的学习不同于传统学习的特征之一。因而,对于"大创"项目的育人有效性而言,团队互动是学生基于项目进行团队学习的关键。"大创"项目要实现有效育人,需要以团队互动为重点。因为,基于主体教育理论的观点,学生要基于"大创"项目获得创新创业品质与能力的发展,需要通过与团队成员、导师及其他人的交往互动来实现。如,裴娣娜指出,要"在实践活动基础上通过交往促进主体性的发展"[②]。在"大创"项目的育人过程中,项目团队成员通过共同研讨、分享观点与经验、倾听与质疑、回应并提供支持、协作行动、总结汇报等来完成项目任务、形成项目成果,这一过程既是"大创"项目的运行过程,也是项目团队进行交往互动的过程,更是项目团队成员进行团队学习的过程,同时还是项目成员借助团队进行个体学习的过程。

---

①周德金.创新教育与学生"问题意识"的培养[J].科技进步与对策,2001(7):176-177.
②裴娣娜.主体教育理论研究的范畴及基本问题[J].教育研究,2004(6):13-15.

（二）团队互动是学生沟通合作能力发展的关键

根据王洪才的观点，沟通合作能力是创新创业的关键能力之一。[①] 不管是学习还是未来步入社会走上工作岗位，每个人都不可避免地需要与他人进行合作，当今社会，个人英雄主义已经过时了，一个人只有善于与环境进行协调并获得周围人的支持才能获得成功，要做成任何一件事都必须学会合作，进行有效沟通[②]，要进行创新创业活动就更需要团队协作。团队互动则指的是团队成员间相互依赖，在协调完成团队任务过程中所发生的认知、语言、行为、情感等方面的活动。[③] 沟通、协调、冲突、相互支持、战略讨论、分工、合作、竞争、领导行为等被认为是团队互动过程的行为要素。[④] 显然，在"大创"项目育人过程的各环节中团队成员间、团队成员与导师间、团队成员与外部人员间的互动都能锻炼学生的沟通合作能力。

（三）项目任务的高质量完成需要充分的团队互动

团队是"大创"项目开展的组织，因而，"大创"项目育人的有效性必然会受到项目团队因素的影响。根据格莱斯顿（Gladstein）的观点，开放式沟通、团队成员间的相互支持、团队冲突管理、战略讨论、成员个体的参与度与贡献度等都是团队互动中的关键因素。[⑤] 对于"大创"项目而言，其项目任务的高质量完成也需要充分的团队互动，需要团队成员间分工合作、密切沟通、互帮互助等。

"大创"项目任务的完成离不开团队的分工与合作。一方面，项目的各项任务是复杂的，项目中遇到的问题与困境也是复杂的，仅依靠学生的个人力量是无法完成的，需要集合成员的力量方可有效解决。另一方面，科学合理的分

①王洪才.创新创业能力培养：作为高质量高等教育的核心内涵[J].江苏高教，2021（11）：21-27.

②王洪才，汤建.创新创业教育：高等教育内涵式发展的关键[J].武汉科技大学学报（社会科学版），2021（1）：110-116.

③MARKS M A，MATHIEU J E，ZACCARO S J A. Emporally based framework and taxonomy of team processes[J]. Academy of management review，2001（26）：356-376.

④葛宝山，刘牧，董保宝.团队互动过程模型研究评介与未来展望[J].外国经济与管理，2012（12）：39-48.

⑤GLADSTEIN L. Group in context：a model of task group effectiveness[J]. Administrative science quarterly，1984（5）：499-517.

工与合作才能充分调动团队成员的所有资源与才智,才能取长补短,并形成团队凝聚力,从而实现整体大于部分相加的效果。此外,通过分工,让团队成员明确自己在规定时间内要完成的具体项目任务是什么,这种具体的任务一方面能让成员有明确的任务目标,另一方面能让成员感知到自己的团队责任,而明确的任务目标与责任感通常都有助于调动个体的行为积极性。

团队沟通是"大创"项目团队实现知识共享的根基,是项目团队形成创新成果的基础。密切的沟通不仅能帮助项目团队获取项目开展所需要的信息,而且能让成员之间、导生之间了解彼此的想法,尤其是在出现分歧与冲突时能帮助团队有效应对,还能促进成员之间、师生之间的情感与交流,从而增强团队的凝聚力,保障团队的有效性。研究表明,团队沟通对团队氛围的营造、团队绩效等都有着重要的影响。例如,李树祥等的研究表明,团队沟通有助于降低团队成员认知多样性对团队创造力所造成的不良影响。[1] 李金生等的研究则发现,研发团队的合作性沟通行为对团队成员的知识吸收能力以及团队的产品创新绩效和工艺创新绩效均有显著正向影响。[2]

团队成员间的互帮互助、相互支持是团队互动的重要方面。[3] 项目进展过程中会不可避免遇到困难,不少困难单凭个人力量是无法有效解决的。相互支持意味着团队成员在遇到困难时能够互相帮助。团队成员间的互帮互助不仅能使成员遇到的困难得到有效解决,从而使团队的整体效能大于个体的效能。此外,这种行为还能增进团队成员间的友谊,引发团队成员对团队的积极情感,从而形成良好的团队氛围和团队凝聚力,使团队始终保持旺盛的士气。

(四)团队互动是学生发展良好人际关系的重要因素

根据自我决定理论的观点,关系需要是个体的基本心理需要之一。[4] 归

①李树祥,梁巧转,杨柳青.团队认知多样性和团队沟通对团队创造力的影响研究[J].科学学与科学技术管理,2012(12):153-159.

②李金生,乔盈.高新技术企业研发团队沟通行为对自主创新绩效的影响:以知识吸收能力为中介变量[J].科技进步与对策,2020(11):136-144.

③ROSEN M A, BEDWELL W L, WILDMAN J L, et al. Managing adaptive performance in teams: guiding principles and behavioral markers for measurement[J]. Human resource management review, 2011(2):107-122.

④RYAN R M, DECI E L. The darker and brighter sides of human existence: basic psychological needs as a unifying concept[J]. Psychological inquiry, 2000(4):319-338.

属需要理论则认为,归属的需要即形成和维持至少最低数量的人际关系的需要,其意味着人际关系,是人类行为的一种基本动机。[①] 对于大学生而言,发展人际关系是大学生涯的重要任务之一,因为,良好的人际关系是个体幸福感的源泉。为满足关系需要,个体希望别人喜欢自己、关心自己、接受自己、帮助自己。有研究发现,来自群体同伴的支持能有效提高个体的群体归属感。[②] 显然,在"大创"项目育人的各个环节中,团队成员间的密切沟通、互帮互助、相互支持、充分协作有助于项目团队成员间形成良好的同伴关系;团队成员与导师间的密切沟通、协作、支持等则有助于形成良好的师生关系;团队成员基于项目任务与团队外部人员间的沟通交流也有助于发展良好、新的人际关系。

四、以导师支持为关键

"大创"项目育人的全过程需要导师以助学者的身份提供学习支架,导师的能力支持是激发与维持学生项目内驱力的关键影响因素,情感支持是学生应对项目困境挫折的心理资本来源,团队管理支持则是项目团队互动质量的重要保障。

(一)项目育人的全过程需要导师以助学者身份提供学习支架

项目学习理论的观点认为,教师支持是项目学习中最需要的社会支持。在项目学习中,要保证学习效果,需要教师为学生搭建学习的脚手架(Scaffolding),为学生提供学习所需要的信息与资源,为学生创造学习的机会,为学生提供咨询与学习激励,创造良好的学习环境。[③] 自主学习理论的观点则认为,教师是学生自主学习策略中最为常见的资源,教师的支持、引领、信念都是学生自主学习过程的重要影响因素。[④] 对于"大创"项目有效育人而

①BAUMEISTER R F, LEARY M R. The need to belong: desire for interpersonal attachments as a fundamental human motivation[J]. Psychological bulletin, 1995(3):497-529.

②MCBEATH M, DRYSDALE M T B, BOHN N. Work-integrated learning and the importance of peer support and sense of belonging[J]. Education and training, 2017(1):39-53.

③BLUMENFELD P C, SOLOWAY E, MARX R W, et al. Motivating project-based learning: sustaining the doing, supporting the learning[J]. Educational psychologist, 1991(3-4):369-398.

④李子建,邱德峰.学生自主学习:教学条件与策略[J].全球教育展望,2017(1):47-57.

言,项目导师在调动与保持学生参与、开展项目的积极性,确保学生相信自己有能力完成项目、促进学生在项目中充分参与投入等方面起着相当大的作用。

学习支架指的是同伴、成人或有成就的人在另一个学习者的学习过程中所给予的有效支持,这种支持在问题解决的过程中有助于促进学习者参与学习任务、保持学习方向、降低任务难度、减轻消极情绪、示范问题解决方法等功能。① 支架式教学的观点认为,在教学中,教师应以学生当前所处的水平为基础,通过提供帮助与引导,帮助学生建构他们的支架,并让学生通过互动讨论和探索的方式,在支架的帮助下一步步逐渐向下一水平发展,教师在适当的时候撤掉支架,让学生独立达到下一水平。② 王文静则认为,支架的重要功能就是帮助学习者顺利穿越"最近发展区"以获得更进一步的发展。③ 郭炯等则认为,支架的作用主要是帮助学生加深对知识的体悟和理解,自主完成学习任务,提高能力水平,挖掘个人潜在发展空间,最终学会独立学习。④ 总体而言,学习支架有助于保证学生在不能独立完成任务时获得成功并提高学生的学习效能感、问题解决能力、批判性思维能力等,并且,学生通过内化支架,还可以获得独立完成任务的相关技能,此外,学习支架对学生日后的学习还能起到潜移默化的引导作用,使他们习得运用学习支架帮助自己学习。⑤

当前,学习支架早已被广泛应用于教学中以帮助学生更好地学习与发展能力,尤其是在探究性学习中,教师广泛使用学习支架为学生提供系列辅助与指导,帮助学生顺利穿越"最近发展区"以获得更进一步的发展。例如,张瑾认为,搭建学习支架帮助学习者跨越专业鸿沟,是 STEM＋教育有效实施的一个重要途径。⑥ "大创"项目要有效育人,需要指导教师为学生解决项目问题、完成项目任务搭建"脚手架",需要导师提供各种支持和帮助,助力学生发挥主体性、高质量完成项目任务和发展创新创业能力。为学生顺利完成项目任务搭建"脚手架"意味着项目导师在"大创"项目育人全过程中需要以助学者的身

---

① WINNIPS J C. Scaffolding by design：a model for www-based learner support[M]. Enschede：Universiteit Twente,2001:39

② 伍尔福克.教育心理学[M].何先友,伍新春,译.北京:中国轻工业出版社,2014:5.

③ 王文静.基于情境认知与学习的教学模式研究[D].武汉:华东师范大学,2002:55.

④ 郭炯,郭雨涵.学习支架支持的批判性思维培养模型应用研究[J].电化教育研究,2015(10):98-105.

⑤ 闫寒冰.信息化教学的学习支架研究[J].中国电化教育,2003(11):18-21.

⑥ 张瑾.STEM＋教育中学习支架设计研究[J].现代教育技术,2017(10):100-105.

份参与项目,给学生提供所需的支持与指导。

(二)导师的能力支持是激发与维持学生项目内驱力的关键影响因素

"大创"项目要有效育人,需要学生具有较强的项目内驱力,而项目导师的支持则是激发与维持学生项目内驱力的关键影响因素。这是因为,导师提供的能力支持有助于提升学生的项目效能感和内部动机。"大创"项目要有效育人,首先需要学生相信自己有能力完成项目,也即需要学生具有较高的项目效能感。因为,"相信我能"是个体行为的前提,个体只有在对自己的行为有一定把握的时候,才会做出该行为。学生只有相信自己有能力完成"大创"项目的时候,才可能会申请和开展项目,其个体能力才能得到锻炼。但学生不会必然拥有完成项目的信心,也不必然会一直相信自己能完成项目,尤其是在项目遇到困难或挑战的时候。导师的能力支持则是学生项目效能感提升的关键影响因素。导师通过示范或是提供范例、解决问题的思路和策略引导或是讲解、完成项目相关方法、知识的培训,或是为项目提供相关的技术指导与支持,或是在成员遇到挑战和困难时给予指引,或是对学生制定的方案等进行点评与反馈等,都有助于增强学生完成项目的信心,同时,也能提高学生解决问题、应对困难和挑战的能力。而根据自我决定理论的观点,随着个体胜任需要的满足,个体从事某一活动的内部动机会随之增强。因而,随着学生完成项目的信心和能力的提升,他们参与项目的内部动机也会随之增强,进而在项目中参与更多、投入更多,从而促进项目的有效运行并最终实现"大创"项目育人有效性。

(三)导师的情感支持是学生应对项目困境挫折的心理资本来源

导师的情感支持为学生基于"大创"项目的发展提供了心理保障。学习领域的相关研究表明,教师的情感支持对学生学习投入、学习效能感、学习兴趣、积极心理品质的发展等均有显著的积极影响,此外,教师的情感支持还能有效降低学生的学习倦怠感。例如,李晓玉等的研究发现,感知教师情感支持对学生的学业自我效能感有显著正向影响,而对学生的学习倦怠具有显著的负向影响[1];德马雷(Demaray)等的研究则发现,教师的情感支持对学生的学术能

---

①李晓玉,乔红晓,刘云,等.中学生领悟教师情感支持对学习倦怠的影响:有中介的调节效应[J].中国临床心理学杂志,2019(2):414-417.

力、社会技能、学习成果均有预测作用①。人是情感动物,人与人间的关系需要情感去维系。显然,导师的情感支持能满足学生爱与归属、关系的需要。随着学生的爱、关系需要的满足,学生通常都会做出教师所期望的行为。根据自我决定理论的观点,关系需要的满足还能增强个体从事活动的内部动机。

对于"大创"项目育人有效性而言,除了需要导师提供能力支持,导师提供的情感支持也同样重要。因为学生在推进项目中也有关心的需要,也有面对困难想要退缩、放弃的时候,还会有因为遭遇挫折而心情不佳、团队士气低落的时候等。这些时候导师给予的关爱、关怀、理解、鼓励、尊重和信任能提升他们战胜困难和挑战的勇气和信心。例如,在学生遇到挫折时给予鼓励、在学生完成任务时给予肯定、在学生情绪低落时帮助调适、在学生熬夜完成项目任务时默默陪伴等,这些情感支持能为学生的成长提供精神食粮,也有助于将学生参与项目的外部动机转化为内部动机,从而让他们在遇到困难和挑战时能坚忍不拔、持续思考、钻研创新,在取得优异成绩时能再接再厉、继续前行。

(四)导师的团队管理支持是项目团队互动质量的重要保障

导师提供的团队管理支持能帮助项目团队提升他们的团队互动质量。相对于课程中团队学习的团队管理,"大创"项目中的团队管理难度更大、挑战更大。因为,"大创"项目的期限更长、团队任务通常也更加复杂,涉及的利益也更多,影响团队管理的因素更多更复杂,因而,非常考验团队的管理能力。但由于大多数大学生都是第一次以团队的组织形式完成一项历时较长、任务较复杂的项目,因而不少的团队领导者还欠缺团队管理经验,在团队规范建设、领导方式、冲突处理、组建、分工、利益分配、学习组织等方面需要导师给予引导与帮助。

导师在团队管理方面的引导和帮助,不仅能够帮助团队在项目初期做好任务分工、制订好项目推进计划、建立好团队规范、处理好团队冲突等,同时还能提升团队的凝聚力和团队互动的质量,从而保障项目的有效运行与育人作用的发挥。此外,导师提供的团队管理支持还有助于提升团队管理者的管理能力,如领导能力、沟通合作能力、冲突处理能力、规划能力等。

---

①DEMARAY M K, MALECKI C K. The relationship between perceived social support and maladjustment for students at risk[J]. Psychology in the schools, 2002(3): 305-316.

五、以环境有效创设为保障

环境创设塑造着"大创"项目育人的外部场域,环境有效创设不仅是激发师生项目参与动机的催化剂,也是提升项目设计质量的增强剂,还是提升导师支持质量的重要影响因素。

(一)环境创设塑造着"大创"项目育人的外部场域

学习是情境性活动,那情境必然就会对学习的过程与结果产生重大影响。根据庞维国对自主学习模型的介绍可知,自主学习是学习者自我、行为、环境三者交互作用的结果。① 在群体动力研究的相关模型中,环境因素也是影响团队有效性的重要因素之一,环境因素不仅会影响团队的互动过程,还会直接影响团队的产出。② 可见,"大创"项目要有效育人,也需要有丰富的、可得的环境条件作为保障,也需要处于供给充足的学校环境之中。

创新创业文化氛围为"大创"项目有效育人提供环境滋养。"大创"项目育人的过程与结果必然会受到学校文化氛围的影响,因为参与项目的师生处于学校场域中,他们的行为必然会受到环境的影响。创新创业氛围作为一种支持师生创新创业活动的环境,给"大创"项目有效育人提供了不可或缺的环境支持。

激励机制供给为"大创"项目有效育人提供外部动力。激励是管理中不可或缺的重要环节与手段,有效的激励能够为个体与组织提供动力,能促进期望行为和削弱不良行为。显然,激励是保障"大创"项目有效育人不可或缺的手段。因为并非所有的师生都具有参与项目的动机,也并非所有的师生都在项目中具有足够的动力。激励则可以通过奖励、惩罚等刺激师生的内部需要,激发师生参与"大创"项目的动机,促进师生在项目中的积极行为,抑制或弱化师生在项目中的不良行为,从而为项目有效育人提供保障。

资源供给为"大创"项目有效育人提供基本物质保障。因为,不管是什么类型的"大创"项目,其育人都需要设备、资金、器材、信息、课程修习等资源的支持。《国家级大学生创新创业训练计划工作手册》中就明确提出:"参与计划

---

①庞维国.从自主学习的心理机制看自主学习能力培养的着力点[J].全球教育展望,2002(5):26-31.

②MCGRATH J E. Social psychology:a brief introduction[M]. New York:Holt, Rinehart and Winston,1964:166.

高校的示范性实验教学中心、各类开放实验室和各级重点实验室要向参与项目的学生免费提供实验场地和实验仪器设备。参与计划高校的大学科技园要积极承担大学生创新创业训练任务,为参与计划的学生提供技术、场地、政策、管理等支持和创业孵化服务。"[1]可见,对"大创"项目给予资源支持是高校的职责之一。

课程体系供给是"大创"项目有效育人的增强剂。因为,课程是大学教育的"心脏",是人才培养的主要渠道、核心构件与关键依托,反映着"特定的教育理念观、目标观和价值观,决定着人才的类型、知识、技能和素质等内容规格和结构设定"[2]。课程体系的支持不仅能增强学生项目选题的问题意识和提升选题能力,还能使学生积累完成项目任务所需要的专业知识、创新创业知识、相关技能,从而提升他们完成项目的效能感。尤其是对于那些导师介入不足,没有为学生及时提供学习支架的项目团队而言,课程体系的支持是他们获得完成项目任务所需学习支架的途径之一。

(二)环境有效创设是激发师生项目参与动机的催化剂

学校的环境创设还对师生的项目参与动机具有刺激与诱发作用。参与动机不仅受到个体内部需求的驱动,还会受到外部环境的刺激与诱发。动机理论的观点认为,动机的形成有两个条件:一个是个体的内部需要,另一个是外部条件——诱因。也即,动机是内部需要与外部诱因共同作用的结果,内部需要是动机形成的基础,而诱因则引起动机的外部必要条件。凡是能满足个体内部需要的刺激物或情境都可以称之为诱因。诱因在唤起个体行为方面也发挥着重要作用,是动机形成的重要因素。学校环境支持则是师生项目参与动机形成的诱因。学校对参与"大创"项目的激励,如学分奖励、保研加分奖励等都能满足学生的尊重需要等,从而能诱发学生的项目参与动机;而对指导教师进行奖励,如给予奖金与工作量、评选优秀、职称评定加分等则能满足教师的尊重需要、能力胜任需要等,从而能诱发教师指导项目的动机。而部分学校制定的"大创"项目惩罚措施,如毕业限制等,学生为避免惩罚也会增强参与项目的动机。此外,学校的创新创业文化氛围也能为师生参与"大创"项目的动机

---

①国家级大学生创新创业训练计划专家工作组.国家级创新创业训练计划工作手册[M].南京:东南大学出版社,2013:8.

②杨冬.大学创新创业教育课程建设的元假设、内在逻辑与系统方略[J].当代教育论坛,2022(4):71-82.

激发与强化提供环境滋养。其主要原因在于，在学校创新创业文化氛围的浸润中，师生对创新创业教育的认知会发生改变，学校的创新创业文化氛围越浓厚，师生知觉到学校对创新创业教育越重视，他们对创新创业教育价值的认知也会越深刻，进而有助于激发他们参与项目的动机。

（三）环境有效创设是提升项目设计质量的增强剂

环境因素如项目支持体系还会影响项目设计的质量。总体而言，学校构建的项目支持体系越好，项目设计的质量就越高。环境有效创设对项目设计质量的提升作用主要体现在以下几个方面：一是学校创新创业文化氛围对项目设计质量的提升。学校营造的创新创业文化氛围有助于提高师生对"大创"项目的价值认识，加深师生对"大创"项目的重视程度，这种重视不仅有助于增强师生的参与动机，还有助于促进师生认真对待项目，从而促进项目设计质量的提升。此外，师生参与动机的强化会增强项目申报的竞争，学生要在激烈竞争中使自己申报的项目获得立项，就必须提升项目的设计质量。二是学校组织的关于"大创"项目如何申报的相关培训与讲座等也能提升项目设计质量。主要原因在于这些培训与讲座能提升学生项目选题、项目申报书撰写的能力和水平。三是学校构建的"大创"项目激励机制也有助于提升项目设计质量。这些激励机制能增强师生的项目参与动机，从而带动提升项目申报的竞争性，竞争的压力会促进学生提升项目设计质量以使自己的项目在竞争中脱颖而出。四是学校的项目质量评价体系，尤其是项目立项评审也会影响项目设计质量。立项评审标准越科学、越重视质量，评审过程越公平公正，越有助于提升项目设计质量。因为，项目立项评价具有遴选和导向的功能。

（四）环境有效创设是提升导师支持质量的重要影响因素

导师支持是"大创"育人有效性的关键变量，而学校的环境创设则是导师支持质量的重要影响因素。如前文所述，学校的环境有效创设有助于激发师生的项目参与动机，随着教师指导项目动机的增强，尤其是内部动机的增强，其为学生及时提供高质量的支持显然也会随之增多。此外，环境创设还能通过影响导师的指导能力与责任心、导师的教师信念来进一步影响导师支持的质量。具体而言，学校的教育信念、政策与制度必然会影响到项目导师的理想信念，尤其是影响导师对创新创业教育的认识以及对指导"大创"项目的定位；学校构建的培训体系则能为项目团队有效选择团队成员以及提升团队管理水

平提供保障,学校为教师构建的培训体系则能提升项目导师的指导能力。

第四节　"大创"项目有效育人的类型分析

分类是人们认识世界的基本方式和途径。"类型学研究实际上是试图透过现象或行为的表现,去探索现象或行为的内在深层结构",其不仅有助于我们区别与分析行为表象的差异,更有助于我们把握现象或行为的内在机理。[①]对"大创"项目育人进行类型学分析,有助于我们更好地认识"大创"项目有效育人的本质,更好地把握"大创"项目有效育人的规律,使我们不至于陷入纷繁的细节。

一、分类依据:项目育人过程中学生主体性发挥的程度

根据不同的方法和标准,事物分类的结果也不同。从理论上说,分类的依据和方法不同,"大创"项目可分为不同的类型。那从什么视角、依据什么标准进行分类才能更好地认识"大创"项目有效育人的现实样态与内在逻辑呢?关于此类问题,已有学者进行了一定的探索:在关于项目学习类型的探究中,摩根(Morgan)认为根据项目的目的划分,用于教育目的的项目有三种通用类型:项目练习(Project Exercise)、项目组件(Project Component)、项目导向(Project Orientation)。[②] 托马斯(Thomas)则根据项目的内容,认为项目学习主要有三种类型:"拓展训练与学习探险型"项目、"基于问题的学习型"项目、"认知研究型"项目。[③] 这些关于项目学习类型的探索为"大创"项目的育人项目类型提供了一定的参考,但这些分类要么是从项目的目的,要么是从项目的内容进行分类,并不能很好地揭示项目学习的有效性是如何生成的。

实际上,"大创"项目从实施之初就有了类型学分析:根据内容的不同,将"大创"项目分为了创新训练、创业训练与创业实践项目三类;根据立项级别的不同,"大创"项目又分为了国家级、省级、校级项目等。这些分类都有助于我

---

①李跃雪. 初中生辍学行为的类型学研究[D].长春:东北师范大学,2016:55.

②MORGAN A. Theoretical aspects of project-based learning in higher education[J]. British journal of educational technology. 1983(1):66-78.

③THOMAS J W. A review of research on project-based learning[EB/OL].(2000-01-22)[2023-03-05].http://www.autodesk.com/foundation.

们更好地认识"大创"项目,但这两种分类更多是出于管理的便利而进行的分类,对我们深入认识"大创"项目育人有效性的生成逻辑以及"大创"项目育人的实践样态却帮助甚微。因为这两种分类的依据都没有涉及"大创"项目育人有效性的关键要素与育人的过程。

基于前文可知,虽然主体教育理论与项目学习理论是两个处于不同层次的教育理论且侧重点各不相同,但这两大理论都共同指向学生的主体性发展,而促进学生的主体性发展则是"大创"项目育人的最根本目的。创新创业能力发展的根本在于主体性的发展。因而,我们根据"大创"项目育人过程中学生主体性发挥的程度进行分类。

以"项目育人过程中学生主体性发挥的程度"为分类依据,缘由与益处如下:一是"大创"项目育人的根本在于培育与发挥学生的主体性。也即是说,学生主体性的发挥与发展是"大创"项目育人有效性的根本标准。因而,以其为依据进行分类,有助于从有效性的角度对"大创"项目育人的实践样态进行区别与分析。二是"大创"项目要有效育人,需要"以激发学生的主体性为根本"。这不仅意味着学生主体性的发挥与发展是"大创"项目育人有效性的根本标准,更意味着其他影响"大创"项目育人有效性的因素都要促进学生主体性的发展与发挥。因而,以该依据进行分类,可以深度分析影响"大创"项目育人有效性的其他因素与学生主体性发挥间的相互作用关系,从而能揭示"大创"项目有效育人的内在规律。三是以"项目育人过程中学生主体性发挥的程度"为分类依据也即是以项目育人过程中导师与学生间的关系结构为分类依据。这有助于让我们更好地分析与判断项目导师在项目育人过程中的指导以及所扮演的角色是否正确与合适。导生关系结构的不同,学生在项目中与导师互动的方式、互动的内容、互动的特征等就会不同,进而学生的发展情况也会不同。

二、"大创"项目有效育人的主要项目类型

以"项目育人过程中学生主体性发挥的程度"为分类依据,可将"大创"项目的类型分为"导师主导型""师生协作型"与"学生自主型"三类。

(一)"导师主导型"项目

"导师主导型"项目指的是由导师主导项目的开展,学生作为一名"从游"者跟随导师进行学习与开展项目任务实践的项目。该类型项目,在项目运行的各个环节中,导师是领导者、组织者、策划者、监督者等,甚至是部分项目任

务完成的主力之一,如在选题环节,主要是由导师进行选题,学生在项目中更多的是扮演一个"执行者""追随者"的角色,主要是跟随导师的步伐、思想、计划等来开展项目。在这类项目中,学生的主体性无法得到充分的发挥,但这并非导师特意抑制学生的主体性发挥或否定学生的主体地位,而是由于学生尚未具备独立开展项目的能力或尚未具备开展项目的内驱力。也即是说,导师的"主导"行为是因为学生尚未具备自主开展项目的能力而发生的,导师"主导"行为的出发点是为了培育学生的主体性。

(二)"师生协作型"项目

"师生协作型"项目指的是由导师与学生共同协作完成的"大创"项目。在这类项目中,项目导师与学生间不仅是师生关系,更是创新创业的合作伙伴关系,导师与学生间基于"大创"项目形成了一个创新创业的共同体。在这类项目中,"大创"项目是导师与学生开展创新创业合作的一个载体,在项目运行过程中,学生不再是一个"从游者"而是一个与导师一起的"同游者",不再是一个"执行者""追随者",而是项目运行的主导者之一,具有参与项目的内驱力,在项目选题等环节能与导师共商共讨,出谋划策。在项目运行中,导师与学生是两个平等的主体,导师除了扮演教师的角色,还是项目团队中的一个"成员",师生通过合作来完成项目任务,最终实现师生共赢的目标。

(三)"学生自主型"项目

"学生自主型"项目指的是由学生自主完成的"大创"项目。在这类项目中,项目的运行完全由学生自主、自觉地推进,学生的主体性得到充分发挥。在这类项目中,学生既具有"想自主开展"的动机,也具备"能自主开展"的知识与心理等基础,还具备"会自主开展"的策略。但这种项目并不意味着不需要项目导师或者是导师"挂名",而是导师成为一名引领者,在学生需要的时候给予指导与帮助,例如在学生思维受阻时引导其思考的方向、点拨其中奥秘,在学生行动方向偏离时给予提醒与引导,在学生遇到困难时给予鼓励、帮助与搭建支架,在学生完成阶段性任务和在最终完成项目后引导学生进行总结、提炼,促使学生向更高一层的发展;而在学生能自主探究、自主完成项目任务时就当一个"静静的陪伴者"。这种项目类型是"大创"项目育人追求的理想类型,其通常都需要学生具备了一定的项目知识、技能基础,具有一定的"大创"项目经验以及具有强烈的自我内驱力方可达到。

三、不同类型间的关系

本书将"大创"项目划分为"导师主导型""师生协作型"与"学生自主型"三类，并不意味着这三类项目间是完全割裂的，而是存在内在的联系。基于学生主体性的发展规律，上述的三类项目中至少存在两种关系：一是递进关系，二是包含关系。

(一)三类项目间的递进关系

受教育者的主体性是在育人过程中逐步发展和提高的。[①] 自主学习能力的获得过程是一个把外部学习技能内化为自己能力的过程，要先后经历观察、模仿、自我控制、自主这几个阶段[②]；是一个从他控到自控、从被动依赖到自觉能动、从单维到多维、从有意识到自动化的过程，这也是自主学习能力发展的规律[③]。三种"大创"项目类型就遵循和体现了这一规律。因而，这三种类型间是一种从"导师主导型"到"师生协作型"再到"学生自主型"的递进关系。在"导师主导型"项目中，学生通过观察与模仿导师的思考方式、行为方式、解决问题的策略等进行学习，使自己逐渐"能学"与"会学"与"想学"，当学生具备了一定的自主学习与探究的能力、策略与动机后，就进阶到"师生协作型"项目，当学生具备了自主探究的能力又具有了强烈的自主动机时，则可进阶到"学生自主型"项目。

(二)三类项目间的包含关系

除了递进关系，三类项目间还存在一定的包含关系，这是从单个"大创"项目育人过程的视角理解的。在具体的项目育人过程中，学生的主体性、自主学习能力也是一个逐渐发展的过程，因而，在一个项目的具体育人过程中，也需要从"导师主导"到"师生协作"再到"学生自主"，即一个具体的项目育人过程中包含了这三种类型状态，这是包含关系的第一种含义。此外，"大创"项目的育人过程是复杂的、在项目育人过程中会出现一系列任务，这些任务的完成有

①王道俊,郭文安.试论教育的主体性：兼谈教育、社会与人[J].华东师范大学学报(教育科学版),1990(4)：33-40.

②SCHUNK D H，ZIMMERMAN B J. Self-regulation of learning and performance：issues and educational applications[M]. Lawrence Erlbaum Associates,1994：45.

③庞维国.自主学习：学与教的原理和策略[M].上海：华东师范大学出版社,2003：92.

的可能需要"导师主导",有的可能是"师生协作"完成,有的则可能是"学生自主"完成,这是包含关系的第二种含义。三类项目间的包含关系意味着在"大创"项目的育人过程中,导师与学生的关系结构是变化的,导师对学生的指导形式、指导策略等应该是随着学生的主体性、自主学习与探究能力的发展而变化的。

第四章

"大创"项目育人有效性问题及其成因

"大创"项目育人有效性无疑对高校学生、教师以及高校具有重要而深远的意义，尤其是其以完善的实施程序实现了学生主体、教师主导、学校为基的大学生创新创业思维进路。然而，在实践中，由于受多方面因素的影响，"大创"项目有效育人依然存在一些问题，这些问题涵盖至"大创"项目的育人输入端、育人过程端和育人结果端，在其背后存在着深层次的原因。基于此，本章基于前文的理论探讨，结合实践调研结论，采用因素分析的方式，较为系统地分析"大创"项目育人有效性存在的问题，并剖析其原因，从而为提升"大创"项目的育人有效性提供一定的事实依据。

第一节 "大创"项目育人输入端的突出问题

项目育人输入有效性是"大创"项目育人有效性的基础与重要组成部分。在麦格拉斯提出的 I-P-O 模型[①]中，"输入"指的是那些能够影响群体互动过程的因素，包括个体层面因素、群体层面因素与环境层面因素三类，而科恩等则认为，任务设计因素也是群体有效性的重要"输入"。[②] 对于"大创"项目而言，从其运行过程看，"输入"端主要包括启动、团队组建、选题申报、立项评审这四个环节，即项目的立项阶段；从其育人输入有效性这一维度看，"输入"端

---

①MCGRATH J E. Social psychology: a brief introduction[M]. New York: Holt, Rinehart and Winston,1964:166.

②COHEN S G, BAILEY D E. What makes teams work: group effectiveness research from the shop floor to the executive suite[J]. Journal of management, 1997(3):239-290.

主要包括教育主体、项目内容与活动、项目团队、环境这几个基本要素。"大创"项目要有效育人,就需要输入能促进项目团队互动的要素。因而,结合 I-P-O 模型与科恩等的观点,以及"大创"项目的运行过程与前文关于"大创"项目育人输入有效性的阐释,我们主要从育人主体、项目设计、项目团队、环境创设这些方面考察与分析"大创"项目有效育人之输入端存在的问题。通过田野调查研究发现,实践中"大创"项目在育人输入端存在的突出问题有:一是学生参与的功利性强,内驱力不足;二是学生的选题能力较弱,项目设计困难;三是环境有效创设乏力,支持体系不完善。这些问题损害了"大创"项目有效育人的基础,阻碍了项目育人有效性的实现。

一、学生参与的功利性强,内驱力不足

动机是个体行为与态度的内驱力,对个体行为具有激活与指向的功能,动机的强度、类型等对个体的行为、态度、持久性等都有重大影响。自主学习理论的观点认为,学生具有自我驱动的学习动机是自主学习的基本条件之一。[①] "大创"项目育人有效性的实现,首先需要学生具有较强的参与动机,为项目育人提供动力基础。学生参与"大创"项目的动机,对项目有效育人至关重要,其主要原因在于,学生参与"大创"项目的动机决定着他们在项目育人全过程中的态度、行为、持久性等。一般来说,内部动机比外部动机更能促进个体的适应性行为并保持行为的持续性。田野调查研究发现,学生参与"大创"项目的动机多种多样,并且,他们通常在多种动机驱动下参与项目。对访谈资料进行整理分析发现,学生参与"大创"项目主要受到六种动机驱动(具体见表 4-1):兴趣、自我发展、人际、竞争优势、资源、硬性要求,但整体而言,学生参与"大创"项目的初心更多是受外部动机驱动,如竞争优势驱动、人际驱动、资源驱动、硬性要求驱动,参与初心具有较明显的功利性,而主要受兴趣驱动、自我发展驱动的学生较少。总体而言,学生参与项目的内部动机不足。

(一)追逐奖励与加分的功利参与

田野调查发现,获取保研、考研、评奖评优、未来就业竞争优势是多数学生参与"大创"项目的主要原因。

---

① 庞维国,刘树农.现代心理学的自主学习观[J].山东教育科研,2000(Z2):54-55,59.

表 4-1　学生参与"大创"项目的动机类型

动机类型		参与项目的具体原因
内部动机	兴趣驱动	探索学习中遇到的难题、检验自己的新想法、应用所学知识、学习/获取新技能/新知识
	自我发展驱动	提升自我、锻炼能力、充实大学生活、拓宽视野、挑战自我、证明自我、增长自己的见识、为人生增加一段不同的经历、获得成就感
外部动机	人际驱动	学长学姐邀请/推荐、同学/朋友/舍友邀请推荐、班主任/班助/导师/任课教师鼓励推荐、周围人都参与、结交志同道合的朋友
	竞争优势驱动	增加保研的几率、为考研提升竞争力、提升未来找工作的竞争力、获得综合测评加分、增加获得奖学金的几率、增加评优的几率、为参加学科竞赛/挑战杯/互联网＋等比赛做准备
	资源驱动	获得经费、为未来创业做准备/寻找新的发展机会
	硬性要求驱动	完成学院/学校的硬性要求、班主任/导师/任课老师硬性要求、获取学分、所在的实验室/社团/俱乐部/导师组等的传统/硬性要求

资料来源:对访谈资料进行编码获得

1. 为保研加分或在考研中获取竞争优势而参与

不少学生参与"大创"项目是想获得保研加分或者在考研面试中获取竞争优势。为激发学生参与项目的意愿,几乎所有的高校都会将参与"大创"项目与保研加分、综合测评加分挂钩。此外,不少高校在选拔研究生时也会将参与科研项目作为一项评价标准。因而,不少学生会为了获得保研的机会或者在考研中提高竞争力而参与项目。

那时我确定要考研,觉得做"大创"会对我考研有帮助,至少在复试的时候在简历上有科研经历和一些成果。(SA-E-16)

那时候有一部分原因是为了综合测评加分,还有一部分是想考研,所以就想有一点那种科研经历。(SB-Q-45)

学生参与这个有一些功利的因素,比如说有经费,另外参与这个保研是可以加分的,在保研中有"大创"项目、有论文发表是优先考虑的。(TB-L-10)

我们学校是将做"大创"项目和保研挂钩,所以有不少学生是因为想

要保研而参加项目。因为只有参加了项目，得到一些成果、得到一些国家奖励什么的，才有可能获得保送的机会。（MB02、ME06）

2. 为了获得综合测评加分而参与

为了获得综合测评的加分也是不少学生参与"大创"项目的主要动机之一。因为综合测评的排名事关学生各种荣誉的获得，比如优秀毕业生、国家奖学金的评定等都和综合测评的排名密切相关。实践中，为提高学生参与项目的意愿，几乎所有的高校都会将主持或参与"大创"项目于作为综合测评的加分项。

因为知道参加"大创"可以加综合测评的分，我们就申报了。（SA-D-12）

说实话我加入这个项目没有太复杂的目的，当初主要就是想有一点综测加分，然后也想丰富一下自己的科研经历。（SB-Q-46）

一般学生参加这个项目有几个方面原因，第一就是评优评先的这个现实需要，第二就是学生也想通过这些项目来锻炼一下自己。（TA-D-04）

3. 为了在未来求职中获得竞争优势而参与

还有不少学生将获得"大创"项目作为一种较为稀缺的荣誉以及能体现自己综合能力的证明，从而参与项目，为未来在求职简历中增添亮点而做准备。用人单位也会将学生是否参与高级别的项目锻炼作为一个评价指标。

觉得有一个国家级的"大创"项目，我们在心里是很开心的，至少我有一个国家级项目的名头。（SB-M-39）

因为我现在拿的奖励都是校院级的，并且校级的又比较少，省级的没有，所以我是希望能够通过"大创"项目来为我的简历增加一些闪光点。"大创"项目它的最低级别是校级的，还有省级和国家级的。（SA-0-05）

实际上，不管是为了保研加分或在考研中获取竞争优势，还是为了获得综合测评加分，抑或是为了在未来求职中获得竞争优势而参与"大创"项目，其共同点都是为了获得项目的外在价值，具有明显的功利性。这种动机虽然能提高学生参与项目的意愿和促进学生的参与行为，但在参与项目后这种动机一般无法转化为内部动机，也不能为项目的有效育人提供持续的动力，并且还可能导致"敷衍"或是"形式完成""挂名完成"项目任务的问题，因为这些动机类型关注的是项目结题后能带来的外在价值，如综合测评加分、结题证明等，而不是项目完成过程中自身能力、素质的增长。

（二）为维持人际关系的被动参与

调研发现，部分学生是出于他人的影响，想要维持或构建与他人之间的关系而参与"大创"项目。于大学生而言，爱与归属、与他人发展良好的关系是他们的一种基本需要。受这种需要的驱动，当他们受到一些重要他人，如学长学姐、班主任、学业导师、喜欢的任课教师、朋友、舍友、同学等的鼓励、邀请、建议他们参与"大创"项目时，或者看到周围的同学都积极参与项目时，为保持与这些重要他人间的良好关系，他们往往也会参与进来。

　　另一方面就是我也想做出一些东西，得到老师的认可。（SB-P-43）
　　因为是朋友推荐的也不好意思拒绝，所以就参加了。（SA-D-15）
　　老师让我们都参加进来（申报"大创"项目），以宿舍为单位定一个主题，试着申报。（SA-C-10）
　　我做第一个项目是学姐拉的，当时我大一，是班长也是唯一的男生，认识了一些学长学姐，他们做"大创"，但因为他们要去实习了，缺少人手开展项目和整理结题材料，所以在大一下学期他们就把我拉进了项目组。（SA-0-11）

人际驱动源于个体的关系需要，而"大创"项目以团队为组织形式开展正好能契合这种需要，因而能驱动学生参与项目。持这种动机的学生在项目育人的各个环节中会更加注重团队体验，会为了维持与团队成员、导师之间的关系而承担项目任务，从而能促进项目的有效运行与育人，但如果这种动机不能转化为内部动机，如兴趣动机或自我发展动机，则可能引发成员"挂名""搭便车"等一系列现象，最终将直接损害团队凝聚力并阻碍项目育人有效性的实现。

（三）为获取创新创业资源的功利参与

调研发现，也有部分学生是出于获得一定的资源而参与。部分学生是出于获得"大创"项目支持的资源，如经费、场地等而参与项目。

　　主要是"大创"项目有经费，我们想保研，要保研成功我们就要发专利，发专利就需要钱，就是需要这个钱（项目经费）来发专利。（SB-M-37、SG-0-81）
　　申报项目有一个好处，就是你会有经费。（SB-N-40）
　　一方面是有资金的资助，像我那个项目就有1万块钱，而且你还可以

学会如何使用这一笔钱。（SA-A-02）

为了获取资源而参与项目，实际上也是一种功利导向的外部动机。同样，如果这种动机不能转化为内部动机或者没能与兴趣、提升自我等内部动机相结合，也难以为项目的有效育人提供持续性动力。

（四）迫于硬性要求的无奈参与

硬性要求驱动型动机指学生是出于外部的强制规定与要求而参与"大创"项目。调研发现，部分高校或部分二级学院为让学生参与"大创"项目会将其纳入学生的毕业要求中，制定相关制度规定学生必须参与项目，方能达到毕业要求。因而，学生为了顺利毕业，避免因没有参与项目而遭到相关的惩罚，不管自身是否愿意，都会参与"大创"项目。此外，部分班主任或教师由于高度认可"大创"项目的价值，也会要求其管理或负责学业指导的学生参与该项目。高校、二级学院、教师要求学生必须参与"大创"项目的初衷是为了培养学生的能力，但这种规定往往会损害学生的自主性和创造力，尤其是在学生尚未充分认识到项目的育人价值时，硬性规定让学生参与项目往往会适得其反。

我们学院有明文规定要我们参加"创新杯"或者参加"互联网＋"大赛，或者做一个"大创"项目。我最初参与是为了毕业，为了达到毕业要求的那个创新创业的学分。（SB-O-42）

我当时申报是为了完成创新创业教育的两个学分，我周围大多数同学做"大创"项目都是为了获得那个学分。（SG-0-70）

可见，持硬性要求驱动型动机的学生参与项目是为了避免不参与项目而遭受到的惩罚，如不能按时毕业等，是一种被动的、被迫的参与，因而持这种动机的学生虽然参与了项目，但往往不会在项目中投入过多的时间与精力、通常也不会体验到项目的育人价值。因而，在"大创"项目育人过程中，需要创造条件，引导学生将这种动机转变为内部动机。

二、学生的选题能力较弱，项目设计困难

项目学习理论的观点认为，项目学习的核心是项目本身。[①] "大创"项目的选题构建了学生基于项目进行学习的内容与情境，选题的质量事关学生参

---

①TRILLING B，FADEL C. 21st century skills：learning for life in our times［M］. San Francisco，CA：Jossey-Bass，2009：97.

与项目的内驱力激发。因而,项目选题质量对"大创"项目育人有效性的重要性不言而喻。然而,田野调查研究发现,实践中在"大创"项目选题环节却面临着学生选题能力较弱,项目设计困难的问题。这一问题主要表现在学生无法独立选题、选题过难、选题过程互动性不足等方面。

(一)学生无法独立选题

调研发现,学生无法独立选题是"大创"项目育人过程中选题环节存在的最主要问题。其表现为:一是学生没有能力独立选题;二是学生没有独立选题的意识;三是教师认为学生没有能力独立选题而直接将项目题目给予学生。实践中由学生独立选题并有质量保证获得立项的项目占极少数,大部分学生都不具备独立选题的能力,还有部分学生压根就没有独立选题的意识,因而部分导师会通过发布课题指南、直接给学生定题等方式为学生选题。

> 我们当时是大二,虽然我们加入了老师的实验室,也接受了一些培训,但要我们自己选题,说实在的,我们没有那个能力,老师就给了我们一个题,是他的新研究方向。(SB-M-37)

> 我们那时候也没有多大的灵感和想法吧,第一次接触"大创"项目,我们就像一张白纸,不管是对于科研还是创业都没有什么想法,都是由老师牵着我们走的。(SA-O-05)

> 第一次申报的时候是 M 老师直接给了我一个题目,他让我去找一些同学,一起组成一个团队去申报"大创"项目,当时我连"大创"项目是什么都不知道,当时我和导师说,好吧。老师叫我做什么我就做什么。(SC-U-56)

> 学生自带课题,这种几率极小,他自选的课题一般也是突发奇想的,极少能够想到一些比较专业或者跟专业相关的问题。(TB-O-11)

> 学生没有发现问题的能力,他们在项目中其实充当的角色就是去做事情,至于这个事情为什么是这样他们可能理解不了。(TB-O-13)

"大创"项目的选题环节是培养与提升学生提问能力的关键环节,也是学生主体性培育与发挥的重要环节。面对学生在选题中存在的"无法独立选题"的情况,从育人有效性的角度而言,导师应通过引导、启发等方式来帮助学生提出问题、优化选题,而不是采取"直接给题"的方式。因为,这种方式并不能有效训练学生的问题意识与提出问题的能力,反而会让学生形成对导师的依赖感。实际上,项目选题困难在本质上反映了在"大创"项目育人过程中,学生

的主体性"被遗忘"。学生是一个能动的个体,具有创新创业的潜能,而并非一个"受动体"。当导师认为学生没有发现问题的能力而选择直接将题目给予学生,其本质是忘记了学生是一个能动的个体,同时,这一定程度反映了教师的指导信念落后,在这种指导信念下,学生的主体性发展会受到一定的限制。

(二)项目的选题过难

调研发现,选题过难是不少"大创"项目延期、完成质量欠佳的原因之一。而这类过难的选题多为导师直接给学生的题目或者是导师向学生发布的科研项目。当然,也有部分是学生独立选题的项目,由于对项目任务的完成难度预计不科学,导致项目选题过难。此外,也有不少选题过于容易,甚至不需要导师指导、不需要学生学习任何新知识、新技能,完成过程中也没有遇到困难,也不需要投入太多时间精力就能完成。可见,项目选题过难与过易都不利于实现"大创"项目育人的有效性。

> 我们是导师给的题目,我们具备的知识相对来说是比较少的,可能只有10%的样子。所以我们觉得做这个项目是比较困难的一个事情。主要是不太适合本科生做,所以过程真的很痛苦。(SB-M-37-38-39)

> 我感觉我的项目完成得很糟糕,一是存在有人摸鱼的情况,二是这个项目本身也挺难的,我们没有这方面的基础。(SG-0-74)

> 从我管理的经验看,从统计与分析历年延期的项目看,这些项目有一个共同点,就是不太适合本科生做,这对他们来说有些过难了。(MD04)

一般来说,过难的选题会挫败成员的效能感,尤其是在没有得到外部及时支持、指导的情况下,从而可能会导致成员在项目立项后迟迟无法开展项目,甚至会因"有心无力"而放弃推进项目或退出项目团队,此外,过难的选题还会引发成员完成项目的不良情绪体验,任务过难,即使完成了任务,也会觉得完成的过程很痛苦。

(三)项目选题过程互动性不足

实践中还存在项目选题过程互动性不足的问题。具体表现为:一是项目选题由项目导师直接给予学生,学生没有或极少参与项目的选题过程;二是选题由项目主持人完成,项目团队其他成员没有参与或极少参与项目的选题过程,项目主持人在进行选题时只与导师进行互动。

> 我们的选题是导师直接给的,他将他的课题做了一个选题指南,发给

我们，我们从中选择一个自己感兴趣的。（SG-0-73）

我们组长加入了我们学院一个老师的实验室，这个选题是他导师课题组下的，他是和导师选好了题后才找我们的，我们就是跟着他干。（SB-Q-45）

2020年的时候很多同学就开始找我了，他们也不知道要做什么，所以题也是我分给他们的。（TB-0-13）

不仅选题质量会影响"大创"项目育人的有效性，选题的过程同样也会产生一定的影响。选题本身就是锻炼学生发现问题、提出问题、论证问题的过程，学生只有经历这个过程，才可能发展其问题提出、问题论证等能力。另外，团队成员一起集思广益、共同探讨项目选题，不仅更有助于团队成员能力的发展，也更能提升团队成员对选题的认同感，此外，还能增强团队的凝聚力，从而为项目过程育人有效性奠定基础。导师直接将选题给予学生虽然看似简便省事，获得立项的概率也会更高，但这实际上是剥夺了学生学习的机会，也不利于学生对项目选题产生深刻的认识。同样，选题主要由项目主持人选定或者通过与导师讨论选定，其他成员没有参与该过程也是剥夺了其他成员的学习机会。

三、环境有效创设乏力，支持体系不完善

自主学习理论的观点认为，自主学习是学习者自我、行为、环境三者交互作用的结果，环境营造、学习场所氛围与条件、信息资源的可利用性等都会影响自主学习者的内部自我调节。[①] 而在团队有效性的研究中，不管是麦格拉斯提出的I-P-O模型[②]，还是科恩等提出的群体有效性启发式模型[③]，抑或是格莱斯顿提出的群体有效性一般模型[④]，环境因素都是"输入"端的重要因素之一。在徐佩等构建的研发项目团队有效性模型中，环境因素不仅是项目团

---

①庞维国.从自主学习的心理机制看自主学习能力培养的着力点[J].全球教育展望，2002(5)：26-31.

②MCGRATH J E. Social psychology：a brief introduction[M]. New York：Holt, Rinehart and Winston,1964:166.

③COHEN S G, BAILEY D, et al. What makes teams work：group effectiveness research from the shop floor to the executive suite[J]. Journal of management, 1997(3)：239-290.

④GLADSTEIN L. Group in context：a model of task group effectiveness[J]. Administrative science quarterly,1984(5)：499-517.

队"输入"的重要组成部分,团队环境有效性还是研发项目团队有效性的维度之一。[①] 对于"大创"项目而言,其要有效育人也离不开环境的支持。然而,调查研究发现,当前不少高校的"大创"项目育人的环境有效创设乏力,环境创设重"硬件"(指场地、设备等)轻"软件",使得项目育人的支持体系不完善,尤其是项目的培训体系、项目的课程支持体系、项目的经费管理支持体系这些"软件"尚需进一步完善。

(一)项目育人培训体系不完善

调查研究发现,当前不少高校尚未建立起"大创"项目的师生培训体系,这在很大程度上阻碍了"大创"项目育人有效性的实现。"大创"项目要有效育人不仅需要学生有动机、有意愿地去做项目,更需要学生有能力去完成项目的相关任务。只有当学生有动机有意愿,又认为自己有能力去完成项目时,他们才可能真正去开展项目。学生的项目效能感不足也是大多数项目在立项后停滞不前的重要原因之一。项目培训则是提升学生项目效能感的好途径。

> 第一个就是项目申报书,我真的不知道怎么写,我希望学校不是直接甩给我们一个空的申报书,而是要做一个前期培训,告诉我们申报书该怎么写,或者在我们申报之前开一个相关的课程来教我们。(SB-L-36)

> 我觉得学校或者学院应该要组织一些针对"大创"项目的培训,让我们了解论文应该怎么撰写,或者创业要怎样有效开展商业计划,但是他们没有任何这些方面培训。(SC-0-52)

不仅是针对学生的项目培训体系没有构建起来,针对项目导师的培训体系同样没有构建起来。对于不少教师而言,他们并未深度了解与认识"大创"项目。此外,由于经验不足,他们并不具备指导学生的能力,需要学校提供相关的培训来强化他们对"大创"项目的认识和提升他们的项目指导能力。

> 我觉得关于"大创"项目怎么做、怎么指导方面的相关培训特别少,目前的培训很多都是宏观方面的一些东西,校团委做的主要是挑战杯、课外学术作品,还有创业大赛的一些项目,但关于"大创"项目的很少。(TA-0-09)

项目育人培训体系建设的欠缺与不完善,一方面会减少学生基于"大创"

---

① 徐佩,章仁俊.企业研发项目团队有效性评价指标体系构建研究[J].科技进步与对策,2006(12):146-148.

项目获得能力、态度、品质等发展的机会。因为,培训本身就是提升学生能力、改变态度、发展良好品质的常用途径。另一方面,也会降低学生参与"大创"项目的内部动机。根据自我决定理论的观点,当个体的胜任需要没有得到满足时,他们从事某一活动的内部动机就会降低。当学生认为自己不懂、不知如何开展项目时,他们参与项目的热情、意愿就会降低,甚至直接造成项目育人活动的停滞。此外,项目育人培训体系建设的欠缺与不完善,还会通过影响导师团队的指导质量,进一步减弱"大创"项目育人的有效性。

(二)项目育人的课程支持体系不完善

课程体系是奠定学生知识、技能与能力基础的主渠道,"大创"项目要有效育人需要课程体系的支持。但调查研究发现,目前不少高校的课程体系对"大创"项目育人的支持并不充足,主要体现在学校的创新创业课程与"大创"项目的结合不足、专业课程的实践性与应用性不足这些方面。

> 我们的创新创业课程主要讲一些创业的成功例子,也有一些课本上面的知识,我不知道该怎么说感受,因为没有什么印象了。(SA-C-10)

> 我们的课程老师一般是偏重理论多一点,实验课学的都是一些非常基础的内容,不会说把它推广延伸到一些实际生活中的应用,比如说讲一个硬件的知识点,老师就是讲理论上的一些知识,他不会说这个知识点我们如果拿到现实生活中会怎么用,一般是不会涉及的。(SD-0-61)

> 我觉得那个创新创业的课程,至少前两周要上法律课。比如讲怎么做一个合同等,因为,我们的社会生活是离不开法律的,尤其是对创新创业来说,了解一些法律知识更为重要。(TA-F-05)

课程是大学教育的"心脏",是人才培养的主要渠道、核心构件与关键依托[1]。课程的质量尤其是创新创业课程的质量事关创新创业人才培养的质量。[2] 在"大创"项目育人过程中,课程体系的支持对学生问题意识、选题能力、项目效能感的提升与积累专业知识、创新创业知识都具有重要影响。然而,朱恬恬和舒霞玉的调查却发现,我国的创新创业教育课程建设却存在"专创融合"课程开设率不足、专兼职教师配备率不高、课程资源校际共享程度较

---

①杨冬.大学创新创业教育课程建设的元假设、内在逻辑与系统方略[J].当代教育论坛,2022(4):71-82.

②黄兆信,杜金宸."双一流"建设高校学生对创新创业课程质量满意度研究[J].华东师范大学学报(教育科学版),2020(12):33-41.

低、学生不了解学校的创新创业教育课程资源等突出问题。[①]

(三)项目经费管理体系不完善

项目经费是保障"大创"项目育人效果的基本条件之一。项目经费是开展"大创"项目必不可少的资源之一,而"大创"项目要实现育人效果就必须开展项目活动。立项的"大创"项目,不管是国家级还是省级,抑或是校级项目,都需要配备一定的经费。不过,调查研究发现,实践中,"大创"项目的经费管理还存在较多需要改进的地方。主要表现为项目经费报账困难、项目经费到位滞后、部分项目经费支持不足这些方面。

不少学生反映项目的经费报账比较困难,不清楚报账的流程和要求,而学校也没有开设相关的培训。此外,不少学生也反映报账的流程过于烦琐。

> 有一个就是报账很难,学生跟我反馈说他们项目任务完成了,花了钱,但报账报不出来,而且那个报账政策天天变。(TA-A-01)

> 我觉得经费的报销流程还需要完善。当时我们小组成员都认为太过于烦琐,不够简便,因为我们是利用课余的时间去报销,经费报销的时候有很多的要求,有些要求就不太合理,我觉得经费报销这一方面应该科学一点、简便一点,或者根据学生的特点去制定要求。(SC-0-58)

也有不少学生反映他们项目的经费到账存在滞后性,很多情况是到了项目中期经费都还没到账,为了购买完成项目所需要的物品等,他们不得不到处借钱或是用自己的生活费垫付,这非常影响他们参与"大创"项目的积极性,影响他们在项目中的情绪、态度与行为,从而直接影响他们基于项目获得的发展。

> 我们前期没有经费,我们只能从生活费出或者在外面兼职赚钱来垫付。(SC-U-55)

> 我们做课题没钱呢,我们项目买材料又烧钱,当时只能自己垫钱,当时垫钱之后,大家都感觉口袋掏空了。后面吃饭什么的,要去找别人借,大家就都挺不爽的,我们又都是家里不富裕的。(SD-X-60)

> 如果能提前拨经费的话,学生就没有那么多顾虑,因为没有经费,他就想着自己到底要不要先找老师借呀,还是拿自己的生活费试一下,学生

---

①朱恬恬,舒霞玉.我国高校创新创业教育课程建设的调研与改进[J].大学教育科学,2021(3):83-93.

就会小心翼翼的,也不敢去做,甚至会想如果花超了怎么办这些问题。后来我跟他们说超了算我的,然后他们才安心继续往下干。(TE-T-20)

部分理工科的项目团队反映,他们的课题经费远远不足以支撑他们完成项目,需要导师给予经费的支持。如果得不到经费支持,他们的项目可能会因此停滞。

经费根本不够用,我们要买材料,而且不可能只买一件,是要买一套东西回来,后面发现不适合,这套东西废掉了,但是没办法,这就是尝试嘛,因为我们做的是一个新的东西。(SB-M-37)

另外就是经费的问题,我们"大创"项目的经费很少,对理工科来讲远远不够,我们为什么能够这样做下去? 这个项目我自己投了上百万了。(TB-N-12)

我们是国家级项目,有两万经费,主要是花在调研和论文发表的版面费这两个方面,实际上我们的经费用不完,但我朋友是理工科的,他们要做实验要做模型,要买很多的材料,经费就不够用,还向我借过钱。(SD-O-64)

学生的主体性培养、创新创业能力等的发展是在从事相关活动中实现的。"大创"项目要发挥其育人作用,就需要基于项目任务充分开展活动,而开展活动就必然需要一定的物质基础与条件,例如科研原始材料、设备、场所等,项目经费支持的额度与管理的有效性无疑关乎学生开展项目中需要材料、设备等的获得性,进而影响到学生在项目开展过程中的态度与行为,影响到学生主体性、创新创业能力与品质的发展以及项目成果的形成。此外,项目经费支持的额度与管理的有效性还会影响到学生基于项目开展交流活动的态度与行为,最终直接影响学生的发展。

第二节 "大创"项目育人过程端的突出问题

项目育人过程有效性是"大创"项目育人有效性的中介、关键与重要组成部分。在项目进展过程中,唯有师生积极参与投入、充分协作互动,才能促使学生的创新创业能力得到发展,才能保证项目任务的按时按质完成。在麦格

拉斯提出的I-P-O模型①中,"过程"指的是团队的互动过程,包括团队内的互动过程与团队外的互动过程。对于"大创"项目而言,从其运行过程看,"过程"端主要包括项目任务执行、中期评价与反馈两个关键环节;从其育人过程有效性这一维度看,项目运行中不同阶段、环节中各育人要素的相互作用是"过程"关注的重点,尤其是项目运行的各环节中项目成员间以及师生间的交往互动。因而,结合I-P-O模型和"大创"项目的运行过程以及前文关于"大创"项目育人过程有效性的阐释,我们主要从项目过程监管与任务执行、团队互动、师生互动这些方面考察与分析"大创"项目有效育人之过程端存在的问题。

通过田野调查研究发现,实践中"大创"项目在育人过程端存在的突出问题有:一是项目过程监管乏力,任务开展敷衍塞责;二是项目团队互动表面化,成员深度协作欠缺;三是项目导师支持不力,"为导不导"屡见不鲜,这些问题严重阻碍了项目育人有效性的实现。

一、项目过程监管乏力,任务开展敷衍塞责

监督与管理是保证"大创"项目育人过程有效性的必要手段,项目任务的扎实开展是学生创新创业品质与能力发展的必然途径。对于"大创"项目的育人过程有效性而言,由于项目的育人过程历时长达一年及以上,且人都难以避免惰怠,因而,对"大创"项目的育人过程进行监控是必需的。然而,田野调研结果发现,实践中,"大创"项目的育人过程存在监管乏力,不少项目的任务开展敷衍塞责等问题,具体表现为项目实施被动与僵化,项目中期检查缺位与流于形式,项目"休眠"与"打折"完成现象比较普遍,这些问题损害了"大创"项目育人过程的有效性。

(一)项目实施被动与僵化

根据自主学习理论的观点,从他控到自控、从被动依赖到自觉能动、从单维到多维、从有意识到自动化是学生自主学习能力获得的过程。② 因而,要实现"大创"项目育人的有效性,在实施项目时应依据学生的自主学习能力水平来规划项目的类型,即构建一个由"导师主导型"到"师生协作型"再到"学生自

---

①MCGRATH J E. Social psychology: a brief introduction[M]. New York: Holt, Rinehart and Winston,1964:166.

②庞维国.自主学习:学与教的原理和策略[M].上海:华东师范大学出版社,2003:92.

主型"的项目发展体系。即根据学生的主体性与自主学习能力有组织地实施"大创"项目。但田野调查发现,七所案例高校在实施"大创"项目时基本上都是在教育部与教育厅下发项目申报通知后,采用转发申报通知的形式来启动项目,告知师生"大创"项目申报开始了,甚少有学校或学院依据学生的年级与学生的自主学习能力构建"大创"项目的育人体系。

> 我们目前只是增加了一些项目类型,如校友基金项目、校企合作项目等。系统的、体系化的设计我们还没有。项目体系化发展是必需的,据我所知我们省内的 HGD 是这样子搞,他们构建了一个匹配不同年级学生能力的"大创"项目育人体系。但我们没有这样搞,因为我们没有这个条件,做这个需要配套系列的教学改革、需要各个二级学院发挥他们的主观能动性来设计,我们也没有足够的人手配置来做这样的事情。(ME06)

> 目前我们只是重点培育一些项目,尤其是能进学校孵化园的一些项目,在教育部通知下发之后我们就按要求组织学生申报。(MD04)

> 当时是学院创新创业教育部的同学将学校的申报通知转发到我们班群,然后学习委员在群里和大家说了一下。(SA-K-35)

"大创"项目实施被动与僵化其实质是管理者的主体性被压制。"大创"项目要有效育人,需要管理者在项目育人管理过程中具备"主体性"观念,需要管理者要主动思考通过哪些管理举措培育与发挥学生的主体性、促进教师主动履行导师责任并进行人才培养与教学改革的尝试,提高管理的创新性,自觉地为项目的有效育人营造所需要的环境,而不是被动地、僵化地执行上级的命令。

(二)项目中期检查缺位与流于形式

"大创"项目要实现育人过程有效性需要过程监控与反馈。中期检查即是项目的监控(督查),而监控的目的在于使实际的项目运行状态重新回归项目计划的轨道。项目管理理论的观点认为,要促使项目有效运行,在该阶段需要确立项目汇报系统、安装变更控制工具/过程、定义问题上报过程、对照机会监控项目进展、修订项目计划。[①] 中期检查的目的是保证"大创"项目能够按照项目计划推进,防止有的学生临近项目结题才匆忙开始,潦草收场,能够及时

---

①罗伯特·K.威索基,拉德·麦加里.有效的项目管理[M].费琳,李盛萍,译.北京:电子工业出版社,2004:19.

纠正项目过程中存在的偏离和问题,能起到督促的作用,能一定程度减少成员的搭便车行为和惰怠行为。中期检查对于保障"大创"项目育人过程的有效性是必需的。然而,在实践中却有不少高校并不开展中期检查,或者仅是形式检查,没有发挥中期检查的监控作用。

> 我觉得第一个就是缺乏了中期的检查以及督促。如果有中期检查这个压力,很多项目一年之内其实是可以完成的。人都是有惰性的,如果没有中期检查,就没有外界的压力,就会拖着,只要在最后的关头把它弄好就好了。而且没有中期检查,做到后面学院这边可能看你做得差不多了,也临近结题时间了就让你过了,但它真正的含金量没有多少。如果有中期检查,中期一查你这个项目不合格,我们就重新开始做,可能做出来的东西更有意义一些。(SA-N-09)

此外,中期检查还有变更的作用。不仅能及时让项目团队发现项目育人过程中存在的问题和偏离行为,从而及时调整与纠正,还能申请变更成员,从而能将部分挂名参与的"咸鱼"成员剔除,进而有助于消除由于部分成员挂名参与但不出力而引发的团队冲突和矛盾,从而提升项目团队成员间的互动质量。

> 比较好的是它有中期检查的那个过程,我觉得非常有必要,特别是中期检查时可以调整那个负责人、人员这种,我觉得在后期也可以来一个变更人员,因为有些人真的就是熬过了中期,后期他就觉得你就拿他没办法了,他就会有点像咸鱼那种,还需要一个后期的变更,这样子做能起到一个更好的督促的作用。(SB-O-42)

由于检查带来的提醒作用、外部压力以及可能遭受的惩罚,中期检查能起到较好的督促作用,尤其是能提升学生的过程投入,进而保证学生在充分的活动后获得能力、态度、精神与品质方面的发展。

(三)项目"休眠"与"打折"完成现象较普遍

不管是哪种类型的项目,都有其必须完成的项目任务,学生的创新创业能力等的发展也是在完成具体的任务活动中实现的。项目任务的按时按质完成不仅是衡量"大创"项目育人有效性的重要标准之一,项目任务的执行也是形成项目成果的关键之环,还是项目历时最多的一环,更是学生形成与发展创新创业能力的关键之环。然而,实践中,"大创"项目立项后就进入"休眠"状态或是项目任务"打折"完成的情况却比较普遍。

1. 不少项目立项后就进入"休眠"状态

调查发现，实践中有不少"大创"项目获批立项后并没有进入项目实施阶段，而是被项目团队"束之高阁""放在一边"，使项目进入"休眠"状态。

> 其实我们的项目立项后很长时间都没有开展，我们是 2019 年 12 月立项的，立项后没多久就放寒假了，大家都回家了，然后又疫情，开学后大家又很忙，到暑假的时候大家也都有事，就一直没开展，到后面快要结题了，没办法我们匆忙做了一些调查，弄了报告。（SG-0-73）

> 我们项目延期了一年，立项后我们就停滞了，因为事情多，我们自己又不会搞，导师也忙。我们班好几个项目都这样吧，大家不会觉得这是一件很急的事情，因为又没有那个中期检查。（SA-0-05）

"大创"项目进入"休眠"状态意味着项目的育人作用没有地方发挥，项目成了一个摆设。学生没有及时开展项目活动、没有进行团队互动、没有与导师等进行互动，他们的创新创业能力、品质等必然就不会得到发展。实际上，"大创"项目立项后进入"休眠"状态，其实质主要是学生的主体性没有被激发与调动起来。

2. 不少项目任务都是"打折"完成的

"大创"项目要想取得高质量的成果，学生要想通过项目提升自己、锻炼自己的能力，在项目过程中就必须踏踏实实地执行项目任务，按质按量地完成各项任务，在项目中充分投入自己的时间和精力。然而，调查研究发现，实践中有不少项目团队并没有完全完成所有的项目任务就申请结题，或是不开展实践而是通过"假实践"的方式"完成"项目，或是在项目临近结题日期的时候匆忙开展项目，"打折"完成项目任务。

> 如果老师不管的话，很多学生都是快要结题或者需要交什么材料的时候才去准备，学生就是弄一下需要的材料，比如要调研的，就去拍一些照片然后写下总结，整理下材料，但实际上他们并没有真的去调研。（TA-C-03）

> 实话实说，我们这个项目实际上大概花了一个星期的时间完成的，那时要结题了，我们就找周围朋友访谈一下，发了下问卷，就是和两三个朋友聊了一下，发了几十份问卷，然后就写了个报告，就完成了。（SG-0-77）

"打折"完成的项目并不在少数。研究发现，案例高校 A 的"大创"项目结题验收中，对于"合格"的评价标准之一是"参照项目申请表，完成预定研究计划内容的 60％"以上，对于"良好"评价标准之一是"参照项目申请表，完成预

定研究计划内容的 80％"以上。通过对案例高校 A 的"大创"项目结题验收情况进行统计发现,该校 2022 年共计有 191 项项目通过结题验收,其中验收等级为"合格"的有 73 项,占全部通过验收项目数量的 38.22％,验收等级为"良好"的有 86 项,占全部通过验收项目数量的 45.03％,综合可见,该校 2022 年通过结题验收的"大创"项目中有 83.25％的项目没有百分百完成预定研究计划内容。而该校的"大创"项目验收标准是根据学校所在地教育厅下发的"大创"项目验收标准制定的。"我们的结题标准是根据教育厅的标准,没有做什么改变。"(MA01)可见,"打折"完成的项目并不在少数,而且更为严重的问题是,这种"打折"完成的行为还是被允许的,因为"打折"完成的项目也能通过结题验收,要通过项目结题验收并不需要 100％完成预定研究计划内容。

　　我感觉没有什么收获,除了获得学分之外,可能是我们没有投入太多吧,因为我们只花了大概一个星期来做这个项目。(SG-0-77)

实际上,"打折"完成项目是一种自欺欺人的做法,这样的做法不仅违背了"大创"项目的初衷,也反映出学生对待项目的敷衍态度。这种"打折"完成的项目,即使最后通过了结题,学生的能力也不会得到发展,学生不会因为参与项目而获得成长。同样,"大创"项目"打折"完成其实质也是学生的主体性没有被激发与调动起来。

二、项目团队互动表面化,成员深度协作欠缺

"大创"项目育人过程有效性需要以充分的团队互动为支撑。主体教育理论的观点认为,人发展的基础交往与活动,知识的教育价值要转变为学生的个性素质需要通过学生的活动(交往)。[①] 在群体效能的经典分析框架 I-P-O 模型中,团队互动过程是影响团队有效性的关键。[②] 而根据格莱斯顿的观点,团队互动中的关键因素包括开放式沟通、团队成员间的相互支持、团队冲突管理、战略讨论、成员个体的参与度与贡献度等。[③] 萨拉斯则认为协调、沟通、合

---

①王道俊,郭文安.主体教育论[M].北京:人民教育出版社,2005:42.

②MCGRATH J E. Social psychology: a brief introduction[M]. New York: Holt, Rinehart and Winston,1964: 166.

③GLADSTEIN L. Group in context: a model of task group effectiveness[J]. Administrative science quarterly,1984(5):499-517.

作是团队互动过程中的核心要素。① 对于"大创"项目育人有效性而言,团队互动不仅是学生基于项目开展团队学习的重要方式,也是学生沟通合作能力发展的关键,还是学生基于项目发展人际关系的重要方面,此外,项目任务的高质量完成也需要充分的团队互动。

然而,调查结果发现,实践中,有不少项目团队都存在团队表面互动,成员深度协作欠缺的问题,具体表现为部分成员"边缘性"参与、挂名参与。实际上,成员"边缘性"参与、挂名参与也是学生在项目中参与不充分、投入不足的表现,这使得学生基于项目进行的团队学习大大减少,进而不利于学生的发展。

(一)团队成员的"边缘性"参与

调研发现,实践中有不少项目的活动与任务主要是由项目负责人承担或是项目中的部分成员承担的,其他成员仅参与少量的活动与任务。这一方面削弱了团队的效能,因为个人的能力、精力是有限的,即使项目主持人的能力很强,单凭其一个人也很难将项目做到最好,即使项目完成了,成员的项目体验感也达不到最佳,项目主持人甚至有可能因为承担了太多工作而心生怨气等,而其他成员则可能觉得项目不关自己的事,自己只是一个"工具人"、没有锻炼的机会。另一方面,成员参与项目的范围越窄,其对项目与团队的认同也会越少。因为参与广度窄,对项目的了解与认识就少,认同就缺乏了基础,而不认同项目与团队,就可能会阻碍团队的互动、协作,进而不利于学生基于项目进行团队学习以发展自身的沟通合作能力等。

我们只是帮着做实验,课题申报、论文撰写、结题等那些都是我们组长弄的。工具人就我们俩的角色,哈哈。所以我觉得自己做实验的能力提高了,但其他方面好像没得到太多的锻炼。(SB-Q-46)

虽然我参加了项目,但如果要打分的话,我只能打个 5 分或 6 分,因为我没有像我们组长那样全身心投入,得到的收获就是去跟老师沟通交流的时候学到的那些知识,还有就是我们几个人一起去准备的那些材料。(SA-B-05)

①SALAS E, DICKINSON T L, CONVERSE S A, et al. Toward an understanding of team performance and training[C]//SWEAEY R W, SALAS E E. Teams: Their training and perpormance.NJ: Ablex, 1992:3-29.

项目团队出现成员"边缘性"参与意味着项目团队的互动、协作是不充分的。这显然不利于学生进行团队学习以发展能力。这一方面可能是由于部分团队领导者缺乏团队管理能力，没有将团队任务进行合理分工所致，或者是团队领导过度包揽项目任务所致。另一方面，也可能是部分成员由于各种原因，不愿在项目中投入过多时间和精力，从而选择性地参与项目任务与项目的活动。

（二）挂名参与的搭便车行为

部分项目团队还存在团队成员挂名参与的情况。调研发现，部分成员在项目立项后出于各种原因，不积极参与项目的各项活动，或是敷衍了事，或是选择性参与，甚至是不参与任何项目活动。几乎所有的项目任务都由项目主持人完成，而项目主持人由于自身团队管理能力不足等原因，对此也无可奈何。

　　所有的事情都是我自己做，什么申报书、申报材料各种方面都是我自己做，那个时候很辛苦的，就我自己一个人做。（SB-P-43）

　　后期可能有一些同学会坚持不下来，就会想退出，这是很常见的一个问题，因为项目是一年期的，到后期有些同学的意志会开始动摇。（SG-O-78）

成员的搭便车行为不仅对于成员个体成长是无益的，更是会造成团队冲突和降低团队整体效能感。但由于"大创"项目团队的领导者往往不具备评价项目成员的权力、也不拥有对团队成员的奖惩权力，此外，"大创"项目团队的成员大多数又是由相熟的同学组成的。因而，当团队中出现搭便车行为时，项目团队的领导者往往感觉到无可奈何。

总而言之，成员在项目中是否有深度参与、交往互动不仅影响着其基于项目进行团队学习而获得的能力、态度、精神、品质发展，也会影响其对项目的评价和归属感。参与越深、交往互动就越多，意味着他们在项目中思考越多、行动越多、与团队和导师的互动越多、情感投入越多，因而对项目的认同和团队的认同也就越多，对参与项目的体验评价就会越好。相反，在项目中参与不足，不仅会阻碍项目团队互动、协作的质量，更会削弱自己在项目中的收获与成长，还会给团队带来不良示范，即"不积极的人会影响到积极的人"。

　　一个就是有些学生不会很积极，而不积极的人会影响到积极的人，因为是一个团队嘛，（成员间的态度是会相互影响的）。（TA-F-05）

三、项目导师支持不力,"为导不导"屡见不鲜

导师支持是"大创"项目育人有效性生成的关键。自主学习理论的观点认为,教师的示范与反馈等都会影响自主学习的过程与结果。[1] 项目学习理论的观点则认为,有效的项目学习不仅需要教师扮演多种角色,还需要教师提供各种学习支架。[2] 然而,实践中却存在导师支持不力,"为导不导"屡见不鲜的问题,具体表现为挂名指导、被动指导、"厚此薄彼"的指导、"保姆式"指导,这在很大程度上损害了项目育人过程的有效性。导师支持不力、"为导不导"意味着导师没有正确认识学生在"大创"项目中的主体地位,没有正确认识到"大创"项目的根本目的是促进学生的主体性发展,没有正确发挥自身在项目育人过程中的主导作用。

(一)挂名指导,学生没有得到导师支持

田野调查发现,实践中有部分导师属于"挂名"导师,即只是名字出现在申报书上,但在"大创"项目育人的整个过程中却没有出现过、提供过支持的导师,项目的推进基本全靠学生自己摸索。

> 老师基本上都很忙,交流机会很少,指导很少,大部分都是我们自己摸索。那时候我们的指导老师没有空带我们去(调研),当时如果老师能够带我们一起去的话,我觉得会更好一些,就是发挥他是老师这方面的一个优势,能够帮到我们很多吧,所以我觉得唯一不足的地方,是没有指导老师带我们。(SC-0-52)

> 有些老师虽然说那个"大创"项目挂在他名下,但他是不管事的,我们学院那个延期了两年的国家级项目,×××那个,就是老师不管事的。(SD-0-61)

导师"挂名"指导,意味着在项目推进过程中,导师是缺位的,既不关注项目的进展,也不督促学生按时推进项目。换言之,项目导师在项目育人过程中是"名存实亡"的,这是导致"大创"项目延期的主要原因之一。导师"挂名"指导,学生在开展项目过程中、在基于项目进行学习的过程中就缺乏了来自导师

---

①庞维国.从自主学习的心理机制看自主学习能力培养的着力点[J].全球教育展望,2002(5):26-31.

②叶碧欣,桑国元,邓英华.项目学习能否提升大学英语教学成效:针对干预实验研究的元分析[J].中国高教研究,2022(7):83-88.

的必要的学习支架,在他们遇到困难与问题时得不到及时的帮助与支持、引导、指导,这不仅会阻碍项目的按时结题,更会影响学生基于项目而获得的能力、态度、精神、品质等多方面的发展。因为,学生基于项目的发展,很大一部分是在与导师的互动中获得的。

(二)被动指导,不主动关注项目的育人过程

田野调查发现,导师被动指导的现象非常普遍。在项目育人的全过程中,不少导师都只是在学生寻求指导与帮助时才给予支持,而从来不主动关注学生在项目过程中的状况、所需要的支持,也从来不主动监控项目的进展情况。

> 我们班那个国家级项目的导师,他就不会催你去做什么,就是学生自己看着来就好了,所以他们最后都没结题。因为我们本身就是等待老师的一个任务分配,因为我们不知道该怎么去做,一方面又不敢去问老师,然后项目就会越拖越水,最后就不结项了。(SA-0-05)

> 我们导师也不能说不指导我们吧,在我们找他的时候他也会指导、帮助我们,但他不会主动问我们、也不会主动跟我们联系、互动,也不会提醒、督促我们。其实很多时候我们是不知道怎么做的,但又不敢去问,后来实在没办法了,才去找他,而且很多时候他都很忙。(SC-U-56)

在实践中,导师指导不实、被动指导的情况不在少数。对于积极主动、能力较强的团队,即使是导师被动指导,对他们项目完成的影响也不会很大,甚至还可能起到好的效果,不过也会让学生缺少了通过与导师互动而获得的发展,但对于那些能力较差又不够积极的团队,导师被动指导则会更加强化学生想要放弃项目或者糊弄、延期完成项目的想法与做法,从而不利于学生基于项目获得发展。实际上,积极主动、能力强的团队是少数,而能力较差又不够积极的团队则是多数,尤其是在立项项目数量众多的高校中,这些团队必须依靠导师的指导与监督才能有效完成项目,需要更多的主导项目推进才能让他们获得更多的发展。

(三)"厚此薄彼"的指导,仅与项目主持人互动

调研发现,导师支持不足还表现为导师在项目育人的全过程中只与项目主持人接触与互动,而与其他团队成员基本没有直接的接触和互动,其他成员感受不到导师的指导与帮助,即导师指导存在"厚此薄彼"的情况。

> 指导老师主要是他(指项目主持人)的指导老师,我们组是组长和导

师沟通,所以我们对那个张老师(指导老师)不是很了解。(SB-Q-45)

我们和指导老师没有什么接触,几乎没有接触,只是组长跟他接触比较多,所以我讲不出来和老师间有什么互动。(SG-0-77)

导师"厚此薄彼"的指导,致使项目团队的大多数学生失去了与导师进行互动的机会,导师也不能全面地了解学生的需求,因为项目主持人所需要的指导与支持并不能等同于其他成员所需要的指导与支持。"大创"项目有效育人应是对大多数参与项目的学生而言的,而不是针对小部分学生、只有项目主持人得到较多与导师互动的机会进而得到较多的发展。

(四)"保姆式"指导,学生主体性难以得到发展

与导师支持不足相反,也有部分项目导师介入过度,甚至包办项目的选题、项目成果形成等。调研发现,部分导师由于缺乏对"大创"项目育人目的的深度认识,在指导过程中没有充分发挥学生的主体性,仅将学生当作一个执行自己想法的"机器人",过度地干预项目的进展,如同"保姆"一般指导学生推进项目,没有认识到学生也是具有独立意义的人,具有独立的思想和想法。

我们小组的题目是导师给的,立项后要怎么开展,怎么做他也会很详细地跟我们讲,第一步要做什么,第二步要做什么,会给我们安排好,我们只需要按照他说的去做就可以了,所以我们的项目进展得很顺利。(SA-0-21)

比如设计一个样件,比如这个尺寸就是 20 cm×30 cm 的,不能取 20 cm×25 cm 的。这个都要明确地告诉他,如果不告诉,做出来效果可能就不理想,或者会偏离这个方案,所以我基本上是完全指导他们,不能放手。(TE-T-20)

在学生的主体性没有被激发以及学生能力非常欠缺时,"保姆式"指导有助于项目的推进以及提升学生的项目效能感。但如果在项目育人的全过程中都采用"保姆式"指导,则不利于培养学生的主体性,甚至会挫伤学生的主体性,最终也会影响学生发展自身的创新创业能力。因为,导师指导的目的是促进学生能力的发展,尤其是创新创业能力的发展。要促进学生创新创业能力的发展,就需要保证学生在开展项目时充分发挥自身的主体性,让学生在"做中学",在"学中做"。因而,导师在指导过程中应引导学生去做,而不是替代学生去做或是只让学生成为自己想法的执行者。

第三节 "大创"项目育人结果端的突出问题

虽然输入有效性与过程有效性都是"大创"项目育人有效性的重要组成部分,但"大创"项目育人有效性最终都要通过项目育人结果的有效性来体现。有效育人的"大创"项目在结果有效性上应能满足学生参与项目的需求,能促进学生在认知、态度、情感、行为、能力等方面的发展,应能实现"大创"项目的意图与预期目标,应能促进高校教师与大学生对创新创业教育的广泛参与。然而,田野调查发现,实践中,"大创"项目育人之结果端存在的突出问题有:一是项目产出追求有所偏差,偏重物化成果数量,二是结题评价标准比较随意,对学生发展评价不足,三是结果评价主体相对单一,导师学生参与有限。

一、项目产出追求有所偏差,偏重物化成果数量

促进高校转变教育思想观念、推动人才培养模式与教学模式改革、培养大学生的创新创业素质与能力都是"大创"项目的育人目标,其中,培养大学生的创新创业素质与能力是"大创"项目的核心育人目标。然而,调查研究发现,在结题评价中,管理者对"大创"项目的产出追求却存在偏差问题,具体表现为在评价"大创"项目育人有效性时以物化成果数量代替项目成效、结题评价重物化成果数量而轻学生发展、过度追求参与比赛的数量与赢取奖项。

(一)以物化成果数量代替项目成效

通过对 2021 年各省、市、区国家级大学生创新创业训练计划项目年度进展报告(共计 32 份报告,其中有部分省、市、区没有提交报告)中的"项目成效"报告内容进行分析发现,绝大多数提交了年度报告的省、市、区在该部分报告的只是"大创"项目所取得的物化成果数量,如获得的国家级奖项、获得的省级奖项、发表的国际期刊论文、发表的国家级期刊论文、发表的省级期刊论文、获得的发明专利、成果转化、参与项目保研学生、参与项目创业学生、入选大学生创新创业年会的成果数量等,只有少数省、市、区在报告"项目成效"时会提及学生能力获得的发展。如表 4-2 为案例高校 ABCD 所在省份 2021 年"大创"项目年度进展报告中的"项目成效"报告内容。

表 4-2　高校 ABCD 所在省份 2021 年"大创"项目成果情况数据统计表

类型		国家级	省级	校级	总计
项目获奖情况	国家级获奖数量	232	212	102	546
	省级获奖数量	353	828	329	1510
发表论文情况	国际期刊论文数量	63	67	0	130
	国家级期刊论文数量	155	164	9	328
	省级期刊论文数量	341	731	74	1146
项目转化情况	发明专利数量	230	177	26	433
	成果转化数量	80	107	16	203
	参与项目学生保研数量	309	363	113	785
	参与项目学生创业数量	2324	5950	1214	9488

资料来源:案例高校 ABCD 所在省份 2021"大创"项目年度进展报告[2022-06-25].
http://gjcxcy.bjtu.edu.cn/UpLoadFile/gxjyt68155270.pdf.

2021 年,我省大学生创新创业训练计划项目获国家级奖项 399 项,省级奖项 736 项;发表国际期刊论文 150 篇,国家级期刊论文 175 篇,省级期刊论文 731 篇;共获得发明专利 520 个;成果转化数量 296 个;参与项目学生保研达 1138 人;参与项目创业学生达 1707 人。获得第七届中国国际"互联网＋"大学生创新创业大赛获得 5 金 36 银 111 铜,金银铜奖均较去年增长一倍以上,参赛和获奖项目基本来源于"国创计划"培育项目。我厅再次获高教主赛道和"青年红色筑梦之旅"赛道省市优秀组织奖。评选推荐的 11 个创新创业项目、论文全部通过教育部专家初评和复选,入围第十四届全国大学生创新创业年会现场展示项目。(案例高校 G 所在省份 2021 年"大创"项目年度进展报告中的"项目成效"报告内容)[①]

物化的成果数量仅是项目育人结果有效性的一个部分,仅是项目成效的一个部分,而不是全部。虽然物化的成果数量能在一定程度上代表学生的创新创业能力,但不能代表创新创业能力本身,更不能代表学生基于"大创"项目所获得的创新创业能力发展以及高校转变教育思想观念、推动人才培养模式的效果。在项目结题评价中偏重物化成果数量,就容易导致师生在项目育人中舍本逐末。

① 该数据资料源于案例高校 G 所在省份 2021"大创"项目年度进展报告[2022-06-25].
http://gjcxcy.bjtu.edu.cn/UpLoadFile/fjsjyt57826384.pdf.

（二）结题评价重物化成果数量，轻学生发展成效

"大创"项目产出追求偏差化的另一个表征则是高校在进行结题评价时重物化成果数量，轻学生发展成效。调查研究发现，不少高校在对"大创"项目进行结题验收时，重点验收的是项目取得的成果以及提交材料的完整性和规范性，并且在成果验收时主要看的是成果的数量以及级别，而对于所交付的成果是否与项目密切相关，是否符合项目预期成果设定则不是验收的重点，学生通过项目是否获得能力、品质的发展也不是验收的重点。

> 结题最主要看的是我们取得了什么成果，比如我们创新训练项目的目的，主要是看发没发论文，国家级和省级项目要公开发表一篇论文，或者有申请获得专利，或者参加大学生"互联网＋"比赛获奖也可以。（SA-0-05）

> 我觉得我们的结题还是有很多需要完善的地方，比如我看有的项目虽然专利有十几项，但那些专利都是和项目不相关的，还有不少是导师个人的成果。（MG-08）

"重过程"是"大创"项目实施的原则之一，但实践中，"大创"项目的结题评价重结果数量，那项目团队就容易将重心放在完成项目成果的数量上，而不是将重心放在完成项目任务上、放在个体的学习和成长上。这不仅不利于达成"大创"项目的育人目的，还容易引发师生的弄虚作假行为，进而阻碍学生的发展。

（三）过度追求参与比赛的数量与赢取奖项

过度追求参与比赛的数量与赢取奖项也是"大创"项目产出目标追求偏差化的一个表征。调查研究发现，功利取向的成果交流与展示是"大创"项目在成果交流与展示环节存在的主要问题。在实践中，"大创"项目成果交流与展示的主要方式是参与"互联网＋"大学生创新创业大赛、挑战杯以及各类型的学科竞赛。由于这些比赛能够为学校赢取奖项荣誉，从而为学校评估增加砝码，因而各大高校大都非常重视。尤其是"互联网＋"大学生创新创业大赛，为提高获奖的概率和完成参赛的数量要求，不少高校会强制要求所有"大创"项目都参加该大赛，其出发点与归宿不是给予学生展示和交流的机会和平台。这样的交流与展示，致使大多数学生都为了完成任务而应付了事，不仅不会给学生带来成长与发展，反而会引起学生的反感。学生会认为这是徒增的任务，浪费他们的时间和精力,是一种舍本逐末的做法。

　　这种肯定是强制性的,因为不强制就完不成上级的要求。每个学校必须完成多少项,教育厅都是有规定的。所以"大创"项目就都要强制参加了。这可能是全国的一个通病,这个判断不一定站得住啊,(因为仅仅)是我个人的感受。因为领导做报告的时候,每年有多少项、参加的是多少人,都要报告数字的,那这个数字怎么来的,能预测得到的。

　　但我觉得这样对学生来讲是有负面作用的。因为"大创"项目里面,大部分是创新训练项目,很多是对学生的一个学术训练,它是完全不适合拿去做一个"互联网＋","互联网＋"它是要有收益的。所以我觉得这里面给学生的这个示范效应是不良的。(MB-02)

实际上,以物化成果数量代替项目成效、结题评价重物化成果数量而轻学生发展成效、过度追求参与比赛的数量与赢取奖项这些问题表征不仅意味着"大创"项目的育人目标在实践过程中发生了偏离,也反映了在实践中"大创"项目的育人导向存在功利化的问题。评价是管理的手段,科学的评价是"大创"项目管理工作的重要组成部分,是保障"大创"项目顺利、有效开展的最基本的保障。科学评价具有诸多功能,如判断、遴选、鉴定、诊断、导向、促进、反馈、沟通、激励、监督等。[①] 由于个体的趋利性,往往是评价什么,人们就重视什么。学校追求与重视项目产出的物化成果数量,那师生在参与项目时也会随之将重点放在项目物化成果产出上,而不是放在学生创新创业能力、态度、精神与品质的发展上。

二、结题评价标准比较随意,对学生发展评价不足

　　评价标准反映着评价者的价值观,"大创"项目育人效果的评价标准,尤其是对项目结果的评价标准反映着高校对"大创"项目的认识与定位,也引导着广大师生对待与参与"大创"项目的具体行为。调查研究发现,实践中,"大创"项目育人效果评价的标准,尤其是项目结题验收评价的标准存在随意、盲从的问题,其具体表现为学生的创新创业能力发展没有成为项目结题评价的核心标准、部分高校为提升项目结题率而降低验收标准。

----

①文庭孝,邱均平.对科学评价作用与价值的再认识[J].科技管理研究,2007(9):43-45,50.

（一）学生创新创业能力发展没有成为项目结题评价的核心标准

培养大学生的创新创业能力是"大创"项目的核心育人目标。要对"大创"项目的结果有效性进行评价，学生基于项目获得的创新创业能力发展理应成为项目结题验收评价的核心标准。然而，调查发现，实践中不少高校在制定"大创"项目的结题验收标准时，并没有把学生基于项目获得的创新创业能力发展作为评价的核心标准，甚至有的学校评价标准中都没有涉及学生创新创业能力的发展。

完成项目研究工作，达到预定研究目标，验收材料规范、齐全（有结题报告书、结题材料册各一份）。其中，国家级、区级创新训练项目的研究成果必须包括至少一篇公开发表的、以学生为第一、第二作者、第三作者或通讯作者的论文（以刊登为准）。（案例高校 A 的"大创"项目结题验收条件与标准）[①]

即使有高校将学生基于项目获得的创新创业能力发展作为结题验收的标准之一，但在具体的结题验收中，该标准并没有发挥核心标准的作用。在具体评价中，更多的是从材料的规范性、齐全性以及所取得的成果级别与数量方面进行评价。

按时结题有个重要的因素，就是你的材料要齐，只要你的材料齐，没什么大的问题就可以结题。（SA-0-21）

在我们修订后的结题验收标准中，我们增加了一个评价的内容：每位学生应完成不低于 3000 字的项目个人总结，主要介绍个人在项目研究实践中承担的工作，发挥的作用，以及在素质培养和能力提高特别是在创新思维和创新创业实践方面的体验和收获。但在具体的评价中，专家们主要看的还是结题材料是否齐全、完整，以及是否取得了预期的成果。因为个人总结是比较主观的。（MF07）

被验收项目存在下列情况之一者，不予通过：提供的验收文件、资料、数据不真实、不完整；无故未完成预期成果；擅自改变《F 大学大学生创新创业训练计划项目合同书》规定的项目主体研究内容和研究方向。（案例高校 F 的"大创"项目结题验收"不予通过"的标准）[②]

---

①资源来源于案例高校 A 的《大学生创新创业训练计划管理办法》。
②资源来源于案例高校 F 的《大学生创新创业训练计划管理办法》。

虽然教育部组织专家制定了"大创"项目的检查办法,也有部分学者尝试构建"大创"项目的评价指标体系,但已有的评价体系中关于学生能力发展的评价指标过少,学生的创新创业能力没有成为"大创"项目结果有效性的核心评价指标,反而用其他的指标来衡量。这不仅是"大创"项目育人评价标准比较随意的体现,也反映了"大创"项目产出追求的偏差化。评价标准随意与项目产出追求偏差都会抑制学生的发展。因为,评价标准与项目产出追求的本质反映的是项目的价值追求,都对参与"大创"项目的学生、导师、管理者具有导向作用。

(二)为提升结题率而降低验收标准

为提升结题率而降低验收标准也是"大创"项目育人评价标准随意的一个表现。调查发现,部分高校为了提高结题率,会降低验收标准。例如,案例高校 A 的"大创"项目评优中对完成度的规定为:参照项目申请表,完成预定研究计划内容的 60% 以上则可评为"合格",完成预定研究计划内容的 80% 以上则可评为"良好"。在这样的验收标准下,不少项目尤其是国家级以下级别的项目往往只需在临近结题前一周或十天将结题需要的材料补齐就能通过验收。这样的项目虽然通过了验收,但对于学生成长几乎是无益的。

> 如果说还需要改进的话,我希望能够把这个要求再放高一点,这样子我们项目的质量才会更好。因为把这个门槛放高一点的话,能把这个重要性凸显出来,才会引起学生的重视。(SA-0-05)

> 我的是省级项目,结题就是提交一份研究报告,写一个东西就可以了,反正都会通过的嘛。所以没有什么压力。这样其实就算前面没做什么,后面结题的时候花几天时间搞一搞也可以通过结题的。(SG-0-70)

但也有少部分高校的标准过高,例如案例高校 F 的部分学院要求国家级项目必须发表核心期刊论文才能达到结题要求。实际上,低要求与过高的要求都不利于"大创"项目有效育人。低标准虽然能保证结题率,尤其是对于那些每年立项众多的高校,但这种低要求会损害学生的动力与努力,因为没有挑战性,很容易就能达到标准,并且还可能会让学生产生学校并不重视"大创"项目的错觉。过高的要求虽然能增加学生的结题压力,从而一定程度上促使学生在项目中有更多的投入,但也会损害学生的参与动机,因为要求过高怕达不到要求而不敢参与。但总体而言,适当提高结题的门槛,让学生"跳一跳,摘桃子"的标准更有助于激发学生的积极性。

三、结果评价主体相对单一，导师学生参与有限

多元主体参与"大创"项目结果/结题评审与评优更能促进"大创"项目的育人有效性。在实践中，大多数高校在开展"大创"项目结题评审时会实行院校两级评审制。在具体评审时通常是由学校/学院的学术委员会、教学委员会进行评审，部分高校在校级评审中会邀请一定数量的校外专家作为评审人员，如案例高校 C 与案例高校 D。也有少部分高校建立有专门的"大创"项目评审专家库，专门负责项目的立项、中期、结题评审，如案例高校 G。但不管是院校两级评审，抑或是源于专家库的专家评审，参与项目评审的专家基本上都是由教师与管理者组成，即使是邀请外部专家，在数量上也是少数，并且这些外部专家主要是对创业训练与创业实践项目进行评审，而对于创新训练项目，极少有学校会邀请外部专家进行评审。在项目结题评审中，学生与项目导师没能成为评价者。整体而言，当前"大创"项目的结题评价主体较为单一，这并不利于项目有效育人。

> 我们立项、中期和结题评价的都是由专门的专家教师来评价，我们建立了一个专家库，也建立了一个"大创"项目的信息管理平台，因为我们学校立项的数量很多，所以是专家在平台上完成评价。专家库是各个学院的老师申请，我们也会邀请一些教授、经验丰富创新创业教育教师。（MG08）

> 结题答辩的时候是我们做 PPT 进行汇报，一般是 5 分钟，然后是老师提问，我们的导师和我们自己不用打分，是答辩老师打分，他们是我们学院的教学委员会的老师。（SA-C-06）

> 我既自己带有项目，也是我们学部"大创"项目申报与结题的答辩专家组的老师，我们专家组一共 7 位老师组成。我们的答辩就像硕士生开题和毕业答辩那样。是我们 7 位老师对我们学部所有的项目进行评价。（TB-L-10）

"大创"项目是一种以创新创业为特色的项目学习。学生的发展应成为评价的重心。因而，作为项目的参与者的学生和导师应该成为项目结题评审的评价主体之一。因为，对于学生的成长与发展而言，参与项目的学生才是最具发言权的，他们才最能真切判断通过项目自己是否得到了成长与发展，得到了哪些方面的成长与发展，并且也最清楚项目和自身参与项目中还存在哪些不足。导师作为项目的管理者和指导者，也是有发言权的。因为他们是与项目参与学生接触密切之人，不仅了解学生在项目中的成长，也了解学生在项目中的态度、行为和表现。因此，学生和导师理应成为"大创"项目结题评审的评价主体之一。多元主体参与"大创"项目的结题评价，不仅能增进评价结果的有效性，还能提高学生的评价能力。

第四节 "大创"项目育人有效性问题的成因

"大创"项目有效育人存在的问题，其形成的原因必然是多方面的。本节将对"大创"项目有效育人存在的问题的成因进行分析。认知是行为的先导，动力是行为激发与维持的根源，管理则是行为有效的关键。因而，下文拟从认知、动力、管理三个方面对"大创"项目有效育人存在的问题的成因进行分析。通过对田野调研资料的整理与分析以及对"大创"项目有效育人存在的问题进行反思，笔者认为，总体而言，"大创"项目有效育人存在的问题的成因主要来自三个方面：一是教育观念滞后束缚师生的"大创"项目育人价值认知，二是动力机制不完善制约师生在项目中的投入度，三是项目运行管理低效减损项目育人的实际效果。

一、教育观念滞后束缚师生的项目育人价值认知

教育观念是教育行为的先导，师生所持的创新创业教育观念会直接影响他们对待创新创业教育活动的态度与行为。"大创"项目育人存在的现实问题，其成因之一是滞后的教育观念束缚师生对"大创"项目育人价值的认知。具体而言，师生对创新创业教育存在误解、不识"大创"项目的全貌、所持的人才培养观念滞后都会束缚师生对"大创"项目育人价值的知觉，进而影响他们的行为。

（一）对创新创业教育的误解致使师生选择漠视

由于我国的创新创业教育是由政府主导推行的，因而很多高校在开展创新创业教育过程中只是被动地执行政府的政策，而缺乏对创新创业教育进行真正的理性思考。当前，仍有一些高校、教师未能准确把握创新创业教育的本质，将其看成是一种培养企业公司创业者、老板的教育，是针对少部分人的教育，或者是把创新创业教育等同于一些创新创业教育活动，如"互联网＋"大学

生创新创业大赛、"大创"项目、创业课程等,尚未认识到创新创业教育是一种培养全体大学生创新创业能力的教育,是一种健康人格教育、一种能力教育、一种个性化教育、一种终身教育;[①]尚未认识到创新创业教育是一项整体的教育教学改革工程,与专业教育相辅相成,而片面地将创新创业教育理解成表层、枝节性的教育环节,未能充分将创业教育与专业教育相融合[②]。

对创新创业教育的误解和片面认识,致使高校中大部分专任教师并不热衷于创新创业教育,甚至有不少教师认为创新创业教育是辅导员、班主任、创新创业专任教师、创新创业教育学院的事情,与他们无关。这导致不少教师对创新创业教育的参与只是停留于作为一名"挂名"的"互联网+"大学生创新创业教育大赛或是"大创"项目的指导老师,甚至是毫无参与。极少有教师将创新创业教育作为自己的工作之一,去对其进行了解、认识与研究,去思考如何将创新创业教育与自身承担的课程相融合,去思考如何在教育中培养学生的创新创业精神、意识和创新创业能力,去思考如何进行教学创新。因为,他们的主要精力用于发表论文和职称晋升等职业发展事项上了。[③] 此外,对创新创业教育的误解和片面认识也致使不少大学生对创新创业教育的相关活动望而却步,不关注创新创业教育的相关通知、相关活动等,致使他们被动、冷淡对待创新创业教育的相关活动以及"大创"项目。

(二)不识"大创"项目全貌致使师生轻视"大创"项目

1. 不识"大创"项目全貌抑制了师生的参与兴趣

虽然"大创"项目从 2007 年就开始启动,2012 年就在全国的本科高校进行推广,但当前仍然有不少师生对其不甚了解,项目的覆盖面也较为有限。根据国家级创新创业训练计划平台上各省/地区大学生创新创业训练计划 2020年年度进展报告提供的数据可知,2020 年"大创"项目立项数最多的是山东省,国家级、省级、校级项目共计立项超过 3 万项,但即使如此,参与项目的学生占该省在校本科生的比例仍不足 15%。由此可见,"大创"项目在学生中的覆盖面还有待提升。实际上,在具体的实践中,只有部分 985 或是 211 院校的项目立项能覆盖大部分学生,大多高校,尤其是地方本科高校的项目覆盖面还

①王洪才.论创新创业教育的多重意蕴[J].江苏高教,2018(3):1-5.
②牛欣欣.基于区域特色的地方大学创业教育探析[J].教育发展研究,2014(3):56-60.
③王洪才.创新创业教育:中国特色的高等教育发展理念[J].南京师范大学报(社会科学版),2021(6):38-46.

很有限,通常参与项目的学生占比不足15%。调研发现,由于宣传力度不足、项目的覆盖面有限,有不少师生对"大创"项目的了解非常有限,有的甚至不知道"大创"项目,尤其是部分地方高校的大一学生,对"大创"项目毫无了解的也并不在少数。而那些知道"大创"项目的师生,大多也是一知半解,甚至存在误解。

> 我们班好像只有我申报了,大家其实对这个项目并不太了解,虽然学院会发通知,但很多人都不关注的,很少有人会打开那个通知。(SA-D-12)

> 做这个项目之前我对它不太了解,做之后才知道原来就是做科研,开始的时候它叫什么大学生创新创业,我以为是比赛这种性质的,后来才知道它是归教务处管的,是重科研的,无非就是做实验嘛。(SB-Q-44)

> 我当初对大创并不是很了解,就知道我们必须参加,它是我们获得那个创新创业学分的途径,因为学长说要做这个来获得学分。(SG-0-81)

调研发现,对"大创"项目深度了解的师生并不多。即使有所了解,也不深入全面,甚至存在误解,认为"大创"项目就是做课题做科研或是一个创新创业类的比赛,或是一个获得学分的活动等,而对于"大创"的培养目标、理念、原则、内涵与内容、具体管理等的了解与认识甚少,即使是参与过项目的师生对"大创"的认识也不是很深入。显然,师生缺乏对"大创"项目的认识与了解不利于项目的有效育人。师生不识"大创"项目就不会对其感兴趣,不会对其产生情感,也就遑论会积极参与。因为个体行为动机的产生是个体内部需求与外部诱因共同作用的结果。师生不识"大创"项目全貌就不会知道它对于个体成长的功能与价值,也就不了解参与"大创"项目能够满足自身发展的需求。

2."大创"项目的价值彰显不足致使师生被动应对

教育部推行"大创"的目的是"旨在通过资助大学生参加项目式训练,推动高校创新创业教育教学改革,促进高校转变教育思想观念、改革人才培养模式、强化学生创新创业实践,培养大学生独立思考、善于质疑、勇于创新的探索精神和敢闯会创的意志品格,提升大学生创新创业能力,培养适应创新型国家建设需要的高水平创新创业人才"[①]。但当前仍有不少管理者、教师对"大创"

---

①教育部. 教育部关于印发《国家级大学生创新创业训练计划管理办法》的通知[EB/OL].(2019-07-15)[2022-09-19]. http://www.moe.gov.cn/srcsite/A08/s5672/201907/t20190724_392132.html? from=timeline&isappinstalled=0.

的目的不清楚、不了解,将"大创"看成是仅针对少数学生、丰富学生课余生活的一项活动,没认识到它是推进教学改革的契机和载体,没认识到其是人才培养的一部分,没认识到它的育人价值,致使教师不会主动宣传、参与"大创"项目,更不会改革自己的教学以支持项目的育人,甚至会致使管理人员不会主动思考该如何有效宣传、推广"大创",而只是简单地转发上级的申报通知。

(三)滞后的人才培养观念致使教育者无视学生的主体性

1. 以"教师-教材"知识为中心的教学观念致使学生产生依赖性

问题意识、提出问题的能力是学生能独立选题的前提和基础,学生的问题意识、提问能力也是开展创新创业活动的前提和基础。造成大学生问题意识不强、提不出问题的原因是多方面的,但最主要的原因是长期以来的灌输式教育、填鸭式教育以及由此所形成的学生在学习上和思维上的被动性、接受性。当前,高校中不少教师的课堂都有"灌输式""填鸭式"的影子,不少课堂都是教师讲,学生听与记,探究式、研讨式、研究型课堂在大学中仍是极少数,项目式教学等有助于促进学生思考与实践的教学方法也是少数教师在使用。总体而言,当前我国高校的教学仍是以知识传递为主,并且是以传递教材知识为主,也即是教师为中心、以教材知识为中心的教学。这种教学显然不利于培养学生的创新思维、批判性思维和问题意识。长此以往,学生在学习和思维上就形成了依赖教师、被动接受、不求甚解等惯习,从而导致他们在"大创"项目选题时无法独立提出有价值的研究问题,致使学生在项目设计以及在项目开展过程中存在依赖性。

2. 错误与滞后的教师信念致使导师无视学生的主体性

信念指的是个体对于有关自然与社会所持某种坚信不疑的看法,信念一旦确立后,就会给个体的心理与行为产生深远的影响。[①] 教师信念则是"教师自己确认并信奉的有关人、自然、社会和教育科学等方面的思想、观点和假设,是教师内在的精神状态、深刻的存在维度与开展教学活动的内心向导"[②]。吴薇和谢作栩研究发现,高校教师的信念主要有五种类型:传授知识型、面向职业型、发展能力型、发现兴趣型和促进成长型,其中前两种类型更偏重教师中

①俞国良,辛自强.教师信念及其对教师培养的意义[J].教育研究,2000(5):16-20.
②赵昌木.论教师信念[J].当代教育科学,2004(9):11-14.

心取向,后两种更偏向以学生中心为取向,发展能力型的教师信念居中。[①] 大量的研究表明,教师的信念不同,其在教育教学活动中的态度与行为就会不同,所采用的教育方式也会不同,从而导致学生受到的教育影响也不同。[②]

吴薇指出,一般而言"教师中心"取向的教师信念注重知识技能的习得与传承,而"学生中心"取向的教师信念强调学习者的独特性、自主性,注重各项能力的发展和培养。[③] 也即是说,教师信念的取向不同,教师在人才培养中的重心与倾向就会不同。李霞则认为,信念、态度、行为是教师文化的构成要素,并且,信念处于其中的最深层次,影响着教师的教育教学态度与行为。[④] 同样,导师的教师信念不同,他们在"大创"项目育人中的态度与行为就会不同,因而导致他们所提供的学习支架的质量也存在差异,进而使得学生通过项目获得的发展不同。此外,导师的教师信念也会在与学生的互动中不知不觉地影响到学生的态度和行为。

在实践中,部分教师认为学生是一个学习的受动体,不相信本科生能创新创业和开展科学研究,不相信本科生也是一个能够提出问题、解决问题,进行创新创业的主动体,不相信学生具有创新创业的潜能。教育信念和学生观不仅影响他们的课堂教学方法选择,也会影响他们在"大创"项目中对学生的定位、期望和指导方式。在指导项目过程中,持这种教育信念的导师认识不到学生是一个具有主体性的个体,认识不到或不相信学生具有自主、主动与创造性的需求与潜能,更倾向于将学生定位为项目的"执行者"而不是"主导者"。此外,认为学生只是学习的受动体的教师,认识不到"大创"项目的最终目的是要培养与发挥学生的主体性,从而在项目育人过程中忘却、忽视、无视学生的主体性。

二、动力机制不完善制约师生在项目中的投入度

师生在"大创"项目育人过程中的持续性、深度性投入需要完善的动力机制做保障。导师在"大创"项目育人过程中的支持不力、学生在项目育人过程中的互动表面化等问题,除了受到滞后教育观念的影响,还与动力机制不完善

---

① 吴薇,谢作栩.不同类型高校教师信念比较研究:以福建省高校为例[J].厦门大学学报(哲学社会科学版),2012(2):117-124.

② 俞国良,辛自强.教师信念及其对教师培养的意义[J].教育研究,2000(5):16-20.

③ 吴薇.多维视域下的大学教师信念研究[J].江苏高教,2011(6):96-98,129.

④ 李霞.信念、态度、行为:教师文化建构的三个维度[J].教师教育研究,2012(3):17-21.

相关,尤其是受到当前教师评价制度与学生学分制的制约。

(一)"重科研、轻教学"的评价体系降低了导师的育人投入

项目导师的挂名指导、被动指导等,究其原因,从表层看是高校教师工作繁忙,没有时间与精力投入学生的项目指导。与基础教育教师不同,高校教师不仅需要授课,还需要开展科学研究工作与社会服务工作,工作远非像外界所认为的那么轻松、清闲。对于地方院校的导师而言,教学任务一般都比较重,同时又要兼顾科学研究工作与社会服务工作,而对于 985 高校或 211 高校的教师而言,可能教学任务没有那么重,但科研压力却比较重,并且一般都要带研究生,因而可能没有过多的时间和精力投入项目指导。

导师支持不力的深层原因则是高校教师评价的"科研"导向过重。虽然人才培养是高等学校的首要职能,但一直以来我国高校中"重科研、轻教学"的倾向大量存在,教学、培养学生成了教师的"副业",成为教师的"负担"。这种教师评价导向导致部分教师不愿意花费时间与精力在本科生的培养上,更不会主动承担人才培养的相关工作,因为这对他们的考核、职称评价、晋升起不到任何益处。

> 其实对我们大学老师来讲,搞创新创业教育还是不被认可的,因为我们大学对教师的评价主要是科研绩效,这个看你的论文。如果一个大创项目,学生要做得好的话,需要我们老师投入很多的时间和精力在里面的,我就说实在话,如果不搞这个,我早就是博导了。(TB-N-12)

对"大创"项目进行指导、支持、跟进并不是一件易事,需要教师用心、用力,需要教师投入大量的时间和精力,但往往这些时间与精力投入换不来对等的回报,因为大多数"大创"项目的输出成果都难以达到助力教师职称评定的要求。因而,基于"经济性"的考虑,不少教师就缺乏主动指导的动力,选择等待学生主动来寻求指导与帮助。

(二)学分制失灵压缩了学生自由学习与探索的时间

大学生创新创业能力的形成需要学生有充足的自主学习与探究时间,因为创新创业能力是在活动中生成的。但当前我国大学生的自主学习时间普遍较少,他们不仅每个学期都要修习很多课程,还需要参加各种各样的活动,当然还需要进行娱乐休闲。有学者统计发现,当前我国大多数精英大学的本科生四年至少要修完 50 门课程方能满足最低毕业要求,平均每位本科生在大学

前三年每学期约要修习 8～10 门课程,修习双学位的学生每学期要修习的课程门数可达 11～14 门。[①] 这远高于国外精英大学本科生修习课程的数量。实际上,我国其他类型高校的本科生要修习的课程同样数量众多。这使得学生课外自主学习与探索的时间大大减少,进而导致自主探究面临着更多的挑战。[②] 课程修习的数量与具体安排主要是由学分制决定的,可见,当前我国大学的学分制存在着严重失灵问题,压缩了学生自由学习与探索的时间,这显然不利于学生创新创业能力的发展。

> 我们是满课的,就没有时间去做实验,这个学期有 16 门课。每天早上下午晚上都有课,除了星期二下午是统一不用上课,其他时间段都是满课的,我从大一开学就这样了,周末也要上课的那种。(SA-K-33)

> 我们的课很多,因为我们的课都是在前三年要修完嘛,基本每个学期都有十几门,现在大三课更多,然后基本每门课都有不少的作业,此外还有很多活动,还有各种讲座要被抽去听。很多时候我们也想做项目,我们导师也催我们,但真的是"心有余而力不足"。(SC-0-57)

> 如果从问题的角度来看,主要是学生的时间精力不够,一方面是专业课程太多,另一方面是学生活动太多,就感觉他们到这里不是来读书的,是来搞活动的,各种各样的活动,时间精力不够嘛,每天都疲于奔命一样,那他们怎么有时间来思考,来做这个事情。(TD-X-15)

实践中,由于学生的课程太多,活动太多,他们往往没有过多的时间和精力投入"大创"项目,使得项目推进拖延或是在项目中投入不足,或是在临近项目结题时才匆忙开展项目任务。而本科生的课程修习数量与课程安排是由学分制所决定的。

三、项目运行管理低效减损项目育人的实际效果

"大创"项目有效育人需要科学、有效的项目管理为保障。"大创"项目有效育人在输入、过程、结果端存在的问题,除了受到滞后教育观念的影响与机制不完善的制约,还与项目运行管理低效密切相关。

---

① 丁洁琼.减负与加压之间:本科课程数量的变迁:学分制是如何失灵的?[J].清华大学教育研究,2020(3):129-139.

② 丁洁琼.减负与加压之间:本科课程数量的变迁:学分制是如何失灵的?[J].清华大学教育研究,2020(3):129-139.

（一）专职管理人员配备不足致使项目育人管理有心无力

管理者是"大创"项目育人的重要利益相关者,扮演着决策者、规划者、"总设计师"、资源提供者与环境营造者等角色。因而,管理者的配置与质量事关"大创"项目的育人有效性。调查发现,高校中创新创业教育的专业、专职管理人员配备严重不足。在大部分高校中,"大创"项目校级层面的管理仅由一名工作人员负责,并且这个管理人员通常都不是专职负责管理"大创"项目,而是要身兼数职。在学院层面,多是由一名辅导员直接管理"大创"项目,同样,这一辅导员也需要同时负责与学生相关的多项工作,如学生资助、宿舍管理、学生毕业就业管理、学生党建等工作,"大创"项目管理仅是其工作的一小部分。

> 学校每年立项近1800项"大创"项目,只有我一个管理人员,我还要负责学科竞赛、"互联网＋"大赛等诸多工作,实在是没有那么多的时间和精力去想、去创新,只能按部就班。（MG-08）

> 我们学校成立了创新创业学院,但学院就两个人,我是院长,还有一个老师,全校的创新创业教育活动都由我们负责,工作太多了。（MD-05）

由于工作繁多,管理人员对"大创"项目的管理有心无力,缺乏时间与精力去思考如何进行有效管理,更无力思考如何才能扮演好"大创"项目育人的决策者、规划者、"总设计师"、资源提供者与环境营造者的角色,更不会创新管理方式,促进"大创"项目的育人体系构建,仅能按部就班、程序化地开展工作,甚至应付式地完成管理工作。

（二）管理制度脱节与低效致使管理效果有限

"大创"项目作为一项基础性的创新创业人才培养工程,其育人有效性离不开强意义层面的管理制度的规范、约束与引导,需要高校设计系统的管理制度与机制。教育部《关于做好"本科教学工程"国家级大学生创新创业训练计划实施工作的通知》中指出,"各高校制定本校大学生创新创业训练计划学生项目的管理办法",教育部印发的《国家级大学生创新创业训练计划管理办法》中同样指出,各参与高校要"制定本校大学生创新创业教育管理办法"。在实践中,各参与高校也相继出台了系列"大创"项目管理办法,如七所案例高校都出台了本校的"大创"项目管理办法、本科生创新学分认定办法等管理制度等。纵使如此,"大创"项目育人的管理制度乃至创新创业教育管理制度的建设并不具有彻底性与充分性。大多高校的创新创业教育制度、"大创"项目管理制度建设都只是停留在小范围、局部性的层面,尚未融入学科专业、人才培养的全部过程。总体而言,当前我国高校的创新创业教育制度设计、"大创"项目育人管理的制度设计还停留于表层设计,尚未深入人才培养、教师评价的内部。这就容易导致"大创"项目育人与专业教育、人才培养的第一课堂相脱节、相分离。

此外,当前我国高校的创新创业教育模式是行政强制驱动型的,这种模式下的管理制度设计能提高创新创业教育的推广与实施效率,但是这种行政强制驱动的制度设计逻辑也会衍生各种问题,如各职能部门、学校管理与二级学院管理之间的职能分割与扯皮、数量与效率至上等,这些问题会严重抑制二级学院的创新创业教育改革与教师、学生参与创新创业教育活动的自主性、积极性、能动性与创造性。[①] 作为创新创业教育体系的重要组成部分,在这样的制度设计下,"大创"项目的育人有效性必然会受到制约。

(三)简单化管理的普遍存在削弱了师生参与项目的积极性

1. 简单化的项目启动宣传难以激发师生的项目内驱动力

"大创"项目育人的第一环节是项目启动,项目如何启动事关师生对"大创"项目的认识以及学生的项目参与动机。因而,"大创"项目的启动需要管理人员精心策划,运用各种宣传手段来加强广大师生对项目的认识,激发广大师生的参与动机。但实践中,大多高校对"大创"项目的启动宣传并不重视,一般都是在教育部与教育厅下发项目申报通知后,采用转发申报通知的形式来启动项目,告知师生"大创"项目申报开始了。

> 我们一般是在教育厅下发了项目的申报通知后,通过校园 OA 向各个学院转发"大创"项目的申报通知,同时让各个学院的负责人将通知转发到各个班级,通知大家申报。(MD04)

> 当时是学院创新创业教育部的同学将学校的申报通知转发到我们班群,然后学习委员在群里和大家说了一下。不过应该很多人都没注意到这个申报通知,因为班级群里每天信息很多,有很多同学也不注意看班级群里的消息。(SA-K-35)

一般来说,学校教务处或是学工处会将学校的申报通知转发至各个学院

---

①杨冬,孙士茹.内涵式发展视域下大学创新创业教育的困境审视与路径选择[J].黑龙江高教研究,2021(7):96-102.

负责"大创"项目管理工作的人员，再由学院管理人员将通知转发至各个班级，通知学生申报。然而，由于通知过多，发布在班级群里的通知很容易被学生忽略，有的学生对学院或是班级所发布的通知不甚关心，因而采用这种"通知"的宣传方式，项目启动的效果并不理想。此外，通知往往需要打开看才知道具体的内容，这也会影响项目启动的效果。实际上，简单化的通知宣传，不仅无法让师生认识"大创"项目的真容、认识该项目的价值，反而可能会让学生觉得"大创"项目是不受学校重视的一个项目，更遑论激发师生参与"大创"项目的内驱动力。

2. 被动管理减弱导师对学生主体性培育的热情

部分高校在组织申报"大创"项目时给予学生选题的时间过短，也会影响学生独立选题，降低导师的指导热情。实践中，有部分高校在实施"大创"项目时较为被动，需要等待教育部、教育厅下达项目申报通知后才启动"大创"项目的申报工作，在组织申报中由于管理效率不高，落实到学院组织申报又要耗费一些时间，留给学生进行选题和撰写申报书的时间不足。例如，调查发现，案例高校 A 从发布申报通知到二级学院要求学生提交项目申报书的时间间隔仅一个星期。也就是说，学生从知道要申报"大创"项目这一事件到他们完成申报书提交申请仅有一个星期的时间。这对于初识"大创"，缺乏科研经验、创业经验的大学生而言，要选出一个优质的项目题目是极具挑战性的，其难度也是极大的。这一管理不足不仅会劝退不少有申报意愿的学生，还会抑制学生选题的独立性，导致学生依赖导师直接给予他们项目题目，因为这样最省事最保险；而部分指导教师也会因此而选择直接将项目选题给予学生，因为没有足够的时间让学生去思考、去试错，直接将项目选题给予学生成为一个"无奈的最优解"。

（四）导师队伍建设机制不健全致使优质导师缺乏与导师职责模糊

1. "大创"项目的导师选聘机制尚未建立致使良师无处寻觅

"大创"项目要有效育人需要良师陪伴，而良师是需要寻觅或配备的。但当前大多高校都尚未建立起"大创"项目的导师选聘机制，尚未构建起项目导师库以供学生选择。这一方面导致"大创"项目的导师参差不齐，另一方面导致项目团队在选择指导教师时无从下手，难以选择到适合项目团队的导师。因为有不少学生对项目导师是缺乏了解的，不知道导师的具体情况。此外，导师也无法有效了解项目团队。良师的缺乏以及导师与项目团队的不匹配都可能损害导师支持的质量,进而削弱学生基于项目获得的发展。

> 我觉得不足的是我们学校"大创"项目指导教师队伍不够正规。许多同学想参加"大创"项目,但是他们不清楚去哪里找项目指导老师。(SA-C-10)

2. 指导质量缺乏评价致使导师的项目育人责任不明

导师对项目团队的支持与指导是"大创"项目有效育人所必需的,但实践中有不少导师存在被动指导、挂名指导的情况。造成此问题的原因是多方面的,而缺乏对项目指导教师的指导质量进行评价是其中的一个重要原因。当前,在对"大创"项目进行管理中,绝大多数高校都不会对导师的指导质量进行评价。这使得导师对项目的指导与投入成为一种依靠教师自觉的行为。但由于人的"逐利"属性,在"重科研、轻教学"的教师评价体系下,仅依靠教师的自觉行为难以保障项目团队得到所需要的导师指导与支持,从而就可能出现导师"挂名指导"、被动指导与指导不足等问题,进而影响导师支持的质量,最终也将阻碍学生的发展。

> 我们没有对导师进行评价,也没有关于优秀导师的评选,因为这个很难评,很难操作。谁来评呢? 让学生评吗? 学生很多时候是不敢说真话的。另外,如果对导师进行评价的话,在评价结果不能与教师的职称、晋升、薪酬等进行挂钩时,评价也是无效的,但如果要挂钩,这个牵动的东西很多。所以这个很难搞。(ME06)

如同被访者 ME06 所言,要对项目指导教师的指导质量进行评价确实是一件难事,如同对教师的教学评价一般,是很难操作的。此外,这一评价体系的建立还牵一发而动全身,需要整个教师评价体系进行改变,可谓难上加难。

3. 现有的激励举措尚难以调动导师的积极性

激励是调动个体行为积极性与行为方向的手段。要保障导师支持质量,可以通过构建激励体系来实现。虽然不少高校也积极探索与构建项目导师的激励体系,例如将项目指导工作计算为教师的教学工作量、评选年度优秀项目指导教师、对通过项目结题的项目导师给予奖金奖励等,也有部分高校将教师的指导绩效与教师的职称评定、晋升等进行挂钩。但整体而言,目前对项目导师的激励还难以调动教师的积极性,导致导师被动指导、挂名指导等问题的出现。

> 学校对我们创新创业导师的奖励是对"互联网＋"比赛的,比赛获奖会有一个奖励。但是对"大创"项目的指导老师还没有,这个是要改善的。

（TA-0-08）

有很多老师不愿意投入的一个点，就是指导"大创"项目对老师来说就是一个义务工作，他没有收获很多。（TB-0-13）

目前学校对"大创"项目指导的一个激励是有工作量的计算，但是学校计算的时候，你会觉得它不是一回事。比如指导一个项目给你18分的工作量，一个一分（工作量）大概有30块钱吧，其实是很少的，因为这个要指导得好需要教师投入大量的时间和精力，然后学校又没有对指导教师进行评价，只要是有项目指导就可以，就是说你指导和不指导都是一样的18分。（TD-0-17）

激励的举措要想取得好的激励效果，需要能满足个体的需要。"效价—手段—期望理论"认为，对个体的激励力取决于个体对行为结果的价值评价和其所对应的期望值的乘积，用公式表示则为：激励力 M(Motivation)＝期望值 E(Expectancy) * 效价 V(Valence)，其中期望值指的是个体基于已有经验判断自己达成某种目标的可能性，即达成目标的概率，效价则指的是所能达到的目标对满足个人需要的价值。[1] 根据该理论，对项目导师的激励要想取得好的激励效果，一方面需要确保项目导师有能力完成项目指导任务，一方面需要在项目导师完成项目指导任务后给予能满足他们需要的奖励。因而，要构建项目导师或者说要建立创新创业教育导师的激励体系，就需要针对教师的需求来制定激励举措。对于大多数高校教师而言，职称评定、薪酬与自我实现等都是他们所需要的，因而，要想激励有效，激励的举措就应该与教师的职称评定、薪酬和他们的自我实现等挂钩。

---

[1] III E，SUTTLE J L. Expectancy theory and job behavior[J]. Organizational behavior & human performance，1973(3)：482-503.

第五章

"大创"项目有效育人的分类探索

虽然"大创"项目育人存在诸多问题,但仍然有部分高校与教师在积极探索"大创"项目有效育人的方式,并取得了系列成功经验。分析提炼众多案例成功经验背后的共同之处,一方面可以验证此前提出的"大创"项目育人有效性的生成逻辑,另一方面可以为提升"大创"项目的育人有效性提供参考。

前文基于项目育人过程中学生主体性发挥的程度,将"大创"项目分为"导师主导型""师生协作型""学生自主型"三类,从理论上对这三类项目进行了探讨。那这三类项目在实践中的样态是如何的呢?实践中,三类项目育人过程如何?有何特点?育人效果如何?学生、导师与管理者在三类项目的育人过程中做了什么、如何做的、起到了什么作用,形成了什么样的育人效果?这些问题是本章所关注和希冀解决的。为解决这些问题,本章将采用案例分析法对实践中三类项目有效育人的实践探索进行解析。

要进行案例研究首先需要选择合适的案例,目的性与典型性是案例研究选择样本的重要原则。其中,目的性即要依据研究需要,聚焦研究问题来决定应该选择什么样的案例样本;典型性即指所选择的案例样本对于所研究的问题要具有一定的代表性,能够充分反映出研究背景、事件、因素与关系等。①此外,数据可得性与易得性、成本、可追踪性、异质性等也是案例样本选择的原则。本章在选取案例样本进行分析时,主要从以下几个方面进行考虑:第一,样本的目的性。本章的研究主题是"导师主导型""师生协作型"与"学生自主型"三类项目的实践样态与有效育人的共同经验。因此,案例样本的选择首先要能有助于了解三类项目的实践样态以及它们有效育人的经验做法。第二,

---

①付永刚.复杂产品系统的研发团队有效性研究[D].大连:大连理工大学,2013:58-59.

样本的典型性。本章聚焦三类"大创"项目有效育人的实践探索,因而,样本选择的标准要符合"三类项目"和"有效育人"这两个关键点。第三,数据的可得性与易得性。第四,样本的异质性。选择具有异质性的案例进行分析可以提高案例研究结论的效度。

基于上述原则,我们选择项目团队 GAA01 为"导师主导型"项目的案例对象,选择项目团队 GET18 为"师生协作型"项目的案例对象,选择项目团队 GBN12 为"学生自主型"项目的案例对象。同时,基于"输入—过程—结果"分析框架以及第三章中所提出的"大创"项目育人有效性的生成逻辑等对案例对象进行描述与分析。具体而言,在单个案例项目的育人实践描述中,主要从项目团队构成、项目参与动机、项目设计这几个方面来了解案例项目的输入,从项目的推进来认识项目的过程。此外,通过对案例项目的育人效果进行评价分析,以了解案例项目的"结果"。在此基础上,基于"大创"项目有效育人的生成逻辑来分析案例项目的育人特点。在多案例的比较分析中,同样基于"输入—过程—结果"分析框架以及"大创"项目育人有效性的生成逻辑进行分析。拟通过对单个案例以及多个案例的对比分析,以验证与丰富本书的理论基础并挖掘"大创"项目有效育人的成功经验。

第一节 案例 1:"导师主导型"项目育人实践探索

"导师主导型"项目指的学生作为一名"从游"者跟随导师进行学习与开展项目任务实践的项目,项目运行以导师为主导。在第三章中,我们对这一项目类型进行了理论探讨。本节将通过对案例项目团队 GAA01 的育人实践探索进行描述与分析,以深入了解"导师主导型"项目的育人实践样态与成功经验。

一、"导师主导型"案例项目育人实践描述

(一)案例项目团队 GAA01 的基本概况

项目团队 GAA01 由四名 2017 级小学教育专业学生构成,这四名学生同为案例高校 A 中卓越班的学生,学校为该班级的每名学生都配备一位校内学业导师与一位校外学业导师,该项目团队的导师则为其中两名成员的校内学业导师。他们在大一第二学期,即 2018 年春季申报了"大创"项目的创业实践

类项目,项目名称为"萌芽亲子实践培训中心",项目获得省级立项,项目实践期限为两年。学校在创新创业孵化园为他们提供了场地。该中心在项目团队与导师的共同努力下实现了盈利,研发了"我的叶子小屋""神奇的水宝宝"等系列儿童 STEM 课程,并形成了较为稳定的生源。项目在两年后按时结题,并在结题评价中获得"优秀"。

(二)在学业导师的建议下申报项目

项目团队 GAA01 申报"大创"项目主要是源于学业导师的建议与充实大学生活的自我需求。

> 当时学院发了那个申报通知后,我的导师找到我们,她建议我们申报,她说她以前带的学生都申报的,做这个会有很大的收获。我想着进入了大学,肯定要做一些活动来充实和锻炼自己,当时我导师跟我们说了一下她的想法,我听了很感兴趣,这就是参与的初衷。(SA-A-01)

(三)项目选题源于导师的提议

项目团队 GAA01 的项目选题源于导师 TA-A-01 的提议。在学生确定申报"大创"项目后,导师 TA-A-01 将自己一个想法向学生提议,得到了学生的一致响应与认同。"当时导师跟我们说可以在学校里办一个幼儿绘本阅读和科学探索的机构,因为我们学校里有很多小孩,而我们学校里和学校周边没有这样的机构。当时听了老师的想法,我们都觉得挺好的。"(SA-A-02)可见,该项目的项目设计是以项目导师为主导,选题主要是项目导师的想法。"我们那时候没有什么想法,都是由老师牵着我们走的,指导老师帮我们确定了这个选题。"(SA-A-01)

(四)在导师的"手把手教"下一步一步推进项目

项目立项后,项目团队 GAA01 继续在导师 TA-A-01 的带领下推进项目,尤其是在项目运行的前期,基本上是导师 TA-A-01 通过"手把手教"的方式指导项目的推进。项目立项后,导师 TA-A-01 带领项目团队开展"萌芽亲子实践培训中心"的成立事宜。

> 我们首先要办营业执照,老师让我们先在网上查流程以及要用到的资料,后来她又跟我们说了具体流程,还问我们需不需要她开车送我们去办理。(SA-A-01)

　　开始的筹办阶段特别的难，我们中心什么都没有，也没有经费，总的来说就是一无所有。当时我们学院搬办公室，李老师就帮我们跟学院说让他们把不要的桌子、椅子还有好多书籍给我们。另外，老师还帮我们联系到了一个绘本馆老板，说服他把一批书放在我们中心。（SA-A-02）

中心成立后，项目团队 GAA01 开始设计活动与招生宣传。他们的活动主要包括绘本阅读活动、户外亲子活动、科学探索活动、节日特色教育活动等。在这些活动的设计与实践中，导师 TA-A-01 给予了项目团队全方位的支持与帮助。

　　老师建议我们开拓校外市场，还帮忙联系了一些校外的幼儿园，我们给这些幼儿园搞活动，我们开始慢慢有了户外拓展。后来，她又建议我们做儿童 STEM 课程。（SA-A-02）

　　他们做的是科学探索的那种萌芽亲子培训，就是带小朋友去探索科学东西。我就帮他们把关和找课程。因为科学操作这些他们那时还不太懂，所以我要带的东西会比较多。此外，课堂调控也是一个问题，孩子一多，他们就有点管不住，所以基本上每一次有课我都会跟着，每一次课前我都会帮他们先看过设计，跟他们讨论这个课怎么上。那时他们赚不到钱，很难，快要做不下去了，我就说万事开头难，鼓励他们，我还帮他们联系幼儿园，还有帮他联系那些房地产开发商等。（TA-A-01）

在团队成员掌握了基本的课程开发与设计，掌握了活动设计的方法，懂得如何洽谈合作后，项目导师 TA-A-01 选择了放手，让团队自行探索。

　　到后来慢慢地他们摸到课程开发和设计的路径了，也懂得主动去跟幼儿园或者是跟那些商家联系怎么去做活动了，前面带他们的时候是很辛苦的，后来带多了后，他们就都上手了，上手了就基本上都不用我去操心了。（TA-A-01）

二、"导师主导型"案例项目的育人效果

总体而言，参与"大创"项目促进了项目团队 GAA01 成员的专业能力发展、创新创业能力发展、综合素质提升与"大创"项目的认同度。参与项目对 GAA01 成员的具体影响见表5-1。

（一）显著满足的成就感

项目团队 GAA01 成员 SA-A-01 与 SA-A-02 均表示，参与该项目让他们

体验到"满满的成就感"。当项目形成阶段性成果或里程碑时,或项目最终完成时,学生体验到了愉快和成功的感觉。这说明参与项目的收获实现了学生的愿望,满足了学生的尊重需要与胜任需要。

（二）显著提升的专业能力

项目团队 GAA01 成员 SA-A-01 与 SA-A-02 均表示,参与项目让他们学会了如何设计、实施与评价科学活动课程与绘本阅读课程,收获了很多教育教学方面的相关知识,显著提升了他们的专业知识与专业技能。可见,"导师主导型"项目能有效促进学生的专业技能提升与专业知识的学习与收获。这类型项目基本上都是在导师的"牵引"下进行选题,大多都会基于自身的专业背景进行选题,而这类项目的导师多是参与学生的任课教师或学业导师,团队成员也多是同班同学。因而,项目的选题大多都与专业密切相关,可以说,项目的开展过程也是专业学习的过程。所以,学生参与项目后能促进其专业技能、专业知识的发展。

（三）显著发展的沟通合作能力

参与项目还使学生的沟通合作能力得到显著发展。在项目推进的每个环节,都需要进行团队内沟通以及团队外沟通合作,这有效锻炼了学生的沟通合作能力。此外,学生通过参与项目更加明晰了自己的未来规划或提升了自己的创新能力。但行动筹划能力、果断决策能力、把握机遇能力、防范风险能力、逆境奋起能力这五个创新创业能力的子维度的发展不明显。这可能是由于"导师主导型"项目的运行过程是由导师主导的,学生在项目中较少需要独立进行决策,他们更多的是扮演任务的"执行者",从而制约了他们的行动筹划能力、果断决策能力发展。此外,由于导师对项目的及时把控以及在学生遇到困难时及时提供帮助甚至是"兜底",致使学生的把握机遇能力、防范风险能力、逆境奋起能力等没有得到过多的锻炼。

（四）再次申报的意愿与行为

成员 SA-A-01 与 SA-A-02 在项目 GAA01 结题后均再次申报了"大创"项目。此外,他们还在与师弟师妹的交往中主动推介"大创"项目。这说明,参与项目 GAA01 的经历让学生对"大创"项目的认同度得到了提升,使学生产生了主动申报项目的内部动机。

（五）项目团队所创立的中心成了学院的校内实践基地

在项目结题后，项目团队 GAA01 将该中心转交给师弟师妹们运营，现今，该中心仍在运营，并成为案例高校 A 小学教育与学前教育两个专业的校内实践基地，项目 GAA01 也得到了一次次的升级与完善。

表 5-1 "导师主导型"案例项目结果有效性的编码过程与证据示例

二阶主题	子主题	相关引文证据举例
专业能力	专业技能	教小孩的能力，比如怎么去批评他们，怎么去教育他们，怎么设计科学课程等这些是最明显的。（SA-A-01）
	专业知识	大一我们连教学法是什么都不知道，顶多就普通话好一点，做了这个项目就要去学很多相关知识。（SA-A-02）
创新创业能力	沟通交流能力	我负责外联，我觉得沟通能力有了很大的提升，语言表达也更丰富，知道如何更高效地与人沟通，抓住别人的心理特征，更好地表达出来。（SA-A-02）
	冲突处理能力	我和成员，我和老师之间这个分歧点也能更好地处理，就是学会了与他人有分歧时应该怎样去发表自己的意见。（SA-A-01）
	合作能力	做这个你必须学会与人合作，和团队的伙伴，还有我们的客户合作，我觉得这方面锻炼也挺多。（SA-A-02）
	创新能力	跟着大家设计活动和课程多了之后，大家创意多，做了很多活动以后，发现自己的新点子也变多了。（SA-A-01）
	目标确定能力	做"大创"之后，我对自己的未来有了更加明确的目标。（SA-A-02）
科研能力	写作能力	我还负责我们中心的宣传，经常要写推文，觉得自己的写作能力也提升了不少。（SA-A-01）
	研究能力	我以后去学校工作，学校突然给我一个像这样研究的课题，我肯定知道能从哪方面入手，怎么设计问题，到底是实证，还是说从数量上研究的，我就可以很清楚明白，再从这方面找资料，不像原来研究的时候，这方面还一头雾水。（SA-A-01）（SA-A-02）
	资料收集与查阅能力	在收集资料、查阅资料、与人社会交际的能力这一方面，都有很大的提升。（SA-A-01）（SA-A-02）

二阶主题	子主题	相关引文证据举例
综合素质	情绪调节能力	我有点急躁,做了项目后我觉得能更好地控制自己的脾气。(SA-A-01)
	自信心	我觉得对自己自信心的提升也有很大的帮助。(SA-A-01)
	收获成就感	我们那个店最后挣钱了,就觉得很有成就感。(SA-A-01)
	发展友谊	认识了一些朋友,还有团队的几个我们现在关系都很好。(SA-A-01)(SA-A-02)
"大创"项目认同感	自主推广	我后面做了班助,我会建议师弟师妹们去申报这个项目,因为我自己做过,收获很大,这种收获和做班干、学生干部那种是不同的。(SA-A-01)
	再次申报	我完成了项目后,在大三的时候又申报了一个"大创"。(SA-A-01)(SA-A-02)

三、"导师主导型"案例项目的育人特点

对案例项目团队 GAA01 的育人实践过程进行分析发现,其呈现出导师主导的项目推进,外部驱动为主的参与动机,民主领导与充分合作的团队互动,系统性的导师支持等特点。

（一）导师主导的项目推进

从图 5-1 可知,在项目启动阶段,导师提出"申报'大创'项目"的建议得到了学生的响应,促成了学生申报项目。在选题阶段,由于学生"没有想法",导师为他们提供了选题并得到了学生的赞同,项目得以立项。立项后,项目进入创业实践阶段,在项目开展的早期,由于没有相关的经验和知识、理论基础,学生依然"没有太多的想法",为了防止项目就此停滞不前,导师对中心的业务进行建议与策划,并"手把手教"学生如何开发课程与实施课程,学生则在导师的"手把手教"下学习与行动。通过导师的"手把手教"以及自身的"做",学生慢慢掌握了科学课程等课程的设计原理与课程实施要领。因而,在项目开展的后期,学生尝试自主策划活动、设计课程与开展相应的实践,教师则开始由原来的"手把手教"转向为学生提供指导、支持,并监督项目的进程。在项目结题阶段,学生的自主性得到进一步提高,导师在结题材料的整理、结题的汇报

PPT 制作方面给予了大量的建议,同时监督他们的项目进展。

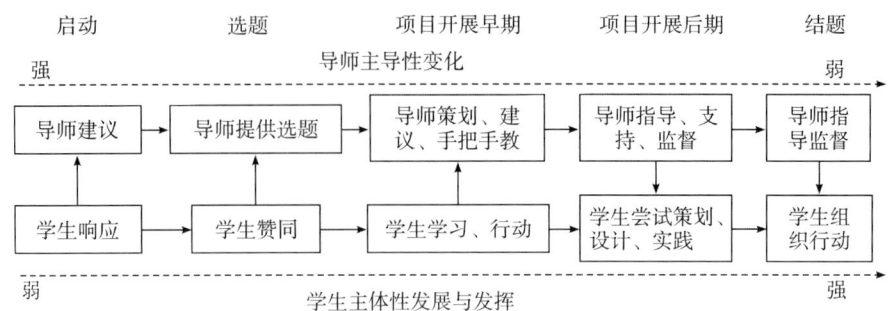

图 5-1 "导师主导型"案例项目的育人过程

从案例项目团队 GAA01 的运行过程看,"导师主导型"项目的运行是一个学生主体性发展与发挥逐渐增强,而导师主导性逐渐减弱的过程。在项目的启动、选题和任务执行的早期阶段,由于学生尚处于大一,对"大创"项目、对创新创业尚未建立深度的了解,也不具备独立开展"大创"项目和进行创新创业活动的知识基础与能力基础,因而,由导师主导了项目的运行。导师的这种"主导"是必要的。在项目运行的前期,学生通过观察导师的思维、行为,通过"从游",通过导师的"手把手教",慢慢掌握了开展项目所需要的知识、技能,也通过切实体验对"大创"项目以及自己所做的项目有了更深的认识与了解。此外,导师"手把手教"所形成的阶段性成果也让学生体验到了一定的成就感。根据自我决定理论的观点,知识、技能的掌握与成就感的体验以及对项目认识的加深,都有助于将学生参与项目的外部动机转化为内部动机。因而,在项目进展的后期,学生开始独立开展活动,导师的主导性也随之变弱,指导的方式也开始转变。不过,在整个过程中,导师一直都扮演着"监督者"的角色,可见,即使是在项目的最后阶段,学生的自觉性、主动性也尚未让人满意。

(二)外部驱动为主的参与动机

学生主体性发挥首先体现于他们参与"大创"项目的动机。分析发现,案例项目 GAA01 的学生参与"大创"项目主要是因为学业导师、班主任的建议,尤其是学业导师的建议,学生的动机情况具体见表 5-2。

表 5-2 "导师主导型"案例项目学生参与动机的编码过程与证据示例

二阶主题	子主题	相关引文证据举例
外部驱动	导师建议	当时学院发了那个申报通知后,导师找到我们,让我们积极去参加申报,她说她以前带的学生都申报的,让我们做这个来充实自己、锻炼自己。(SA-A-01)
	班主任建议	我们班主任也用了很多的心血来鼓励大家去申报。(SA-A-01)
	获取竞争优势	我拿的奖励都是校院级的,校级的比较少,区级的没有,为了以后就业,我是希望能够通过大创使我的简历上增添几笔比较出彩的内容。(SA-A-02)
内部驱动	获得成就	在大学期间想要有一点成就,就是给自己留一点成绩。既然老师说做这个能锻炼,那就做喽。(SA-A-01)
	充实自我	听了老师的介绍,自己就想做一些事情来充实自己、锻炼自己。(SA-A-01) 刚好我们是大一,就是想有一个冲动力,或者说在大学里想找一个事情做。(SA-A-02)
	锻炼能力	如果申请到大创的话,还可以锻炼我自己的能力。(SA-A-01)

　　综合分析案例项目 GAA01 的成员背景可知,该团队成员当时处于大一,对"大创"项目尚不了解,对学业生涯也多没有明确的规划。学业导师对"大创"项目的推介使他们认识了"大创"项目的价值,而这种价值正好能满足他们充实自我、锻炼能力、获得成就感的内部需求,从而让他们产生了参与项目的动机。此外,来自学业导师或任课教师的建议与希冀也强化了这种动机。这是因为教师既代表一种权威,又是学生学习与成长的重要他人,教师的建议就会让学生产生一种不可抗拒的信念,而教师的希冀又让学生体验到了一种来自重要他人对自己的重视,满足了他们尊重的需要。可见,对于低年级的大学生或者对"大创"项目知之甚少的学生而言,教师对"大创"项目的推介以及申报建议或希冀,对学生申报项目意愿与动机形成至关重要,但这时学生的参与动机还是以外部动机为主。而根据自我决定理论的观点,当外部环境能满足个体的自主、胜任、关系的需要时,外部动机就能够内化为内部动机。[①] 因

　　①RYAN R M, DECI E L. Self-determination theory and the facilitation of intrinsic motivation, social development, and well-being[J]. American psychologist, 2000(1):68-78.

而,在"导师主导型"项目的育人过程中,导师要通过创造条件让学生体验到自主、胜任与关系,以促进参与项目的外部动机向内部动机转化。

(三)民主领导与充分合作的团队互动

分析发现,"导师主导型"案例项目在团队协作方面具有民主领导、充分合作的特点(具体见表5-3)。在团队的领导方面,首先,案例项目团队的领导在学业方面表现良好,并且具有个人魅力,得到团队成员的一致认可。其次,在团队管理与领导方面采用"民主型"领导方式,能与成员协商,能结合成员的特点、特长与需求来分配任务,不会以命令的方式让成员开展工作等。在冲突处理方面,案例项目团队遇到的冲突多为认知方面的,对于这种冲突,团队会通过情感宣泄或情感联络的方式来处理,例如组织大家相互吐槽、一起吃饭、一起短途游玩等。在团队互动方面,案例项目团队能明确分工又能积极合作,能"有活一起干",又能保持密切沟通。

表5-3　"导师主导型"案例项目团队互动编码过程与证据示例

二阶主题	子主题	相关引文证据举例
团队互动	合作	开店时准备材料就不用说了,一天一天去拉。还有一个那种秋游活动的资料材料准备啊,那个宣传也是我们亲力亲为;还有课程设计,我们也是一起搞。(TA-A-01)
	分工	组长负责统筹、规划还有具体的任务分配,我主要负责宣传还有一些杂活,另外一个女生主要负责课程创设和财务管理,男生负责外联和重活、安全管理。(TA-A-02)分工结合了每个人自身的优点或者长处,或者他之前接触过什么样的活动,然后再跟大家商讨可不可以。(TA-A-01)
	密切沟通	我们基本天天都在店里见面,有什么都会说。(TA-A-01)
团队领导	领导方式	总体上我们都是一起商量,组长不会说命令我们做事情,就是大家一起商量。(TA-A-02)我们基本上是每做一件事情,老师或组长会跟大家一起开会协商,看一下行不行。(TA-A-01)
	冲突处理	主要是想法方面的冲突,还有店长觉得我们有时候太懒散了,就感觉什么他都揽在自己身上做,她就觉得压力很大。后来我们就是一起出去happy一顿,然后就好了。(TA-A-02)不愉快肯定有,组长会组织我们吐槽,然后喝个甜品,或者去吃个饭,就没什么事了;最难的时候就是出去兜个风,这样就会好很多。(TA-A-01)

（四）系统性的导师支持

分析发现，"导师主导型"案例项目的导师支持是一种系统性的支持（具体见表5-4）。从"大创"项目启动到项目结题，也即在项目育人的全过程中，项目导师都给予了指导与支持。此外，分析发现，该类型案例项目的导师指导不仅有具体技能方面的指导，如在课程设计方面提供"手把手"的指导，还有心理/情感方面的支持，如在项目团队士气低落时给予鼓励与安慰等并积极为他们的困境寻求解决方案；此外，还有各种资源方面的支持，如客户资源支持等。可以说，只要学生有需要，项目导师就会给他们提供指导与支持。

表5-4 "导师主导型"案例项目导师支持编码过程与证据示例

二阶主题	子主题	相关引文证据举例
指导形式	具体技能指导	比如开题报告，她会跟我说应该从哪一方面写，会一点点教我怎么改。还有结题的时候，做那些PPT她也帮看。（SA-A-01）
	心理/情感支持	当时她们第一个最大的挫折就是招生，招不到生源，我就鼓励他们说万事开头难。（TA-A-01）
	资源支持	像家里面那些用不着的冰箱、空调扇等全部扛过去给他们用了；当时我就很努力地去帮他们去联系那些幼儿园、房地产开发商等。（TA-A-01）
指导特征	指导强度	基本上每一次有课我都会跟着，每一次课我都会帮他们先看过设计，跟他们讨论这个课怎么上。（TA-A-01）
	指导目的	一方面，我们学业导师有这个责任，另外我觉得指导他们也是一个教学相长的过程，自己也要去学很多东西；看到学生成长，自己也是有成就感的；此外，这个也是我们的职责。（TA-A-01）
导师角色	启动者	当时学院发了那个申报通知后，导师找到我们，让我们积极去申报，她说她以前带的学生都申报的，让我们做这个来充实自己、锻炼自己。（SA-A-01）
	监督者	老师她每个月都问我进展得如何了，总体是在特殊节点的时候问得多，她就会催我，经常会提醒我。（TA-A-01）
	推动者	她会在重要节点告诉你该做什么，提醒你，推动你。（SA-A-02）

最后,"导师主导型"案例项目的导师在项目运行过程中扮演着多重角色。具体而言,主要是扮演启动者、组织者、监督者、推动者、引导者等。在项目启动环节,导师扮演启动者的角色,通过积极推介促使学生申报项目;在项目运行的早期,还需要扮演组织者的角色,使项目不至于被学生"搁置";在项目运行的全过程,导师还积极扮演监督者、推动者的角色,从而保证项目的按期完成;在学生陷入思考等困境之时,导师还扮演了引导者的角色,引导学生探究问题的答案。

(五)资源与政策支持为主的育人环境

分析发现,案例高校 A 为"导师主导型"案例项目提供了资源支持与政策支持(具体见表 5-5)。在资源支持方面,案例高校 A 为"大创"项目育人提供了场地设备/场地支持与经费支持,这些支持为"大创"项目的有效育人提供了基本的物质条件。此外,案例高校 A 还设置了学业导师制度,该制度也为"大创"项目的有效育人提供了政策保障。

表 5-5 "导师主导型"案例项目环境支持编码过程与证据示例

二阶主题	子主题	相关引文证据举例
资源支持	设备/场地支持	我们中心在学校的孵化园里有专门的场地,我们自己装修下就可以了。(SA-A-02)
	经费支持	有资金的资助,像我们那个项目就有 1 万块钱。(SA-A-02)
政策支持	综合测评加分	在学生的综合测评中,会把这个(大创)纳入进来,作为比较高的一个加分项。(SA-A-01)
	学业导师制度	我觉得学业导师这个政策很好,我做大创主要是因为学业导师嘛,而且老师真的很好,不仅指导我们的项目,还关心我的学习,还有毕业找工作啥的。(SA-A-01)
	奖金激励	对教师指导"大创"有一个奖励,结题一个国家级项目有 1500 的奖励,区级的是 1200 元,校级的 1000 元。(TA-A-01)
	职称晋升激励	我记得,如果学生基于项目的成果参加挑战杯、互联网+这些获奖的话,对老师评职称也有用吧。(TA-A-01)

在导师激励方面,案例高校 A 也进行了一些探索,主要是通过奖金激励、

职称晋升激励这两个方面来激发教师指导"大创"项目的动机。在奖金激励方面，是根据项目的级别给予一定数额的奖金。在职称晋升激励方面，主要是将指导获奖与教师的职称晋升挂钩，但案例项目导师认为这一政策非常"鸡肋"，因为这是极难达到的。综合可见，虽然案例高校 A 制定了一些导师激励政策，但这些政策并不能让教师们满意，并不能发挥激励功效。因为这些政策并不能满足教师的需求。

第二节 案例 2："师生协作型"项目育人实践探索

"师生协作型"项目指的是项目导师与学生共同协作完成的"大创"项目。在第三章中，我们对这一项目类型进行了理论探讨。本节将通过对案例项目团队 GET18 的实践探索进行描述与分析，以深入了解"师生协作型"项目的育人实践样态与成功经验。

一、"师生协作型"案例项目育人实践描述

（一）案例项目团队 GET19 基本概况

项目团队 GET18 立项时由一名 2017 级、两名 2018 级建筑类专业的学生和两名 2017 级电气类专业的学生组成。该团队于 2020 年春申报"大创"项目的创业实践类项目，项目名称为"×××智能科技发展有限公司"，获得国家级立项，项目的实践期限为 2 年。实际上，"×××智能科技发展有限公司"在 2019 年就已创立，该项目的导师 TE-T-20 与项目的主持人 SE-T-67 为公司的创始人，该公司的主要业务有两个方面，一个是振动维护，另一个则是儿童安全智能电路转换器的研发与市场推广，即儿童安全智能插座的研发与市场推广。项目团队 GET18 所申报的"大创"项目是公司的第二个业务：儿童安全智能电路转换器的研发与市场推广，该转换器（插座）的研发在 2019 年就已经开始，团队申报"大创"项目时已经完成了研发工作。

项目团队 GET18 通过师生的共同努力，获得了 16 项授权发明专利、35 项实审发明专利、5 项授权使用新型专利，2 项国家 CCC 认证，并获得中国工程院颁发的"中国好设计"荣誉称号。此外，团队基于项目的研究成果参加了众多创新创业类比赛与各种学科竞赛，在第十七届"挑战杯"全国大学

生课外学术科技作品竞赛中荣获一等奖等多项一等奖,并在第十四届全国大学生创新创业年会中被评为最佳创意项目。项目在两年后按时结题,并在结题评价中获得"优秀",项目团队与导师在该项目的基础上又孵化了多个项目。

(二)基于导师工作室的项目申报

项目团队 GET18 的组建是基于项目导师创办的工作室的。项目团队 GET18 申报的"大创"项目为创业实践项目,该项目在申报前就已经基于项目导师的工作室完成了产品的研发工作。"我们是先有了产品再去报的,就是我们大一的时候就和老师一起研发了产品。"(SE-T-67)

项目团队 GET18 的导师 TE-T-20 既是该团队成员 SE-T-67 的学业导师,也是一名创业者,有一家自己创办的工作室,具有一定的创业经验。对于项目团队 GET18 而言,导师 TE-T-20 既是他们的项目指导教师、学科竞赛和互联网+大学生创新创业大赛的指导教师,同时也是他们项目所创办的公司的合伙人。"我们公司的核心产品的创意是我们和老师一起想出来的,我们是做插座的嘛,但由于我是学建筑的,不是学电子的,当时我又才大一,所以在产品的技术攻坚方面老师帮助了很多。他不单单是导师,他也是我们团队中的一员。"(SE-T-67)换言之,教师 TE-T-20 与项目团队 GET18 的核心成员间形成了一个创新创业共同体。

(三)师生头脑风暴确定项目选题

项目团队 GET18 的项目选题源于生活事件的促发。与项目团队 GAA01 不同,项目团队 GET18 在项目申报前就已经开展了研发,而项目的创意则源于团队成员遇到的一个生活事件。

> 这个想法最初是因为我侄女,我侄女玩家里的插座被电伤了,这个事情让我产生了一个想要改进插座的想法,因为我的学业导师 TE-T-20 他很喜欢搞创新创业,平时他就带我们搞小发明啥的,所以就跟他讲了我的想法。老师觉得我的这个想法很棒,然后他让大家一起讨论来完善这个创意。(SE-T-67)

在听取了 SE-T-67 要改进插座的想法后,导师 TE-T-20 组织所指导的学生对 SE-T-67 提出的创意进行了完善。

> 当时老师组织我们开会讨论,大家都觉得我提出的想法很有意义,我

们就头脑风暴,说了很多的想法,最后老师帮我们总结提炼,确定了选题。(SE-T-67)

(四)师生协作完成产品研发与市场推广

项目团队 GET18 主要是通过与导师一起分工协作来完成项目的研发任务。在项目申报立项前,项目团队在导师 TE-T-20 的带领下基于导师创建的工作室进行了产品的研发。在研发阶段,主要是导师 TE-T-20 进行技术攻坚,学生主要负责产品外观等的设计。不过,在研发阶段,导师 TE-T-20 会通过会议研讨的方式,组织大家群策群力,然后根据学生所能,对学生进行分工。

> 我们公司是 2019 年 8 月份成立的,我和导师都是创始人。虽然我们做插座是个小东西,但它的技术问题也并不好解决,我们这个东西当时改了 26 代,才到现在这个样子。在研发中,我们是做一些我们自己能做的,如测试、外观设计等,如果我们有问题就会经常讨论,老师则是技术主力。(SE-T-67)

产品研发成功后,项目团队决定通过代工的方式进行生产。因而,寻找合适的代工厂是关键。在寻找代工厂过程中,导师 TE-T-20 带领项目团队克服困难,在团队遇到困难时及时给予支持。

> 我们的插座定了模型和尺寸后,得进行代工,我们去外边找那个代工厂。当时加在一起,我们在外边跑了快一个月吧。就到处看嘛,从杭州到宁波,在那个车上为了检测我们那个产品的可靠性和耐用性,因为我们那是带弹簧的上下按压的,从杭州到宁波的路上我自己按了 2 万多次。(SE-T-67)

在项目立项后,项目的主要任务是产品的市场化推广。经过前面近两年的锻炼,项目主持人(SE-T-67)的综合能力、管理能力均得到较大的提高。因而,在项目立项后,导师开始放手,SE-T-67 开始主导项目团队的管理工作。

二、"师生协作型"案例项目的育人效果

分析发现,"师生协作型"案例项目促进了学生的专业能力发展、创新创业能力发展、综合素质提升与思维模式的改变(具体见表 5-6)。

表 5-6 "师生协作型"案例项目结果有效性的编码过程与证据示例

二阶主题	子主题	相关引文证据举例
创新创业能力	逆境奋起能力	我们这个东西当时改了 26 代;(SE-T-67) 带来的主要影响就是坚持不放弃,什么事情勇敢地去做,即使做错了也是一种进步。(SE-T-68) 我们这种搞技术创新的,失败是常事,学生他们在这种逆境中就要屡败屡战。(TE-T-20)
	自我认知能力	虽然我是队长,但通过这个项目,我觉得我不是一个特别适合担当领导者角色的一个人。(SE-T-67)
创新创业能力	行动规划能力	如果说现在给我一个还在摇篮里的项目,我就知道怎么去孵化它,知道怎么发展,应该让手底下的人去做什么,就知道要怎么做才能把它做得更好。(SE-T-67) 现在我知道要想达到这个想要的这个成果,我需要去怎么做。(SE-T-68)
	创新能力	学生创新思维上我觉得进步比较明显的吧,我们本身做的就很有创意的东西。(TE-T-20)
	领导能力	还有一个就是领导能力,因为我是队长,这个也是比较明显的。(SE-T-67)
	沟通交流能力	另外就是语言表达能力,与人沟通的能力。因为做项目过程中必须去讲话,如果你做得好,学校也会让你做一些讲座和一些分享。(SE-T-67)
	合作意识	还有就是团队合作,发现做这种项目后学生会站在别人的角度去考虑事情,而且团队使命感很强。(TE-T-20)
综合素质	吃苦精神	我们熬过很多夜,可以说高中都没那么拼命。(SE-T-67) 我们去找加工厂进行制作那段时间,方便面成了我们的"行军干粮"、模具加工厂成了我们的"作战场地"。(SE-T-68)
	自信心	整个人也更加自信了吧,尤其是我们攻克难关,还获得了很多的奖项、专利。(SE-T-68) 自信这个提升肯定是有的。(SE-T-67)
	写作能力	还有文案撰写能力,这个是非常明显,因为真的要写很多材料。(SE-T-67)

续表

二阶主题	子主题	相关引文证据举例
专业能力	知识应用能力	我参加过很多的学科竞赛,有些就是纸上谈兵。但是做大创项目,从最初没有开展,到开展过程中。每一步都离不开验证,都离不开实践去证明,就是真的运用知识去解决实际问题。(SE-T-68)
	新知识收获	如果说技术方面那就是自己专业方面的知识了,因为你要做这个项目,它是新的一个东西,你就必须去学很多东西。(SE-T-67) 设计中经常会遇到不懂的难题,队员们也看不明白,队长就会在网上买各种参考书籍,一点点抠难点,常常一琢磨就是一整天,学会了再传授给队员们。(SE-T-68)
思维模式	独立思考能力	还有就是这个独立思考方面也非常有变化,我是去年下半年才感觉出来的。(SE-T-67)
	问题解决能力	我觉得4年来我有一个转变,就是之前我不会去想有一个问题我要去怎么解决,就是比方说一个非常难的东西,我要去怎么一步一步去把它完成,但是现在我知道要想达到这个想要的成果,我需要去怎么做,问题解决能力有很大的提高。(SE-T-67)

(一)创新创业能力尤其是逆境奋起能力得到明显发展

案例项目是一个科技产品类的创业实践项目,由于科技创新所具有的特性,项目团队在开发产品阶段与将产品转化为市场需要的产品阶段都遇到了很多失败与困境,这也在很大程度上锻炼了学生的逆境奋起能力。此外,项目也锻炼了他们的沟通交流能力、合作意识、创新能力、自我认知能力、行动规划能力。再者,项目主持人表示,经过项目锻炼,他的领导能力也得到了提升。但创新创业能力的其他维度,如果断决策能力、把握机遇能力、防范风险能力的发展并不明显。这可能是"师生协作型"项目的重大决策仍然是由导师进行且项目风险也大多由导师承担所致。实际上,这也无可厚非。因为,导师TE-T-20比学生有更多的创业经验与创业资源,项目运营的绝大部分经费也是导师支持的,导师的专业技术也远在学生之上。因而,在做决策与预防风险中,导师自然就成为主导者。而把握机遇能力没有得到明显的发展,则可能是案例项目虽然是一个创业实践项目,但这一创业实践还处于创业的初期,学生在

这方面尚未得到充分的锻炼所致。

（二）提升了学生的自信心、吃苦精神与写作能力

参与"师生协作型"案例项目的学生表示，他们的自信心、吃苦精神、写作能力等综合素质也得到了提升。在自信心方面，在攻坚了技术难题、在将创意转化为产品后、在获得一项项专利、在各种比赛中获得了一项项荣誉后，他们的自信心得到了非常大的提升。在吃苦精神方面，由于产品研发与产品转化为市场产品都需要开展大量工作，这也磨砺了学生们的吃苦精神。在写作能力方面，由于项目申报、结题以及基于项目去参加各种比赛，都需要撰写很多文稿，这锻炼了学生们的写作能力。

（三）专业能力尤其是专业知识应用能力得到明显提升

参与"师生协作型"案例项目的学生表示，他们在项目过程中不仅学习了很多新知识，更提升了知识应用能力。在知识学习方面，由于在解决产品开发、产品设计与产品转化中以及在解决所参加各种比赛中遇到的各种难题中都需要用到很多新的知识，这促使学生不断学习。在知识应用方面，由于产品开发、产品设计与产品转化的每一步都离不开验证，都离不开用实践去证明，因而极大地提升了学生的知识应用能力。

（四）形塑了独立解决问题的思维模式

参与"师生协作型"案例项目的主持人表示，参加"大创"项目对其最大的影响在于思维方式/模式的转变上。参与项目让其从一个不会如何思考、不会如何解决遇到的问题的人转变为一个会独立思考、能有效思考问题解决方案的人。

三、"师生协作型"案例项目的育人特点

对案例项目团队 GET18 的育人实践过程进行分析发现，其呈现出师生协同推进项目、源于兴趣与导师榜样行为激发的参与动机、总结汇报制度下的密切互动、"伙伴式"的导师支持等特点。

（一）师生协同的项目推进

从图 5-2 可知，"师生协作型"案例项目的运行过程可以分为产品研发阶

段与产品市场化阶段两大部分。在产品研发阶段,学生提出的创意想法得到了导师的充分肯定,但由于学生的知识、理论、技能有限,研发工作由项目导师主导,由项目导师带领学生进行技术攻关,学生则主要负责产品的外观设计等。这时,学生处于"想做"但尚未具备"能做"的知识技能条件,也尚未具备"会做"的策略。因而,这一阶段中的"师生协作"的主导者是导师。在产品市场化阶段,学生了解到"大创"项目后向导师提出要申报项目,导师通过学生第一次知道了"大创"项目的存在。在获得导师的肯定后,学生自主完成了项目申报并顺利获得立项。立项后,项目进入产品的市场化阶段,在这一阶段中,需要将技术上已经成功的产品转化为市场产品,他们需要寻找工厂进行加工、调试等。在这一阶段,师生通力协作,共同推进项目的发展。在产品市场化阶段,该团队还基于研发的新产品积极参加各种创新创业竞赛,在参加竞赛过程中,项目导师给予了团队充分的支持与指导。

从案例项目团队 GET18 的运行过程看,"师生协作型"项目的运行过程或者说育人过程,既是一个师生协作的过程,也是一个学生主体性发展与发挥逐渐增强,而导师主导性逐渐减弱的过程。在这一过程中,项目导师不仅是导师,也是项目团队的一个"成员",是学生的合作伙伴;学生既是学习者,也是导师开展创新创业活动的伙伴。

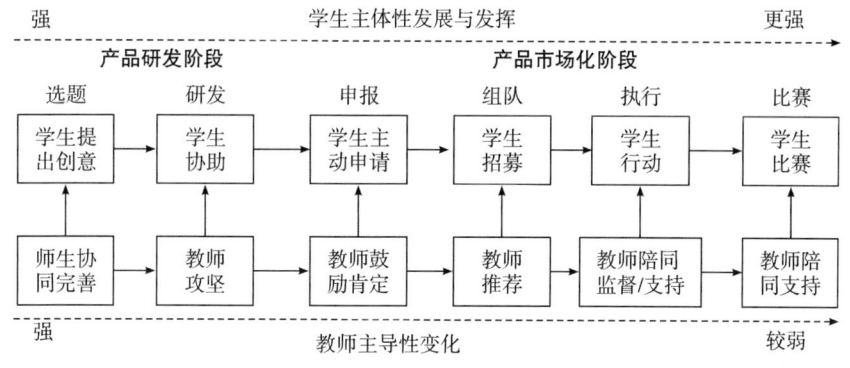

图 5-2 "师生协作型"案例项目的育人过程

(二)源于兴趣与导师行为榜样激发的参与动机

项目团队 GET18 的核心成员参与"大创"项目的动因主要有两个方面(具体见表 5-7)。一是被学业导师的创新创业行为吸引,从而跟随学业导师进行创新创业活动。二是在跟随导师开展创新创业的活动探索的过程中,由

于导师的认可,SE-T-67发现自己对创新创业也比较感兴趣,并且觉得自己适合参加学校的创新创业教育活动,如大学生挑战杯等。因而,在大二时,当SE-T-67了解到大学生可以参加"大创"项目时,就申报了该项目。而项目成员 SE-T-68 则表示,参与项目主要是受到导师创新创业行为的影响以及自己的兴趣。此外,提升自我以及获取创业所需要的场地、经费也是申报项目的原因之一。

表 5-7 "师生协作型"案例项目学生参与动机的编码过程与证据示例

二阶主题	子主题	相关引文证据举例
外部驱动	导师行为榜样	我们学校有本科生导师制度,几个人跟着一个老师。我们张老师喜欢搞这些创新创业的东西,他的科研能力比较强,然后大一刚开始我就跟他做。(SE-T-67) 一个是导师的影响吧。(SE-T-68)
	获取资源	了解到申请"大创"项目有一些经费,还有场地。(SE-T-67)
内部驱动	产生兴趣	我导师可能觉得我在这方面能力稍微突出一点,比较适合做这方面,我自己也比较感兴趣,也乐于做这些,然后我们就一起琢磨这个东西。(SE-T-67) 一个是我对团队提出的这个创意也很感兴趣。(SE-T-68)
	提升自我	也想着锻炼自己,提升自己的能力,想着学点东西。(SE-T-68)

(三)总结汇报制度下的密切互动

分析发现,"师生协作型"案例项目在团队协作方面具有师生密切沟通、充分合作的特点(具体见表 5-8),尤其是在密切沟通方面。该项目团队为了有效推进项目,通过频繁的线上线下会议进行密切的沟通,基本上每天都会开会讨论项目的相关事宜,即使过年也不例外。在会议中,他们一是讨论项目进展中遇到的问题,二是总结已经完成的工作,三是进行未来的工作安排。密切的沟通不仅保证了项目的按时推进,也减少了项目进展中的冲突,此外,还增进了团队成员间的情感,提升了团队的凝聚力。

表 5-8 "师生协作型"案例项目团队互动编码过程与证据示例

二阶主题	子主题	相关引文证据举例
团队互动	师生合作	研发中老师是技术主力,我们做一些我们能做的,测试、外观设计等,如果我们有问题就会经常讨论。(SE-T-67)
	密切沟通	2019 年疫情的时候大家都回家了,基本上我们每天都在开会,大年三十那天我们也开会了,大年初一我们也开会了,一天都没断过。(SE-T-67) 我们平常是在食堂一边吃饭一边讲,或者是在学校里一边走路一边讲,或者在空教室讲一讲,如果时间短的话,会在那个线上腾讯会议,探讨关于项目的东西,然后大家开会多了也就有感情了。(SE-T-68)
	分工	分工方面队长负责项目工作任务的分配、与指导老师的沟通。大二大三的由于专业知识还不够,负责在网上查阅资料,实地去考察记录。大四的主要负责设计,模型的构建。(SE-T-68)
团队互动	总结汇报	一是总结完成的任务,二是未来要做什么、下一步要做什么,就是检查一下前面的进度,督促一下。(SE-T-67)
	合作	当作品设计出来后,还需要找工厂制作、安装、调试。我们去找加工厂进行制作,那段时间,方便面成了我们的"行军干粮"、模具加工厂成了我们的"作战场地"。(SE-T-68)
团队领导	领导方式	我会给下边的同学发一些任务,或者告诉团队里其他子项目的负责人或者是团的核心成员让他们把这个任务给谁。(SE-T-67)
	冲突处理	我们团队没有出过什么冲突,因为我们都是讨论后才去做的,我们的专利或比赛署名啥的也按照功劳大小,老师也不要我们的东西。(SE-T-67)

此外,为了有效推进项目,案例项目团队建立了定期的总结汇报制度。这种定期汇报有效地促进了项目的按期按质完成。通过设置汇报制度,不仅能让学生明确每个时间段要完成的具体项目任务和达到的项目目标,还能让他们感觉到一定的项目压力,从而促使他们去开展实践。此外,还能让学生定期交流,向指导教师反馈自身遇到的困难与问题,从而有助于困难与问题的解决。再者,这种汇报制度也能让项目指导教师掌握项目的进展情况,了解学生

在项目开展过程中遇到的困难和问题,给予更有针对性的指导。

在团队领导方面,分析发现,在项目的研发阶段,主要是项目导师带领团队开展研发工作,并承担了主要的研发任务。在这一阶段,项目由导师主导推进,学生主要是跟随导师进行学习、通过"合法的边缘性参与"来协助导师。项目转为创业实践项目后,经过前期的锻炼,学生的能力得到了提升。项目主持人 SE-T-67 的领导能力也得到了发展,项目导师从主导者转变为了引领者。

(四)"伙伴式"的导师支持

"师生协作型"案例项目的导师支持是一种"伙伴式"指导(具体见表 5-9)。从指导形式上看,这种"伙伴式"指导主要包括方向把控、技术支持、具体技能指导、榜样示范、团队管理指导、资源支持、心理/情感支持。在方向把控方面,导师会为项目团队提供大体的发展方向,在项目团队的方向发生偏离时帮忙纠正,在项目团队要进行重大决策时提供参考意见或帮忙拍板。这种方向把控实际上是必要的,尤其是在项目运行的前期。因为学生的认知、能力、社会经验等都有限,导师把控方向能降低项目遇到的风险。在研发阶段,导师 TE-T-20 为项目团队提供了关键的技术支持,助力项目团队攻克了技术难关,使得项目团队顺利渡过研发阶段。在心理/情感支持方面,导师 TE-T-20 非常善于对学生进行精神激励,这种激励满足了学生的自我实现需要,激发了学生的内部动机。此外,项目导师 TE-T-20 还通过自身的榜样示范作用,如在日常行为中表现出的对于创新创业活动的热爱,即使过年也坚持工作坚持陪伴团队,这些都潜移默化地影响了项目团队成员。

表 5-9 "师生协作型"案例项目导师支持编码过程与证据示例

二阶主题	子主题	相关引文证据举例
指导形式	方向把控	在我们项目的推进过程中,包括前面的研发,老师一直都帮我们把控发展的方向,我们也需要老师的帮助。(SE-T-67)
	技术支持	我们做插座的嘛,但由于我是学建筑的,当时我又才大一,所以产品的研发主要是由老师来完成的。(SE-T-67)
	具体技能指导	我们遇到什么问题都可以找老师,我们开会的时候都会讲我们遇到的问题,老师会给我们提供一些思路。(SE-T-68)

二阶主题	子主题	相关引文证据举例
指导形式	榜样示范	2019年疫情的时候大家都回家了,基本上我们每天都在开会,大年三十和大年初一我们也开会了,一天都没断过,可能很少有团队能做到这样。这可能是老师在里边发挥一定作用,因为学生没有这么强的主观能动性,老师给我们做了一个表率。(SE-T-67)
	团队管理指导	后面我们的团队变大了,我就有跟他说他们现在是负责人,应该在这个团队中担任什么角色,不能自己一个人把所有活干了,也不能说什么活也不干,而应该怎么协调这个团队来做好这个事情。(TE-T-20)
指导形式	资源支持	我们后面要找工厂制作、安装、调试,也是老师带我们去,我们学生没有这方面的资源。(SE-T-68) 我带学生这几年花了大概90来万块钱吧,没有这个钱他们是做不出东西来。因为搞研发是真的很花钱,单是他们申请专利都花了20多万。那"大创"项目的经费只有1万块钱,现在只到账5000。(TE-T-20)
	心理/情感支持	我经常跟他们讲,他们拿的是国家级项目,我自己都没拿过国家级项目呢,鼓励他们好好干!比赛的时候我也经常跟他们讲你们是跟全国去竞争,就是让他们觉得他们是很重要,很优秀的。(TE-T-20) 老师他经常鼓励我们,肯定我们,觉得我们是最优秀的。(SE-T-67)
指导特征	指导目的	我要选择写论文,我觉得我应该能写十几个SCI吧,我的发明专利授权率超过90%,但那不是我的初心。如果我培养一个拔尖的学生出来,我会很自豪,我觉得比那些(发论文发专利)都重要。我以前的终身梦想是发一篇*Nature*,后来我发现培养学生好像也挺酷。(TE-T-20)
	指导强度	和导师印象最深的一次就是有一次老师有一周课程安排得满满的,但是利用晚上他的空闲时间来给我们解决问题,一直到很晚才回家。(SE-T-68) 张老师基本是不上课的时间都和我们在一起。(SE-T-67)

续表

二阶主题	子主题	相关引文证据举例
导师角色	启动者	我和老师都相当于是这个团队的创始人吧。（SE-T-67）
	引领者	老师一直帮我们把控发展方向和提供发展思路。（SE-T-67）
	监督者	每次会议一是总结完成的任务，二是未来要做什么、下一步要做什么，检查一下前面的进度，督促一下。（SE-T-67）
	合作伙伴	我和老师都相当于是这个团队的创始人吧（SE-T-67） 当时我们在浙江找那个代加工工厂，老师开车我们在外面大概跑了有将近一个月吧。（SE-T-67）

在"师生协作型"案例项目中，导师也需要扮演多种角色。总体而言，该案例项目导师在项目育人过程中需要扮演启动者、引领者、监督者与合作伙伴的角色。同样，该案例项目导师也在项目团队需要支持时给予了及时的支持。

（五）全方位支持的育人环境

分析发现，案例高校 E 为"师生协作型"案例项目提供了资源、课程、创新创业文化氛围、政策等支持（具体见表 5-10）。具体而言，在资源支持方面，案例高校为立项的"大创"项目配置了经费，建设有创新创业孵化基地等。在政策支持方面，案例高校一是进行了系列的教育管理制度改革，二是设置了创新创业专项奖学金，三是设置学业导师制度，四是在保研中予以政策倾斜。在课程支持方面，案例高校一方面创设了"创新能力试点班"，并试图以此作为引领示范，推动开展创新创业人才培养的改革试点；另一方面，创设了创新创业教育特色课程"创造学模块课程"，该模块课程包括"创造学与创新能力开发"等课程，这些课程为学生开展技术创新、产品创造等提供了理论基础。在创新创业文化氛围支持方面，案例高校构建了全方位的学科竞赛体系，尤其注重学科竞赛、创新创业竞赛。这种竞赛文化一方面促进了学生参与创新创业教育活动尤其是竞赛的热情，另一方面也让学生认为"大创"项目是学校中一项很"边缘"的创新创业活动，因为"大创"项目是非竞赛性质的。

表5-10 "师生协作型"案例项目环境支持编码过程与证据示例

二阶主题	子主题	相关引文证据举例
资源支持	经费支持	我们这个项目有一万元的经费。(SE-T-67)
	设备/场地支持	学校在孵化基地给我们安排了一个场地,免收房租、水电和物业费。(SE-T-67)
政策支持	管理制度创新	我们学校2017年的时候制定了一个激励本科学生创新创业学籍管理办法、"第二课堂成绩单"制度实施办法、学生创新创业能力学分转换课程学分管理办法等一系列政策文件。(ME06)
	专项奖学金	设立专门的创新创业奖学金,对获得各类创新创业成果的学生优先评定各级各类奖学金。(ME06)
	保研加分	创新特长生参与免试保研,在同等条件下优先考虑。(ME06)
	学业导师制度	我们学校有本科生导师制度。(SE-T-67)
课程支持	试点班	创设"创新能力试点班"。(ME06)
	特色课程	设置创新创业教育特色课程"创造学模块课程"。(ME06)
创新创业文化氛围支持	"大创"项目交流与展示	学校构建由四个阶段(院、校、省、国家级选拔)、五个层次(院、校、省、国家级、国际性竞赛项目)、四种类别(基础性、专业性、综合性、创新性)、四种能力(基本能力、专业技能、综合设计能力、创新设计能力)组成的全方位学科竞赛体系(ME06)我们学校承办和参与各类创新创业赛事,如全国大学生"西门子杯"中国智能制造挑战赛等,就是很重视学科竞赛等各种大赛吧。(SE-T-67)
	创新创业讲座	应该有一些创新创业类的讲座吧,因为学校邀请过我去做讲座,但我没去。(TE-T-20)
导师激励	职称晋升激励	指导学生参加各类创新创业大赛项目,学生在国家级专业(专项)比赛上获前三名或二等奖以上奖励,或在省级专业(专项)比赛上获第一名可评为一类教师;培养的学生在国家级专业(专项)比赛中获前八名或三等奖以上奖励,或在省部级专业(专项)比赛中获前三名或一等奖以上奖励可评为二类教师。(ME06)
	经费激励	教师开设创新创业教育课程,组织编写科学、适用的创新创业教材,学校将给予专门的经费支持和奖励。(ME06)

在教师激励方面,案例高校E也进行了一些探索,如改革教师评价体系,在教师考核中单列创新创业教育竞赛指导的相关指标;学校对教师开设创新

创业教育课程,组织编写科学、适用的创新创业教材给予专门的经费支持和奖励等。但调研发现,虽然案例高校 E 在导师激励方面制定了一些政策,但老师们对这些政策的满意度不高,因而并不能有效激励老师积极开展创新创业教育。

第三节　案例3:"学生自主型"项目育人实践探索

"学生自主型"项目指的是由学生自主完成的"大创"项目。在第三章我们对这一项目类型进行了理论探讨,本节将通过对案例项目团队 GBN12 的实践探索进行描述与分析,以深入了解"学生自主型"项目的育人实践样态与成功经验。

一、"学生自主型"案例项目育人实践描述

基于分析框架,我们从基本概况、项目选题、任务执行与成果形成这几个方面对所选择的"学生自主型"案例项目团队 GBN12 进行描述,以深入认识与了解"学生自主型"项目的育人实践。

(一)案例项目团队 GBN12 的基本概况

项目团队 GBN12 由 3 名 2018 级数学专业师范生与 7 名 2019 级数学专业师范生组成,他们来自同一学院,且都是"数学课栈"的成员。该团队于 2020 年春申报"大创"项目的创新训练类项目,项目名称为"数学中考专题微课的优化设计与应用",获得国家级立项,项目的研究期限为 1 年。项目团队 GBN12 通过努力完成了 100 个数学中考专题微课的研发与制作,按时完成项目任务,并在结题评价中获得"优秀"。该项目团队基于项目的研究成果参加了各种创新创业竞赛,在省级"互联网+"大学生创新创业大赛中荣获金奖,此外,该项目还入选了第十四届全国大学生创新创业年会展。

(二)"数学课栈"系统培训后的项目申报

项目团队 GBN12 是一个基于创客兴趣班而组建的团队。该项目团队成员于大一时加入项目导师创建的"数学课栈"创客兴趣班。加入"数学课栈"后,创客班对他们进行系统的关于如何制作数学微课的培训与考核。通过考

核的学生能留在"数学课栈",并由高年级学生带着制作数学微课与协助高年级学生完成他们所申报的"大创"项目任务。到大二或大三申报"大创"项目时,他们会在"数学课栈"师兄师姐与导师的建议下申报"大创"项目,并且在组建团队时会继承"以老带新"的传统,由两个年级的学生构成团队。

> 选择成员时首先会考虑技术水平,创客班里的同学都很优秀,当时首先挖了 SB-N-42。因为她和我是老唐一直培养的,我们俩也是同一个年级的,另外一个同学是以前和我一起跟师姐们做大创的同学。另一方面就是考虑整个团队的一个延续,所以也选了 19 级的同学,最终是由三个18 级和七个 19 级的同学组建的,我们都是数学课栈创客班的。(SB-N-41)

(三)源于原有项目升级与完善的项目选题

项目团队 GBN12 的项目选题源于原有项目的升级与完善。项目团队GBN12 是"数学课栈"创客兴趣班孵化出来的项目团队之一,而开发与制作数学微课是"数学课栈"的主要"业务"。该数学课栈每年都会组织成员申报关于数学微课开发与制作方向的"大创"项目。项目团队 GBN12 也不例外,其项目的选题也是以数学微课的开发与制作为方向,并且,该团队的项目选题还是原有项目的升级与完善。该团队的主持人 SB-N-40 在大二时就作为成员参与了"数学课栈"一个项目团队申报的"大创"项目。该项目结题后,SB-N-40觉得这一项目做出来的微课还存在不足之处,因而决定申报一个新的项目来完善原有项目成果的不足。

> 我大二时跟师兄师姐做了一个初中解题类微课,是一个自治区级的大创项目,我们做了一年,但我们最后发现质量方面还是存在着一些缺陷,我们现在这个项目其实是在那个(项目)基础上衍生出来的。不过,我们现在的课题和之前的题目是不一样的,就是我们做出来的资源和之前的是没有重复的。(SB-N-40)

(四)"数学课栈"规范化管理下的任务执行与成果形成

项目团队 GBN12 主要是基于团队所在的"数学课栈"平台的分工协作来完成项目任务。项目团队 GBN12 是其所在的"数学课栈"大团队下的一支小团队。为整合资源、节约成本,经过多年的实践探索,"数学课栈"已探索出一

个"大创"项目运行的模式。项目团队 GBN12 的项目任务的执行过程遵循"数学课栈"的"大创"项目运行模式。该模式具体为：

首先，由"数学课栈"创立的"创客兴趣班"向全院招募对数学微课、数学教具研发与制作感兴趣的学生，"数学课栈"通过"创客兴趣班"对所招募的学生进行系列关于数学微课、数学教具研发与制作的培训，培训期结束通过考核的学生进入"数学课栈"大团队，参与导师的课题与师兄师姐的"大创"项目进行历练。然后，在"大创"项目申报通知下达后，"数学课栈"的导师会鼓励与建议课栈的成员，尤其是新成员申报数学微课、数学教具研发与制作方向的项目。

其次，在项目立项后，"数学课栈"的研发部会带领与指导立项项目团队进行课程或教具的研发，研究课程或教具的方案。该过程有的项目是在尚未立项前就已开始。课程或是教具的设计方案出来后，再通过任务分配的方式将制作课程或是教具产品的任务分配到每个团队成员进行制作。

再次，在课程或是教具产品制作出来后，首先通过"以老带新"和"结对帮扶"的方式由高年级学生对低年级学生所制作出来的课程或是教具提出修改意见，然后各自负责的同学根据师兄师姐所提的修改意见进行修改。

最后，由"数学课栈"导师牵线搭桥的中小学一线教师会对这些课程进行评价与提出修改和优化意见，或者导师会组织项目团队到中小学进行"试课"与调研，收集一线教师对所制作出来的课程与教具的评价与完善建议。在充分收集修改意见的基础上，项目团队对课程与教具进行优化。在取得一线教师对优化后的课程与教具的一致认可后，"数学课栈"的导师会组织项目团队通过"送教下乡"等方式将这些优质的课程与教具资源免费送给乡村中小学使用或推荐项目团队参加比赛。具体过程见图 5-3。

二、"学生自主型"案例项目的育人效果

分析发现，总体而言，"学生自主型"项目促进了学生的专业能力提升、创新创业能力发展、综合素质提升、"大创"项目认同度提升，具体见表 5-11。

（一）专业能力得到显著提升

案例分析发现，"学生自主型"项目能有效促进学生的专业技能与专业知识的学习与收获。案例项目团队 GBN12 的成员均为数学专业的师范生，由于他们的项目选题为数学微课的制作，因而，做项目的过程也是他们进行专业

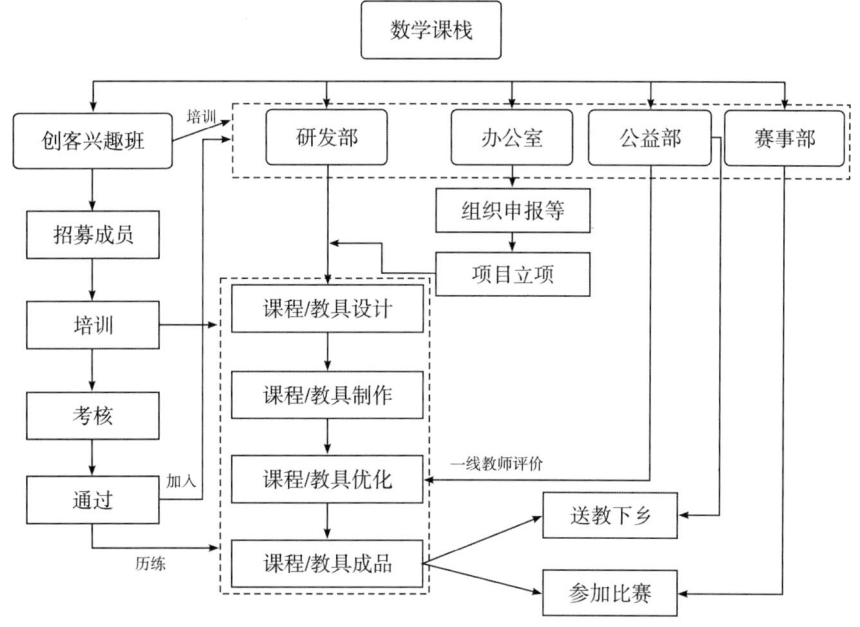

图 5-3　基于"数学课栈"的"大创"项目运行模式

资料来源：根据实地调研与访谈结果自制。

学习的过程，并且是进行深度学习的过程。学生反映通过项目，他们的教师技能、微课制作技术等都得到了显著的提升。此外，通过项目，他们发现自己对所学的专业理论、教育教学的相关思想与理论也有了更深的认识。

表 5-11　"学生自主型"案例项目结果有效性的编码过程与证据示例

二阶主题	子主题	相关引文证据举例
专业能力	专业技能	我的师范生教育技能提升了很多。（SB-N-40） 因为这个项目，我觉得在一些教师技能，比如像微课技术、教学设计，还有讲课等方面都有很大的提升。（SB-N-41） 首先是技术上面的，通过这个项目，不仅学会了关于计算机方面的一些技能，在制作微课中，还接触到了很多的软件，这个关于软件的使用就是一个学习。（SB-N-42）
	专业思想	当时只是觉得是喜欢数学，想学数学，但对于一些教育思想是不怎么了解的，就比如说三位一体的那种教育思想、那个波利亚的那种解题思想，还有陶行知的一些教学思想等这些方面，我们老师在平时开会和沟通交流中会提到这些，然后就会有一些深入的了解。（SB-N-41）

续表

二阶主题	子主题	相关引文证据举例
创新创业能力	明确方向	后面在不断的成长当中,我觉得可能我比较适合保研的路线,所以我也在努力着。(SB-N-42)
	抗挫折能力	一个是可能脸皮更厚了,因为再尴尬的场面、再难的场面我都见过了,就会比较从容一点。(SB-N-42)
	规划能力	对于时间安排、怎么规划等也有帮助。(SB-N-40)
创新创业能力	创新思维	我觉得可能被培养了一个很正确的一个教育观,就是用发展眼光去看待一些老师的上课,比如说缺了什么,或者哪些地方需要改进,我们从一些感触上就会很明显。(SB-N-40)
	沟通能力	对于个人的语言表达、人际沟通也是有提升的。(SB-N-42)
	合作能力	它是团队在一起打磨的一个过程。(SB-N-40)
	领导能力	还有一些管理方面的,现在我们大三大四就开始带师弟师妹们,就会有管理能力的一个提升。(SB-N-42)
	应变能力	就是一个处理突发事情的能力、临时应变能力。(SB-N-42)
	反思学习	在我们的群里面也会进行总结反思,比如说你这十几天之内,做微课你研发了什么,有什么收获,或者和一些一线老师的交流中你又学会了什么?我们每隔十几天就会进行一次小结反思,然后去跟进。(SB-N-41)
综合素质	自信心	和一些老师交谈当中可能就没那么胆怯,就是底气相对比较足一点。(SB-N-41) 也会相对比较自信,对自己做一些事情嘛,就从开始的那种不自信不相信自己,然后当你接触更多、经验比较足的时候,你会发现自己在经验和自信心上会相对提高很多。(SB-N-42)
	成就感	我发现这是一个我从来没有尝试过的领域,从零开始学习,发现自己很有成就感。(SB-N-41) 研究这个让自己有成就感了之后,就想继续研究,发现它是一个很新的东西,是大家很需要的东西。(SB-N-40)
	视野扩展	在个人思想的追求上可能也会不太一样了,就是眼界的一些提高,对自己要求会更高。(SB-N-41) 我觉得也让自己的眼界更加宽了。(SB-N-40)
	自我要求	经历了这个项目之后就觉得自己必须提高,就会促进自己主动地去学更多的东西。(SB-N-42) 就是对自己要求会更高。(SB-N-41)

续表

二阶主题	子主题	相关引文证据举例
研究精神	研究精神	然后想要去研究的,就会有这种思想产生,就知道现实诉求是什么,教学的痛点是什么,难点是什么。(SB-N-40)
"大创"项目认同感	再次申报	在上一个项目结题,我现在还有一个区级的项目,虽然说项目结题了,但我觉得"大创"还挺好的,相对其他东西来说就会想继续再做下去。(SB-N-42)
	自主推广	20级有好几个,我会鼓励他们去申请。(SB-N-40)

（二）创新创业能力尤其是目标确定能力得到明显发展

分析发现,参与项目促进了学生的沟通交流能力、合作能力、目标确定能力、创新能力、抗挫折能力、应变能力、领导能力等的发展,尤其是目标确定能力的发展。由于"学生自主型"项目的选题、团队组建、任务执行成果形成等都是学生主导推进的,在项目运行过程中,学生的主体性得到很大的发挥。项目中主体性的发挥需要学生进行更多的自我思考、自我反思、自主探索,在自主探索中,他们更加了解自己、更加明晰自己未来的方向。

（三）综合素质得到明显提升

除了专业能力、创新创业能力的提升,参与"学生自主型"项目还增强了学生的自信心、拓宽了学生的视野、提升了他们对自己的要求和主动性,也让他们体验到了满满的成就感。尤其是,参与该案例项目的多名成员都表示参与"大创"项目提升了对自己的要求,让他们认识到自己必须更加努力,这促使了他们主动去学习、主动去行动。此外,在项目中不断积累的经验以及成就体验,也让他们变得越来越自信。再者,调研过程中与中小学教师的接触以及他们基于项目成果参加比赛的经历也大大开阔了他们的视野。

（四）"大创"项目认同度得到进一步强化

分析发现,"学生自主型"项目提升了学生对"大创"项目的认同度。具体表现在他们会主动向师弟师妹推介"大创"项目或者再次申报。这说明,参与"学生自主型"项目的经历让学生完成了对"大创"的内化,使得他们参与项目

的内部动机得到了进一步强化。

三、"学生自主型"案例项目的育人特点

对案例项目团队 GBN12 的育人实践过程进行分析发现,其呈现出学生自主自觉的项目推进、以兴趣与提升自我为主的参与动机、规范化管理下的分工合作、"专家式"的导师支持、多维的育人环境等特点。

(一)自主自觉的项目推进

从图 5-4 可知,项目团队 GBN12 的项目运行过程是由学生主导的。他们是主动参与"大创"的,因为项目团队的核心成员是第二次参与"大创"项目,第一次参与"大创"项目的经历与收获让他们深度认识到了"大创"项目对自身发展的价值,也提高了他们的项目效能和兴趣,让他们产生了再次参与的动机。在项目的选题、团队组建、申报书撰写、项目任务开展与成果形成等环节中,学生的主体性均得到了较好的发挥,在这个过程中,项目导师只是一个伴随者,在学生需要的时候给予一定的引导与支持。

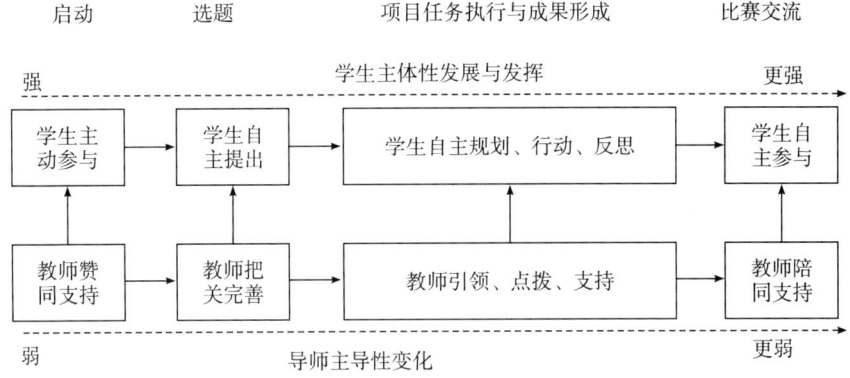

图 5-4 "学生自主型"案例项目的育人过程

(二)以兴趣与提升自我为主的参与动机

分析发现,案例项目团队 GBN12 成员参与"大创"项目的动机是多样的,具体见表 5-12。

表 5-12　"学生自主型"案例项目学生参与动机的编码过程与证据示例

二阶主题	子主题	相关引文证据举例
外部驱动	教师/师兄师姐建议	我们加入"数学课栈"后课栈的师兄师姐会建议我们申报,老师也会建议我们申报。(SB-N-40-41-42)
	硬性要求	做"大创"有一个很现实的原因,我们学院有一个红头文件,文件上面要求我们参加创新杯或者参加"互联网＋"大赛,或者做一个"大创"项目。(SB-N-43)
	资源驱动	做"大创"还有一个好处就是你会有经费或者有什么,你有课题有方向去发表一些论文等。(SB-N-43)
内部驱动	产生兴趣	我从小就比较喜欢教育这个方向,也喜欢数学,做这个项目就是为了做我感兴趣的东西。(SB-N-40) 我是数学专业的,我自己对数学是很有兴趣的,也很明确自己以后要当老师,当时大一的时候"数学课栈"来我们班做宣传纳新,我了解到这个"数学课栈"主要是做数学微课的,我就很感兴趣,所以就参加了。(SB-N-41) 我比较喜欢数学,也喜欢教育,就想着能不能做一种让别人很喜欢的一些微课或者一种技术体现。(SB-N-42)
	提升自我	我是刚开始(大一)很茫然,就觉得每个方向都想去尝试一下。通过这个平台让自己得到了锻炼。(SB-N-41) 因为我很明确以后要当老师,参加这个主要是为了提高教学技能。(SB-N-40)

　　他们参与"大创"项目既有"教师/师兄师姐建议",也因学院的"硬性要求",还因想获得"大创"项目的外部价值,如经费等,更因自身对"数学微课/数学积件研究与制作"的兴趣以及提升自己能力尤其是提升自身教师技能的需要。虽然他们参与"大创"项目的动机多样,但进一步分析发现,"兴趣与提升自我"是他们的主要动机。虽然他们所在的学院有硬性要求学生必须参与"大创"项目,但根据该案例项目团队学生的反馈,即使没有这个规定,他们也会参加。因为学院对"大创"项目的宣传以及他们加入"数学课栈"后让他们深度认识到了"大创"项目对个人成长的价值,加入"数学课栈"还提升了他们对"数学微课/数学积件研究与制作"的兴趣以及自我效能感,对自身而言是有很大益处的。

（三）规范化管理下的分工合作

案例项目团队 GBN12 的成员都是"数学课栈"的成员,该项目团队的项目也是"数学课栈"运行的一个载体。也即是说,案例项目团队 GBN12 是其导师与学生所创建的创新创业实践共同体"数学课栈"的一个组成部分。因而,该案例项目团队的管理深受"数学课栈"这一组织机构的影响。如前文描述,经过多年的实践探索,"数学课栈"已探索出一个"大创"项目运行的模式以及规范化的管理。学生在"数学课栈"中的学习让他们习得了系列的团队规范,也增进了成员间的相互了解和信任,这为项目团队成员间的协作与互动奠定了非常好的基础。

总体而言,案例项目团队 GBN12 在项目运行过程中能通过分工与合作来完成各项任务,并且能保持密切沟通(具体见表 5-13)。由于团队有固定的工作场所——"数学课栈",因而,在项目运行过程中,团队成员基本上能天天见面、时常沟通。此外,该项目团队还形成了定期总结反思的团队规范。这一规范不仅促进了成员间的相互学习以及成员反思能力的发展,还能对团队起到监督与约束的作用,从而有助于项目任务的按期按质完成。

表 5-13 "学生自主型"案例项目团队互动编码过程与证据示例

二阶主题	子主题	相关引文证据举例
团队互动	分工	组长他召集我们开了会,讨论了撰写的内容,然后分配了任务,大家一起写的,最后由组长进行汇总。(SB-N-41)
	合作	接着,就是项目微课的优化设计,主要是我们 3 个 18 级成员对接 7 个 19 级成员,对他们的作品提出修改意见并进行修改。(SB-N-40)
	密切沟通	我们"数学课栈"有专门的场地嘛,平时没课大家都在课栈,可以说是天天见面天天沟通,在群里也有啥说啥。(SB-N-42)
	总结反思	在我们的群里面也会进行总结反思,会反思最近自己的微课研发了什么、有什么收获、和一线教师交流学到了什么等,十几天就会进行一次小结反思。(SB-N-41)

续表

二阶主题	子主题	相关引文证据举例
团队领导	以老带新	18级的肯定比19级的技术好一点,所以在项目里一般是18级带19级,一方面是技术上,另一方面是让他们有这种经历。我们的大创项目都是这样子,都是师兄师姐带师弟师妹,比如说现在19级的,他们又申报项目,申报了一个重点国家级项目,他们目前做高中,也要带着一些20级的同学。(SB-N-42)
	领导方式	接着是选定微课设计的主题和资料来源。主要是从数学学科本身出发,确定一些专题,细化形成微课主题清单,最后在知网上下载并筛选出对应课题的资料,供成员参考,这个过程主要是负责人和导师进行对接。(SB-N-40) 依据这些任务清单和申报期限,设定任务进度表,任务分配到每个人,明确初稿上交日期。(SB-N-40)

在团队领导方面,案例项目团队 GBN12 形成了"以老带新"的制度。该制度由高年级、经验丰富、技术水平高的成员指导与帮助低年级、经验欠缺的成员完成项目任务。通过设立以老带新的导生支持制度,保障项目团队能在需要的时候得到及时、充分的支持。这些项目"过来人"不仅充当着小导师的作用,还发挥着榜样示范、知心朋友的作用。

(四)"专家式"的导师支持

分析发现,"学生自主型"案例项目的导师支持是一种"专家式"引导(见表5-14)。这种"专家式"引导的主要特征是:引领、伴随、咨询。首先,该类型案例项目的导师指导是一种引领式指导,是从方向上引导项目的发展、学生的发展,而不是手把手地教导学生如何开展项目或者如何解决具体的问题。其次,该类型案例项目的导师支持是一种伴随式支持,是在学生需要支持的时候及时出现,而在学生自主探索的时候是"静静陪伴"。再次,该类型案例项目的导师主要是通过提供咨询来进行指点或点拨或提供参考方案、建议来帮助学生完善选题、作品或解决难题,是学生开展项目的参谋,而不是替学生做选择,做决策。

与"导师主导型""师生协作型"案例项目相同,导师在"学生自主型"案例项目中也需要扮演多种角色。总体而言,该案例项目导师在项目育人过程中

需要扮演引导者、咨询者、伴随者的角色。同样,在项目团队需要支持时,该案例项目的导师也给予了及时的支持。

表 5-14 "学生自主型"案例项目导师支持编码过程与证据示例

二阶主题	子主题	相关引文证据举例
指导形式	方向把控	然后我们跟老师汇报了我们的选题,老师觉得可以,帮我们完善了一下表述。(SB-N-40) 这个过程主要是负责人和导师进行对接,以便定下一个大方向和内容的雏形。(SB-N-40)
	资源支持	我们的微课需要一线老师帮忙修改,我们还是学生,所以需要我们导师牵线搭桥。此外,我们制作一个微课的成本要一千多元,我们的项目要完成 100 个微课,我们的经费只有 2 万,其他的都是导师资助的。(SB-N-40)
	心理/情感支持	当时参加比赛,我们不是遭遇了突发事件嘛,就没能获得预期中的成绩,但老师还是鼓励我们。(SB-N-42)
指导特征	指导目的	我自己做这个"数学课栈"是有初心和梦想的。经常有人跟我说,你搞这个(指做"数学课栈"和指导学生做"大创计划"项目)要投入那么多时间和精力,对评职称什么的又没什么帮助,你好好做科研,你不要搞这个事,把博导评上。确实很多人不理解,真的不理解我,但这对我来讲是我价值的体现。(TB-N-12)
	指导强度	SB-N-41 和我是导师 TB-N-12 一直培养的,从大一开始,尤其是师范生教学技能方面,然后在加入"数学课栈"后又跟着老师做"大创",跟着老师送教下乡,让我得到了很多的锻炼和成长。(SB-N-40)
导师角色	引导者	我觉得老师就像一个摆渡者,一直引导着我们前进的方向,带领我们在一个从未尝试过的领域里学习与探索,指引着我们的成长。(SB-N-41)
	咨询者	我们修改后再请老师帮我们看,老师提了一些建议,我们再修改,然后再请师兄师姐帮忙看,然后再修改,再给老师看,就是这么一个过程。(SB-N-40)
	伴随者	我们老师会经常来数学课程,我们如果有问题基本上可以随时找他。(SB-N-42)

（五）多维支持的育人环境

分析发现，"学生自主型"案例项目获得了多维的环境支撑，如资源支持、政策支持、创新创业文化氛围支持等（见表 5-15）。具体而言，在资源支持方面，在"数学课栈"取得一定成绩与影响力后，案例高校为该创客中心配置了场地和电脑等设备；"数学课栈"则为学生项目的开展提供了经费支持。在政策支持方面，案例学校 B 制定了《"第二课堂成绩单"制度实施办法》等一系列政策文件，并且将参加"大创"项目作为学生综合测评评价与保研评价中的一个重要指标，此外，还设置了本科生学业导师制度。在创新创业文化氛围支持方面，案例高校通过举办多种创新创业类竞赛、开设丰富多样创新创业教育专题讲座来营造氛围。这些支持一定程度上促进了学生参与"大创"项目，尤其是将参加"大创"项目作为学生综合测评与保研中的一个重要指标，但也一定程度上增强了学生参与项目的功利心。

表 5-15　"学生自主型"案例项目环境支持编码过程与证据示例

二阶主题	子主题	相关引文证据举例
资源支持	经费支持	因为我们数学课站跟着课题去做一些研发，我们比较系统性一点，经费也比较充裕。（SB-N-40）
	设备/场地支持	我们"数学课栈"做出成绩后，学校给我们安排了这个场地，有两间办公室，还有这些电脑。（TB-N-12）
政策支持	管理制度创新	学校制定了"第二课堂成绩单"制度实施办法、学生创新创业能力学分转换课程学分管理办法等一系列政策文件。（SB-N-42）
	综合测评加分	在综合测评中可以加分，加得还挺高的。（SB-N-42）
	保研加分	做"大创"在保研方面也是可以加分的。（SB-N-42）
	学业导师制度	我们的导师也是我们的学业导师，从大一就开始带我们。（SB-N-40）
创新创业文化氛围支持	"大创"项目交流与展示	我们每年都有"三创"赛。（SB-N-42）
	创新创业讲座	有一些创新创业类的讲座。（SB-N-42）
导师激励	课时激励	指导"大创"我们现在是给折算一些课时。（TB-N-12）
	职称晋升激励	如果是指导学生获得省级及以上获奖，评职称的时候可以顶教改项目吧。（TB-N-12）

在教师激励方面,案例高校 B 也进行了一些探索,如将指导"大创"项目折算为教师的教学工作量、将指导学生参与创新创业类竞赛获奖作为职称评审中的一个成果。但因为这些政策并不能满足教师的需求,这些政策同样并不能让教师们满意,并不能有效发挥激励功效。

第四节　多案例的比较分析

多案例比较分析可以析出多个案例间的一致性或异质性,进而实现对相关理论的构建或对理论研究假设的证实或证伪。[①] 本章的前三节分别介绍与分析了项目团队 GAA01、项目团队 GET19、项目团队 GBN12 的实践探索,分别从育人的具体实践、育人效果与育人特点这三个方面进行了单个案例内的分析和讨论。接下来,将在案例分析的基础上进行多案例比较分析,以探索和发现三类项目实践探索的异同点及规律。

一、三类案例项目育人输入比较分析

对三类案例项目学生参与项目的动机与项目选题进行比较分析发现,它们在这两方面既有共同点,也存在差异之处,具体见表 5-16。

表 5-16　三类案例项目学生参与动机比较分析

变量		"导师主导型"案例项目	"师生协作型"案例项目	"学生自主型"案例项目
外部驱动	导师建议	■		■
	班主任建议	■		
	获取竞争优势	■		
	导师行为榜样		■	
	获取资源		■	■
	硬性要求			■

---

①付永刚. 复杂产品系统的研发团队有效性研究[D].大连:大连理工大学,2013:88.

续表

变量		"导师主导型"案例项目	"师生协作型"案例项目	"学生自主型"案例项目
内部驱动	获得成就	■		
	充实自我	■		
	提升自我	■	■	■
	产生兴趣		■	■

注:"■"表示"选择"或"具有",下表同。

(一)三类案例项目学生参与动机比较分析

1. 三类案例项目学生的参与动机均是多样的

比较分析发现,三类案例项目学生的参与动机都是多样的,既受到外部动机的驱动,也受到内部动机的影响。其中,外部动机又分为四类:一是他人建议,如学业导师建议、班主任建议等;二是"大创"项目的外部价值,如参与项目能获得综合测评、保研、未来就业等方面的竞赛优势;三是获取资源,如获取项目经费、场地等;四是硬性要求,即有部分高校/学院会硬性要求学生参与"大创"项目。内部动机则主要有两类:一是兴趣,对"大创"项目的兴趣或对创新创业活动的兴趣或者是对项目选题的兴趣;二是自我发展,如提升能力、充实生活、获得成就感等。

2. 学生外部动机越强,导师主导性也越强

进一步分析发现,虽然三类案例项目学生的参与动机是多样的,但他们的主要动机是存在一定差别的:促使"导师主导型"案例项目学生参与项目的最主要原因是学业导师的建议,他们的参与动机具有明显的外源性;而"师生协作型"案例项目与"学生自主型"案例项目学生参与项目的最主要原因是兴趣与提升自身能力的需要,他们是主动参与项目的,主要是受内部动机驱动的。不过,虽然"导师主导型"案例项目学生最初参与项目主要是受外部动机驱动,但在项目结束后他们却产生了再次申报项目的意愿并且会主动向师弟师妹推介"大创"项目。这说明,参与项目的过程使他们的外部动机慢慢内化为了内部动机。

3. 重视项目的内在价值才能为项目有效育人提供源源不断的内驱动力

已有研究大多都表明,不同来源或不同类型的动机对个体的行为、态度等

有不同的影响。例如,一般认为,与外部动机相比,内部动机具有更好的稳定性和持久性,具有更好的适应性,持有内部动机的个体在行动中会更加投入与专注、具有更强的好奇心、在遇到困难时更能坚持不懈。[①] 此外,有关自主性动机与控制性动机的相关研究则表明,持自主性动机的个体由于在行动时能体验到个体的意志感、能充分遵循自己的内在想法、感受和期待,因而在从事某一活动时能有更多的投入、更多的创造性、更长的坚持性、更好的幸福感和更好的行为绩效。[②] 从动机的来源看,兴趣动机源于个体的求知需要,而"大创"项目是一个探究未知的过程,需要学生去学习新知识、新技能、解决问题,这些正好都能满足学生的求知需要。兴趣驱动与自我发展驱动都源于"大创"项目的内在价值,而非功利价值,项目的内在价值与个体的求知需要和自我实现需要相契合,同时,这两种参与动机还体现了个体的自我意志、自我意愿,因而这两种类型的参与动机对项目有效育人最具价值,能为项目育人提供源源不断的驱动力。

(二)三类案例项目的选题分析比较

三个案例项目的选题分析比较结果见表 5-17。从表 5-17 可知,它们在选题方面既存在共性也存在差异。

1. 关注现实问题是三类项目育人生命力的源泉

比较分析发现,三类案例项目的选题都能从现实问题出发。项目选题立足于现实问题是"大创"项目育人生命力的源泉。因为,选题立足于现实问题有助于增强学生对所做项目的价值与意义感知,从而提高他们开展项目的兴趣与动机,因而能为项目的有效开展提供源源不断的动力。王洪才等指出:"创新创业能力的培养首先要引导学生关注现实问题,培养其探究欲望,这是其创新创业能力增长的源泉。"[③]因此,"大创"项目要想达到其育人目标,项目的选题就必须能够反映和回应现实问题。

①张剑,郭德俊.内部动机与外部动机的关系[J].心理科学进展,2003(5):545-550.

②刘丽虹,张积家.动机的自我决定理论及其应用[J].华南师范大学学报(社会科学版),2010(4):53-59.

③王洪才,汤建.创新创业教育:高等教育内涵式发展的关键[J].武汉科技大学学报(社会科学版),2021(1):110-116.

表 5-17 三类案例项目选题比较分析

变量		"导师主导型"案例项目	"师生协作型"案例项目	"学生自主型"案例项目
项目选题质量	关联专业	■		■
	关注现实问题	■	■	■
	跨专业问题		■	
	难度			■
选题方式	教师提出想法	■		
	师生讨论完善	■	■	
	学生提出想法		■	■
	团队共同讨论			■

2. 项目难度强弱是影响导师支持的重要因素

在项目设计方面,"导师主导型"与"学生自主型"案例项目均是从学生所学专业出发进行选题,选题与专业密切关联,但"师生协作型"案例项目关注的则是跨专业问题。这一差异可能是由学校的创新创业文化不同所致。"导师主导型"案例项目与"学生自主型"案例项目所在的高校均为师范类院校,这两个案例项目的团队成员均为师范生,学校的师范教育文化浓厚,这种文化会潜移默化地影响学校的创新创业教育导向与特色发展,而"师生协作型"案例项目所在的高校为应用型的工科高校,该校具有浓厚的竞赛文化,重视跨学科教育,这种文化也会潜移默化地影响师生的创新创业活动。再者,在选题难度方面,"导师主导型"与"师生协作型"案例项目的团队成员认为项目难度过大,"学生自主型"案例项目团队成员则认为项目难度适中。这一差异影响了团队在项目育人过程中对导师指导需求的差异,这种需求差异又影响了导师的指导方式与学生在项目运行中的主体性发挥程度。

3. 选题方式匹配选题能力才能更好地促进学生的发展

在选题方式方面,三类案例项目存在较大差异。"导师主导型"案例项目的选题是导师提出想法后师生共同讨论完善,"师生协作型"案例项目则是学生提出想法后师生共同探讨完善,"学生自主型"案例项目则是学生提出想法后团队共同讨论完善。这一差异主要是学生的选题能力不同使然。"导师主导型"与"师生协作型"案例项目的团队成员在申报项目时处于大一或大二阶段,尚不具备独立进行选题的能力,而"学生自主型"案例项目的核心成员在申

报项目时已是大三,并且是二次申报,具备了独立选题的能力。这种差异表明,在选题环节,选题方式匹配学生的主体性与选题能力才能更好地促进学生的发展。

二、三类案例项目育人过程比较分析

对三类案例项目育人过程中学生主体性与导师主导性的变化、项目团队互动、导师支持、学校环境支持进行对比分析发现,它们在这些方面既有共同点,也有差异之处,具体见表5-18。

表5-18　三类案例项目团队互动比较分析

变量		"导师主导型"案例项目	"师生协作型"案例项目	"学生自主型"案例项目
团队互动	合作	■	■	■
	分工	■	■	■
	密切沟通	■	■	■
	总结汇报/反思		■	■
团队领导	领导方式	■	■	■
	冲突处理	■	■	
	以老带新			■

(一)三类项目育人过程中学生主体性与导师主导性变化

比较分析发现,三类案例项目的育人过程存在一定差异,具体表现在以下两个方面。一是项目育人过程中学生主体性发展与发挥的强度变化存在差异。在"导师主导型"案例项目中,学生的主体性发展与发挥是一个由弱到强的过程。在"师生协作型"与"学生自主型"案例项目中,学生的主体性发展与发挥则均是一个由强到更强的过程。二是项目育人过程中导师主导性的强度变化存在差异。在"导师主导型"案例项目中,导师的主导性是一个由强变弱的过程。在"师生协作型"案例项目中,导师的主导性是一个由强到较弱的过程。在"学生自主型"案例项目中,导师的主导性是一个由弱到更弱的过程。

(二)三类案例项目团队互动分析比较

1. 充分的团队互动促进了三类案例项目成员的沟通合作能力发展

对比分析发现，三类案例项目在运行中均有充分的团队协作、互动。三类案例项目团队在完成项目任务时都是通过分工、合作、密切沟通的方式进行，而非单个成员的单打独斗或者是项目主持人包揽了所有的项目任务。"大创"项目的项目任务要有效完成，也必须通过团队协作。因为项目中的各项任务往往是学生依靠个人力量无法完成的，而是需要团队成员一起集思广益、群策群力、贡献智慧、互帮互助，需要最大限度地发挥团队的力量与优势来进行思考、观察、讨论、设计、调查、制作等，以此来高效完成项目任务。只有这样，团队协作才能充分调动团队成员的所有资源与才智，才能取长补短、相互激励、共享资源，从而实现"1＋1＋1＞3"的效果。再者，学生的团队协作精神与团队协作能力培养也是"大创"项目的目的，而能力的形成与发展依赖于一定的知识与素质基础，并需要在实践中形成与发展。在"大创"项目进展过程中，学生通过分工合作完成项目任务，这一过程也是他们团队协作精神与团队协作能力形成与发展的过程。

2. 定期总结与反思助力学生的主体性发展

进一步对比分析发现，"总结汇报/反思"是"师生协作型"与"学生自主型"案例项目团队互动的重要方式，但该方式在"导师主导型"案例项目团队中并不明显。"导师主导型"案例项目的导师主要是通过节点提醒或日常催促的方式督促项目团队推进项目。这种差异可能是由导师的指导水平差异所致。研究发现，"导师主导型"案例项目的导师虽然认真负责，但尚未认识到"总结汇报/反思"对"大创"有效育人的重要作用。实际上，要想基于"大创"项目培养学生的主体性，让学生进行定期的总结与反思是不可或缺的。

3. 师生共同体的"以老带新"制度助力学生走向独立自主

在团队领导方面，三类案例项目均采用民主型领导方式，但"学生自主型"案例项目还设置了"以老带新"的制度，通过发挥学长学姐与项目过来人的导生作用来促进项目有效育人。"以老带新"是指由有项目经验的学生或是学长学姐带着首次参与项目的学生开展项目任务，也就是有项目经验的同学或学长学姐在"大创"项目育人过程中也充当着"导师"的职责。在大学中，学长学姐是一个尤为重要与特殊的群体，他们也是大学生成长过程中的重要他人。他们不仅扮演着学长学姐的角色，给予低年级学生支持、照顾、关心，充当着低年级学生的学习榜样，也扮演着"师者"的角色，引导着低年级的学习与生活。在"大创"项目的育人过程中，有项目经验的学长学姐发挥着举足轻重的作用。他们不仅是低年级学生参与项目的引路人，也是项目的"导师"。"学生自主

型"案例项目设置"以老带新"的制度主要是由于该项目团队是师生创新创业共同体"数学课栈"的一个组成部分,"以老带新"是该共同体运行的一项重要制度。这一制度促进了"数学课栈"成员的独立性、自主性发展。

(三)三类案例项目导师支持分析比较

对比分析发现,导师支持在三类案例项目的育人过程中均发挥着重要作用。三类案例项目均需要导师提供多种形式的支持以及扮演多种角色,但三类案例项目导师指导的形式、指导特征、导师扮演的角色又存在一定差异,具体见表 5-19。

表 5-19   三类案例项目导师支持比较分析

变量		"导师主导型"案例项目	"师生协作型"案例项目	"学生自主型"案例项目
指导形式	具体技能指导	■	■	
	心理/情感支持	■	■	■
	资源支持	■	■	■
	方向把控		■	■
	技术支持		■	
	榜样示范		■	
	团队管理指导		■	
指导特征	指导强度	■	■	■
	指导目的	■	■	■
导师角色	启动者	■	■	
	组织者	■		
	监督者	■	■	
	推动者	■		
	引导者	■		■
	合作伙伴		■	
	咨询者			■
	伴随者			■

1. 导师提供心理/情感与资源支持是三类项目有效育人的基本需求

比较分析发现,在指导形式方面,不管是哪种案例项目,都需要导师提供心理/情感支持与资源支持。这是因为在项目推进过程中,学生可能会遭遇困难与挫折、士气低落,从而产生退缩或是想要放弃的情绪和想法,这时来自导师的关爱、关怀、理解、鼓励等则能帮助他们战胜困难与挫折。至于资源支持,不管是哪种类型的项目,其育人有效性的实现都需要一定的资源。虽然不少高校都会为立项的项目提供一定的资源,但通常来说,学校所提供的资源一般都难以满足项目的需要,因而项目团队往往都需要导师提供一定的资源支持。

2. 学生的主体性越差,越需要导师提供具体指导

进一步分析发现,学生的主体性越差,越需要导师提供具体的技能指导。在"导师主导型"案例项目中,学生在项目中主要承担的是完成具体项目的任务,但由于学生尚未具备完成具体任务所需要的知识与技能,因而需要导师"手把手教",需要导师提供更多的技能指导。在"师生协作型"案例项目中,作为导师"合作伙伴"的学生,需要一定程度思考与决定"做什么"与"如何做"的问题,但由于他们在这方面能力的不足,因而需要导师提供"方向把控"方面的支持。在"学生自主型"案例项目育人过程中,作为主导项目运行的学生,需要全方位思考与决定"做什么"与"如何做"的问题,但由于他们在这方面能力的不足,因而,在项目过程中对导师"方向把控"的需求最强。

3. 学生的主体性越差,越依赖导师支持

在指导特征方面,"导师主导型"案例项目需要的导师支持强度最强,"师生协作型"案例项目次之,"学生自主型"案例项目再次之。如前文所述,这主要是由学生在项目中的主体性不同所致。三类案例项目导师指导的具体目的各不相同,但分析发现他们指导项目的根本原因是一致的,都是为了促进学生的发展,并且都非常认同"大创"项目、都具有较强的责任心,乐于与学生互动,愿意为促进学生的成才投入时间与精力。

4. 学生的主体性越差,越需要导师承担多种角色

在导师角色方面,由于学生的主体性欠缺,"导师主导型"案例项目的导师需要扮演启动者、组织者、监督者、推动者、引导者的角色;在"师生协作型"案例项目中,学生具备了一定的主体性,导师主要扮演启动者、监督者、合作伙伴的角色;在"学生自主型"案例项目中,学生具备了较强的主体性,导师则主要扮演引导者、咨询者与伴随者的角色。可见,学生具备的主体性不同,导师在项目运行中扮演的角色也要随之变化。

（四）三类案例项目环境支持分析比较

对比分析发现,三类案例项目所在的高校均为项目的育人提供了多维的支持(见表5-20)。具体而言,资源支持、创新创业文化氛围支持、政策支持、课程支持是案例高校提供的主要支持。在资源支持方面主要有设备/场地支持、资金支持,在创新创业文化氛围支持方面则主要是通过举办创新创业讲座、"大创"项目展示与交流平台等来营造氛围,在课程支持方面则主要是为学生提供"创新创业基础课"。总体而言,三类案例项目获得的环境支持差异并不大,这说明当前各高校的"大创"项目实施甚至是创新创业教育特色不明显。在导师激励方面,则主要有课时激励、奖金激励、职称晋升激励、经费激励。从前文可知,虽然高校出台了一些激励教师参与指导"大创"项目、参与创新创业教育的政策,但这些政策并不能让教师们满意,不能有效发挥激励功效。

表5-20　三类案例项目环境支持比较分析

变量		"导师主导型"案例项目	"师生协作型"案例项目	"学生自主型"案例项目
资源支持	设备/场地支持	■	■	■
	资金支持	■	■	■
创新创业文化氛围支持	创新创业讲座	■	■	■
	"大创"项目展示与交流	■	■	■
政策支持	综合测评加分	■	■	■
	保研加分	■	■	■
	学业导师制度	■	■	■
	管理制度创新		■	■
	专项奖学金		■	
导师激励	课时激励	■		■
	奖金激励	■		■
	职称晋升激励	■	■	■
	经费激励		■	
课程支持	创新创业课程	■	■	■
	试点班		■	
	特色课程		■	

三、三类案例项目育人结果比较分析

分析发现，三类案例项目均有较好的育人效果，均有助于提升学生的专业能力、创新创业能力、科研能力、综合素质与项目认同度，但三者间的实际育人效果也存在一定的差异，具体见表 5-21。

表 5-21　三类案例项目结果有效性对比分析

变量		"导师主导型"案例项目	"师生协作型"案例项目	"学生自主型"案例项目
专业能力	专业技能	■		■
	专业知识	■	■	
	知识应用能力		■	
	专业思想			■
创新创业能力	沟通交流能力	■	■	■
	冲突处理能力	■		
	合作能力	■	■	■
	创新能力	■	■	■
	目标确定能力	■	■	■
	逆境奋起能力		■	■
	行动规划能力		■	■
	领导能力		■	■
	应变能力			■
	反思学习			■
科研能力	写作能力	■	■	■
	研究能力	■	■	■
	研究热情	■	■	■
	资料收集与查阅能力	■	■	■
综合素质	情绪调节能力	■		
	自信心	■	■	■
	收获成就感	■	■	■
	发展友谊	■		■
	吃苦精神		■	■
	视野拓宽			■
	自我要求			■

续表

变量		"导师主导型"案例项目	"师生协作型"案例项目	"学生自主型"案例项目
"大创"项目认同度	自主推广	■	■	■
	再次申报	■		■

（一）三类案例项目育人结果有效性的共同点

1. 三类项目均能促进学生创新创业等能力的发展

对比分析发现，三类案例项目均能促进学生的创新创业能力、专业能力、科研能力的发展，均能提高学生的综合素质以及对"大创"项目的认同度。这一方面表明，项目学习应用于创新创业教育是有效的，项目学习是培养创新创业人才的有效途径。这与项目学习促进学生能力发展的已有研究结果基本一致。例如，穆萨（Musa）等的一项准实验研究表明，项目学习能有效提高学生的团队合作能力、自信心、沟通表达能力、项目管理能力、信息收集能力、人际交往能力、问题解决能力等。[1] 首先，"大创"项目能促进学生的专业技能、专业知识、专业思想、知识应用的提升，这是因为项目学习的中心活动就涉及新知识的转化和构建。[2] 因为在"大创"项目中需要学生提出问题、探索想法、整合想法、解决问题，这些都涉及新知识的转化和构建，而三类案例项目的选题大都与学生所学专业密切关联，因而能促进学生专业知识的学习与转化。其次，"大创"项目能有效提升学生的创新创业能力、科研能力、综合素质等。这是因为"大创"项目是一种"做中学"、体验式学习与探究性学习活动，在项目中学生需要与同伴、教师一起探讨项目要解决的问题，设计解决问题的方案、开展实地调研或进行实验、对收集的材料进行整理与分析，通过实际应用验证方案的有效性，最终形成研究报告、作品、产品、论文等成果。[3] 在这些具体的活

---

①MUSA F, MUFTI N, LATIFF R A, et al. Project-based learning（PjBL）: inculcating soft skills in 21st century workplace[J]. Procedia-social and behavioral sciences, 2012(1):565-573.

②OGUZ-UNVER A, ARABACIOGLU S. A comparison of inquiry-based learning（IBL）, problem-based learning（PBL）and project-based learning（PjBL）in science education[J]. Academia journal of educational research, 2014(7): 120-128.

③THOMAS J W. A review of research on project-based learning[EB/OL].(2000-01-22)[2023-03-05].http://www.autodesk.com/foundation.

动中以及与同伴、教师的互动中使学生的能力与素质得到发展。再次,参与项目明显提升了学生对"大创"项目的认同度。这是因为切身的参与一方面让学生深度认识了"大创"项目的价值,另一方面,参与还让学生获得了一种归属感,从而提升了认同感。

2. 三类案例项目对果断决策能力、把握机遇能力与风险防范能力促进作用有限

此外,虽然三类案例项目都能促进学生创新创业能力的发展,但进一步的分析发现,这种发展主要是沟通合作能力、目标确定能力、行动筹划能力、逆境奋起能力的发展,尤其是沟通合作能力的发展,而果断决策能力、把握机遇能力、风险防范能力的发展较少。这可能是因为三类案例项目都是以团队的形式开展的,团队内外的互动促进了学生沟通合作能力的发展;由于项目的周期较长,项目要有效推进就需要学生学会规划设计,因而促进了学生行动筹划能力的发展;开展项目的过程其实也是一个探究自我、认识自我、发展自我的过程,因而促进了目标确定能力的发展;项目中或多或少都会遇到一些困难与挑战,从而促进了逆境奋起能力的发展。但由于"大创"项目是一个训练项目,而不是一个完全脱离学校场域的真实项目,项目中需要在复杂的选择中快速做出决策的情境较少,项目的运行虽然需要学生与社会相接触,但这种接触仍然是不充分的,即使项目失败,学生的损失也是可接受的,并且有项目导师一路保驾护航,因而,学生的果断决策能力、把握机遇能力、风险防范能力这三种能力没有得到明显的发展。此外,这也可能是由于这三种能力需要更长时间的培养所致。

(二)三类案例项目结果有效性的差异性

分析发现,三类案例项目的结果有效性也存在一些差异,主要体现在以下几个方面:一是从整体上看,"学生自主型"案例项目的育人效果要稍好于"师生协作型"案例项目,而"师生协作型"案例项目的育人效果又稍好于"导师主导型"案例项目。二是在创新创业能力的促进方面,除了提升了沟通交流能力、合作能力、创新能力、目标确定能力,"师生协作型"案例项目还能促进学生的逆境奋起能力、行动规划能力、领导能力的发展,"学生自主型"案例项目则还能促进学生的逆境奋起能力、行动规划能力、领导能力、应变能力、反思学习能力的发展。三是在综合素质方面,"学生自主型"案例项目有助于拓宽学生的视野、提升学生的自我要求。笔者认为,三类案例项目在结果有效性方面的

差异主要是由学生在项目运行中主体性发挥的程度不同所致。相比较而言，"学生自主型"案例项目中学生的主体性最强，其次是"师生协作型"，再次是"导师主导型"。学生的主体性越强，学生在项目中的自主探究、主动探究、创造性探究就越多，自然就越能促进自身的多方面发展。

四、三类案例项目间的关系分析

"导师主导型""师生协作型""学生自主型"项目间存在内在的联系，一是递进关系，二是包含关系。其中，递进关系指的是这三种类型间是从"导师主导型"到"师生协作型"再到"学生自主型"的发展，这主要是从学生参与项目的进阶以及项目实施系统的角度分析的关系；而包含关系则是从单个"大创"项目育人过程的视角分析的关系。基于前文的分析可知，这三个案例项目体现了不同类型项目间的包含关系。例如，案例项目团队 GAA01 运行的过程是一个学生主体性发展是一个发展与发挥逐渐增强，而导师主导性逐渐减弱的过程，在项目启动、选题、项目开展早期，导师的"主导"作用明显，而在项目开展的后期，随着学生项目效能感与主体性的提升，项目推进慢慢由导师"主导"转变为"师生协作"，甚至是"学生自主"。但三类案例项目间却没有体现出不同类型间的递进关系。这是因为这三个案例项目并非同一个项目团队，无法体现不同类型间的递进关系。

第六章

"大创"项目育人有效性的提升策略

　　总体而言,要提升"大创"项目的育人有效性,一是需要更新教育理念,重塑项目育人目标;二是要优化制度设计,增强项目育人动力;三是要完善管理体系,提升项目育人实效。

第一节　更新教育理念,重塑项目育人目标

　　教育理念是人们对教育的认知与信仰,是关于教育基本问题的深层次本质和规律的观念①,是人们对大学的理性认识、理想追求及所持教育观念②。它直接影响着教育者的态度与行为。"大创"项目有效育人存在着诸多的问题,其根源之一在于教育者与学生的创新创业教育观念、人才培养观念的滞后以及对"大创"项目的价值认知不足。因而,要提升"大创"项目的育人有效性,就需要更新教育者与学生的创新创业教育理念、人才培养理念与对"大创"项目的认识,以此重塑"大创"项目的育人目标,以提升项目育人目标对育人行为指引的有效性。

一、从战略规划层面促进师生形成创新创业教育认同

　　当前仍有一些高校、教师未能准确把握创新创业教育的本质,仍有不少教育者、学生不认同创新创业教育,这导致他们漠视创新创业教育、被动地开展

　　①卢晓中.当代世界高等教育理念及对中国的影响[D].厦门:厦门大学,2001:10.
　　②刘汉伟.现代大学教育理念的研究[J].辽宁工业大学学报(社会科学版),2009(4):82-85.

创新创业教育。针对此类问题,应不断更新师生的创新创业教育理念,笔者认为,一方面需要师生通过学习与研究全面认识创新创业教育的多维意涵,减少认识误区;另一方面,需要将创新创业教育纳入学校的发展战略规划,将创新创业教育融入人才培养的全过程,以提高师生对创新创业教育的认同感。

(一)全面理解创新创业教育的内涵,减少认识误区

要树立科学的创新创业教育理念,首先需要加强对创新创业教育观念、理论的学习与研究,全面认识创新创业教育的内涵。创新创业教育作为我国的一个本土概念,具有丰富的内涵,它既是一种能力教育,也是一种健康人格教育、一种个性化教育、一种终身教育。[①] 要树立科学的创新创业教育理念,可从以下几个方面入手:第一,高校可以通过组织专题研讨、专题讲座、专题培训、学术报告、学术沙龙等方式促进师生对创新创业教育的基本内涵、相关理论的认识,从而减少他们的认识误区,革新他们的观念。第二,通过“有组织科研”或激励师生对创新创业教育进行研究来强化师生对创新创业教育的研究,以深化师生对创新创业教育的认识,并树立新型的创新创业教育观念。创新创业教育的理念不是一成不变的,而是会随着时代的变化而变化,并且,创新创业教育仍存在许多未解决的问题。加强对创新创业教育的研究不仅有助于师生深度认识创新创业教育,还可以帮助师生树立新的教育信念以及解决创新创业教育实践中的困惑。第三,可以通过组织系列创新创业教育教研活动、教育教学反思活动来促进教育者对创新创业教育的认识。第四,要纠正创新创业教育中存在的错误观念,如“精英教育”“创业培训”等。第五,要充分认识到每个学生都具有创新创业的潜能,树立与普及“广谱式”“大创新创业教育”观,明确创新创业教育是面向全体学生的教育。

(二)将创新创业教育纳入战略规划,增强师生认同感

当我们关注微观层面的创新创业教育实践与举措时,可以发现当前我国高校的创新创业教育存在一个隐含的缺陷:深化推进创新创业教育改革的主体意识、使命感与责任感不强、在培养创新创业人才上内驱力不足。这就很容易导致高校在开展创新创业教育过程中形成政策依赖,形成一种“执行”政策的教育思维,在推进创新创业教育实践活动中、在创新创业人才培养方面就必

---

① 王洪才.论创新创业教育的多重意蕴[J].江苏高教,2018(3):1-5.

然会缺乏主动性,不会主动思考自身要培养什么样的创新创业人才、不去思考与研究创新创业教育应该是一种什么样的教育、应该如何与专业教育相结合、应该如何结合自身特色构建创新创业教育课程体系。如此一来,高校就不可能培养出国家与社会需要的高质量创新创业人才。

要增强教师、管理者的创新创业教育主体意识、内驱力,就需要提高他们对创新创业教育的认同感。将创新创业教育纳入学校的发展战略规划,才能从学校顶层设计的高度,转变师生对创新创业教育的认知,尤其是对创新创业教育地位与重要性的认知,从而增强他们的认同感,促使他们产生创新创业教育的主体意识与内驱力。因为,只有当高校的领导、教师、学生等人员从内心里认同创新创业人才的价值,理解和认可创新创业人才培养的必要性和重要性时,高校才能生成创新创业人才培养的内生驱动力。

将创新创业教育融入学校的发展战略中指的是将创新创业教育理念与高校的发展愿景相结合,将创新创业教育作为学校发展战略的一项内容。发展愿景与发展目标对大学的发展具有导向、凝聚人心、激发动机等作用,因而,将创新创业理念纳入学校的发展愿景、战略发展目标,可以把创新创业教育从响应党和国家的号召的行为转变为高校的自觉行为和战略行为。也只有创新创业教育成为高校的自觉行为,创新创业人才培养才具有可持续发展的动力,广大教师才会生成开展创新创业教育活动的内驱力。

二、从人才培养定位层面减少项目结果产出追求偏差

从第四章可知,当前教育者们对"大创"项目的结果产出追求存在偏差。要纠正这种偏差需要高校明确学校的创新创业教育定位、将创新创业能力发展作为人才培养的核心。

(一)明确创新创业教育目标定位,提高育人行为导向性

创新创业教育的目标定位是关于"培养什么样的创新创业人才"的思考与整体设计,是高校创新创业教育工作的出发点与归宿,是评价创新创业教育质量的基准。高校的创新创业教育工作都是围绕其所确定的创新创业教育目标所进行的,只有确定了创新创业教育的目标,确定了学校要培养什么样的创新创业人才,各个院系、专业、相关部门才能制定并实施具体的创新创业教育工作计划,教师也才能制定与之匹配的创新创业教育教学目标,才能思考应该如何将专业课程与创新创业教育相融合。假如目标定位不清晰,那么再丰富的

创新创业教育实践也可能只是浮于表面,效果不理想也是必然之结果。

　　要明确创新创业教育的目标定位,首先需要明确学校的发展定位与人才培养定位以及创新创业教育定位。李亚员等通过对 4 个国家 8 所典型创新创业教育高校进行案例比较分析发现,这些学校均有明晰的创新创业教育定位,例如,里昂商学院将"为世界培养企业家"作为学校宗旨,巴布森学院将"为世界培养创业领袖"纳入学校宗旨。① 因而,各高校首先要结合自身的发展定位、资源、特色、生源特点等,明确自身的发展定位,明确自身要培养什么类型、什么规格、具备什么素质的创新创业人才,即要明确自身要培养的创新创业人才的定位类型与核心标准。其次,可以通过构建本校的创新创业人才的素质能力模型,进一步具体化学校的创新创业教育目标定位。再次,还需要将学校的创新创业目标细分,融入人才培养的各个环节中,融入课程体系与课堂教学中。

(二)以创新创业能力为人才培养核心,提高育人行为指引性

　　教育理念的转变核心在于人才培养观念的转变。"大创"项目育人有效性的实现需要高校管理者、教师进行人才培养观念的变革,需要将创新创业能力作为人才培养的核心,重塑教师的人才培养观念。具体而言,一是要将人才培养观念由知识传授型转向创新创业能力培养型。知识传授是传统高等教育的功能定位,教师的教学主要是将学科前沿知识系统整理之后传授给学生。这种观念显然难以培养出创新创业人才,因为创新创业人才不只是知识的运用者,更是知识的创造者与问题的创造性解决者。这就要求必须对人才培养观念进行转变,必须转移到"以学生创新创业能力发展为中心"上来。二是教学的重心要从"教师的教"转变为"学生的学"。"大创"项目育人有效性的实现需要将"大创"项目融入课程教学,让项目成为课程教学的一个载体,让学生基于项目开展探究式、研究性、体验式学习。因此,新的教学理念必须从学生如何基于项目开展探究式、研究性、体验式学习来设计如何教,以激发学生的学习兴趣,使学生成为探究的主体。

(三)转变教师教育观念,增强教师对学生的主体性认识

　　"教师的教育观念是教师在教育教学过程中所形成的对相关教育现象的

---

① 李亚员,刘海滨,孔洁珺.高校创新创业教育生态系统建设的理想样态:基于 4 个国家 8 所典型高校的跨案例比较分析[J].高校教育管理,2022(2):32-46.

主体性认识",如教师的教育价值观、学生观、课程观、师生观、人才观等,它会对教师的教学行为产生直接影响。[①] 如若项目导师认为本科生只是一个受教育体,认为本科生不具备独立开展创新创业项目的能力,那么他们在项目指导过程中就容易将学生视为"执行者",倾向于让学生在项目中执行自己的想法,而不是激发与培养学生的独立思维;就容易代办一些本应学生自主完成的活动,例如项目选题。为此,需要转变教师传统的教育观念,使其认识到即使是本科生,也是一个具有主动意识、具有创新创业潜能的主动体。要通过"大创"项目培养大学生的创新创业能力,前提是要承认并尊重学生的主体地位,培养他们的自由探索精神和创造性。因而,不管是在"大创"项目育人过程中,还是在人才培养的其他环节,都需要将学生看成是一个具有主观能动性的、具有创新创业潜能的个体,给予他们充足的探索自由,才能激发他们的创新潜能。可通过开设学生观、人才观、课程观等教育观专题培训学习,组织学生观、课程观等专题研讨会,促进教师进行教学反思、增加教师与学生间的互动等方式来转变教师的教育观念,增强他们对学生的主体性认识。

三、从项目的启动宣传层面提升学生的项目价值认知

从第四章可知,当前师生不仅对创新创业教育认识不足,他们还不识"大创"项目的全貌,这致使师生忽视"大创"项目或者将其作为一项边缘性的活动。笔者认为,要提升师生对"大创"项目的认识,可以从项目的启动宣传方面入手。

(一)构建校—院—系—班联动宣传机制,深化师生的项目认识

要提升"大创"项目的动员效果,需要构建校—院—系—班四级联动启动宣传机制,而不是仅通过发放项目申报通知的方式上传下达。需要校、院、系、班级制定具体的启动宣传方案,在启动宣传时不只是告知学生项目申报通知的内容,还需要将学校、学院对于"大创"项目的管理职能、项目的相关管理细则、项目激励的相关政策与制度规定、创新创业相关资源支持、创新创业教育相关服务、创新创业教育相关活动、创新创业教育典型等作为启动宣传的内容,通过专题讲座、制作与发放宣传手册、创新创业教育代表人物风采介绍、创

[①]辛涛,申继亮.论教师的教育观念[J].北京师范大学学报(社会科学版),1999(1):14-19.

新创业教育新闻报道等方式开展启动宣传。此外,还可以组织师生参与创新创业教育知识竞赛、构建创新创业教育专门宣传公众号等方式进行启动宣传。

(二)扩大项目启动宣传的主体力量,激发学生的内源性动机

创新创业教育、"大创"项目的动员主体不应只是管理人员,更应该是广大师生。调查发现,在具体实践中,任课教师、学业导师、班主任、学长学姐主动对"大创"项目进行介绍和推介最能提升学生参与项目的意愿。因为教师和学长学姐是大学生在学校中接触最多、关系相对密切之人,教师是权威者、同学则是"过来人"和相似者,所以任课教师、学业导师、班主任和同学对"大创"项目的推介更具说服力。社会心理学研究表明,信息传播的效果会受到传播主体的影响,信息直接传播主体所处的立场、传播的目的指向、传播者的威信、吸引力、同受众的相似性等都会影响信息传播的效果。[1] 因此,学校、学院应制定相关激励政策激励和引导教师和参加过"大创"项目的优秀学生成为项目的推介者,激发他们的创造性和主动性,让教师在课堂教学、学生管理、与学生的日常互动中主动向学生推介"大创"项目,让高年级学生在与低年级学生的互动交往中主动推介"大创"项目,从而让学生在榜样学习中形成参与"大创"项目的内部动机。

第二节 优化制度设计,增强项目育人动力

"理念不能仅仅停留在价值观念上,只有确定为价值机制和价值制度,才能使全体师生员工去贯彻和执行。"[2]不管是哪种理念,要转变为人们的集体行为,光靠说服或引导是远远不够的,必须通过制度的设计来固化理念。创新创业教育理念要转变为广大师生的行为,就必须有相应的制度设计来驱动。因而,"大创"项目要有效育人,需要优化制度设计,增强项目育人的动力。

一、完善创新创业教育配套制度,激励师生广泛参与

制度不仅是个体行为的重要外部推力,也是个体行为的保障条件之一。

①刘云波,罗亚莉.宣传主体与宣传有效性的社会心理分析[J].唯实,2006(1):9-12.
②胡金焱.创新创业教育:理念、制度与平台[J].中国高教研究,2018(7):7-11.

从第四章的分析可知,当前创新创业教育配套制度的不完善、不健全以及高校教育管理制度存在的障碍削弱了师生参与创新创业教育活动、参与"大创"项目的动机。因而,要提升"大创"项目的育人有效性,需要完善创新创业教育的配套制度,用制度推动与规范师生的创新创业活动参与行为。

(一)健全与完善创新创业教育的配套政策

要想教师广泛参与创新创业教育活动,需要有相应的政策支持。虽然国家发布了《国务院办公厅关于深化高等学校创新创业教育改革的实施意见》《教育部关于大力推进高等学校创新创业教育和大学生自主创业工作的意见》等文件来推进创新创业教育,但当前对于创新创业教育的政策支持仍然不足,尤其缺乏关于高校创新创业教育分类发展、特色发展方面的政策。此外,各高校针对自身情况制定的创新创业教育相关政策也不足。因此,教育行政部门需要针对不同类型高校出台有针对性的政策,以引导不同类型高校构建特色鲜明的创新创业教育模式。各高校则需要根据自身情况制定系列具体的创新创业教育政策与制度。例如,制定与完善以师生共赢为要的创新成果转化政策、技术转移与授权制度、学术创业制度、科教融合制度、产教融合制度等,以激励师生广泛参与创新创业教育活动。只有师生广泛参与,"大创"项目作为创新创业教育体系的重要组成部分,其育人有效性才有扎实的基础。

(二)健全与完善创新创业教育的管理制度

健全与完善创新创业教育与"大创"项目的管理制度才能更好地调动师生参与创新创业教育活动、"大创"项目的热情。各高校应根据上级颁发的相关政策文件,结合自身实际来制定和出台本校的创新创业教育与"大创"项目的管理制度。例如,制定和出台本校的《大学生创新创业训练计划项目管理办法》《创新创业教育学分认定与转换管理办法》《创业平台管理办法》《众创空间管理办法》《创新创业教育绩效奖励实施办法》《创新创业教育评优管理办法》《本科生创业休学实施细则》《"大学生创新创业训练计划"项目经费管理办法》《本科生学科竞赛管理办法》等。让学校的各种创新创业教育活动、"大创"项目实施等有明确的、系统的规范可依,有系统的激励制度来激发师生的参与。

二、创新导师选聘与评价的制度,保障导师支持质量

导师是"大创"项目育人的重要他人。要想"大创"项目有效育人,除了需

要学生踏实实践，充分参与，还需要导师及时、充分的指导与帮助。然而，当前的导师支持却存在不力问题，究其原因导师对"大创"项目认识不足、教师评价"重科研、轻教学"、高校对项目导师激励不足等都可能会影响教师在项目中的投入。为此，高校需要转变教师评价的导向、构建导师激励体系、加强导师指导过程的监督、提升导师指导能力等来保证导师对学生进行及时、充分的指导与支持。

（一）改革教师评价体系，推动教师回归育人本分

高校教师的评价体系是教师工作行为的指挥棒，对教师行为具有导向作用。当前我国高校教师评价不仅存在"重科研、轻教学"的问题，还存在过度依赖量化指标、不同类型高校评价同质化、"五唯"倾向依然突出等问题，这些问题是"大创"项目育人过程中导师挂名指导、被动指导的根源所在。因而，需要转变教师评价的导向，推动教师回归育人本分。要转变教师评价的"重科研、轻教学"导向，改革高校的评价体系，将人才培养效果作为高校评价的重要指标，从而推动教师把主要精力和大量时间用于教书育人。在具体评价中，如在绩效考核评价、职称评定等中，可通过加大教师教书育人的投入与成效在评价中的分量，强化教学考核的基础地位来引导教师重视教学、重视人才培养。只有教师重视教学、重视人才培养，在"大创"项目中他们才可能主动关注学生的需求，主动承担起导师应有的责任，主动给予学生需要的支持、引导与帮助。

（二）建立"大创"项目导师选聘制度，保证师资供给

"大创"项目要有效育人需要项目导师以助学者身份为学生提供各种学习支架，不仅要指导与支持项目团队完成项目任务，培养学生的创新精神、创业意识、创新创业能力，还需要引导学生在参与项目中发现自我、发展自我、实现自我，更需要通过"大创"项目指导改革自身教学，以更大范围培养创新创业人才。要做到这些并非易事，需要教师具有较高水平的学术能力、创新创业能力与经验、项目指导能力以及高度的人才培养责任感、"大创"项目认同感与师德，因而，并非所有的教师都适合成为项目导师。实践当中，不少项目团队由于并不真正了解所选择的项目导师以及不知道选择什么样的导师才适合自己的项目，以致在项目育人过程中无法获得导师及时充分的指导与帮助，无法获得充分的成长。建立"大创"项目导师选聘制度，通过选聘的方式建立学校的创新创业教育导师库，有助于学生和导师选择相互适合的项目"合作伙伴"，从

而能为项目有效育人提供师资保证。

（三）改革"大创"项目的导师制度，明确导师职责

导师的职责模糊是"大创"项目导师支持不力的重要原因之一。职责模糊，导师就不明确自己在"大创"项目育人过程中应该承担的责任，管理者也难以对项目导师进行评价、奖励与惩罚，进而就容易导致导师"挂名"指导、被动指导等问题。因而，需要制定或改革与创新"大创"项目的导师制度，尤其是要明确导师的职责。具体而言，可以从以下三个方面发力：一是要建立权责利明晰的"大创"项目导师制度。制度设计要明确项目导师的工作内容、具体要求与具体权力、职责等。二是要构建"大创"项目导师职责履行评价指标体系，为评价项目导师的指导质量提供可操作的工具，进而实现以评促建、以评促改，将导师的指导责任落到实处。三是设计与评价结果配套的专项经费、奖惩制度。导师用心指导与支持需要投入一定的时间与精力，因而作为回报，应该设置专项的经费以及奖惩制度来促进导师的投入，尤其是要将导师的指导绩效与教师的职称评定、晋升等挂钩，方能有效促进导师的投入。

（四）推进本科生导师制改革创新，增进师生互动

当前，不少高校为提升本科教学质量，都设置有本科生导师制。本书中的七所案例高校中均有多个二级学院实行本科生导师制，并且调查发现，不少项目的项目导师多是项目团队学生的学业导师，这些学业导师对激发学生参与"大创"项目的动机具有重要作用。但调查也发现，大多数学业导师并没有担负起其导师职责。本科生导师制源于牛津导师制，被誉为是镶嵌在牛津大学皇冠上的一颗耀眼的宝石，并被世界范围内的众多大学效仿，我国高校从20世纪90年代起也开始了本科生导师制的实践探索，但我国高校本科生导师制整体上实施成效不佳，陷入了制度低效困境。[1] 因而，要充分发挥"大创"项目的育人作用，提升其育人有效性，还需要推进本科生导师制改革创新，增进该制度的效果。

本科生导师制的实施成效不佳主要是因为该制度的考评激励机制欠缺、督导机制松散、指导意愿与胜任力不强。因而，要推进本科生导师制改革创

①唐汉琦.我国高校实施本科生导师制的成效、问题与出路[J].重庆高教研究,2019(4):98-109.

新,可以从以下方面发力:一是要建立权责利统一的激励制度。本科生导师制的实施成效不能依赖于导师的情怀与良心,而是要依赖于现代大学制度建设的权责利统一。具体而言,一方面,需要明确该制度中导师对学生的监督与考核评价权与对学生学习的掌握监管责任;另一方面,要明确导师的利益,要明确导师工作在绩效考核、工作量认定、职称评定、晋升等中的具体利益。二是要明确导师工作的标准体系,完善与细化本科生导师制实施的细则。导师制实施效果不理想,在具体执行中流于形式、名存实亡,很大程度上与该制度不完善以及相关工作内容、职责、流程等不清晰、不明确、过于笼统有关。因而,要想该制度能落地,高校需要制定相对统一、规范的类似于"本科生导师制工作指南"的制度体系。① 三是构建匹配本科生导师制的师生互选机制。当前不少高校的本科生导师制都是随机分配学生与导师,致使师生之间缺乏了解,进而制约了该制度的效果。因此,需要构建师生互选机制,可试行"混合式导师制",以"双向选择、限额指导"为准则,采用师生互选、导师"择优而导"的方式。② 四是优化与规范导师遴选机制。并非所有的教师都适合当本科生导师,只有既有指导能力又有责任心、学术水平又高、品格又好、又愿意投入的教师才合适。因此,应当建立动态的导师遴选和淘汰机制,明确具体的遴选标准和淘汰程序。

(五)培养教师的创新创业教育胜任力,提升指导效果

由于创新创业教育是一种新的教育模式,高校教师的创新创业教育经验普遍缺乏。此外,由于我国高校教师的职前培养并不注重对教师的教学能力、学生指导能力的培养。因而,不少高校教师的创新创业教育胜任力、学生指导能力并不高。导师的创新创业教育能力不足、不会指导,也会造成"大创"项目育人过程中导师介入不足,被动指导。为此,需要构建教师创新创业教育胜任力的培育机制,提升高校教师指导"大创"项目的能力。具体而言,一方面可以通过构建教师创新创业教育胜任力学习和培训体系,对高校教师进行专门培训来提升他们的创新创业教育胜任力,因为胜任力提升的最主要途径还是靠积极的学习与培训。另一方面,可以通过组织优秀指导教师进行指导经验分

①贺武华.我国本科生导师制演进发展的新时代要求及其实践创新[J].中国大学教学,2021(3):10-16.

②李青.本科生导师制:模式、问题及对策[J].现代教育管理,2019(12):69-73.

享、构建创新创业教育教师共同体等方式来提升他们的胜任力。此外，还可以构建创新创业教师教研共同体，通过系列教研活动来提升高校教师的创新创业教育胜任力，进而提升项目导师的指导效果。

三、推进学分制的教育教学改革，推动学生深度投入

"大创"项目要促进学生的发展，实现其育人有效性，需要学生有充足的自主学习与探究时间投入项目。因为学习方式的转变、创造性人格的形成、创新创业能力的发展都是在长时间的活动中生成的。但从第四章的分析可知，实践中，由于学生的课程与活动太多，他们投入"大创"项目的时间和精力不足，导致项目推进拖延，或是在临近项目结题时才匆忙开展项目任务。实际上，当前我国大学生的自主学习时间普遍不足，课程多、活动多。秦娟与李红惠最近的一项基于 96 所高校、95 个专业的 381 份本科生课表的研究发现，我国本科生的学习时间不仅课内学习时间占比较大，而且还呈现出明显的碎片化、自由度小的特点。[①]

本科生的课程修习数量与课程安排是由学分制所决定的。实际上，学分制不仅决定着学生要修习课程的数量和课程安排，还调控着高校的教学资源、牵动着高校人的财物分配。因而，要提高"大创"项目的育人有效性，要培养高质量的创新创业型人才，需要对学分制进行改革，使其能促进本科生的创新创业能力发展，而不是抑制学生的创新创业能力发展。也即是说，要将学分制改革建设成能适应我国教育发展的创新型人才培养模式。[②] 具体而言，一是要树立创新型的学分制理念，将自由学习、终身学习、学生中心等思想贯穿学分制改革与运行中。二是进一步降低对本科生的学分要求，给予学生更多自主学习、自主探究的时间。虽然当前我国本科生的学分要求一直在降低，但与外国相比，学生要完成的学分还是偏多。三是增加综合课程在课程体系中的数量，减少学生完成毕业要求所需要修习的课程数量。四是提高课程的"含金量"，创新课程教学方式，制定课程学习的投入标准，保障学生的课程学习投入。五是要设置合理的创新创业学分，建立创新创业学分积累与转换制度，探索将学生开展创新实验、发表论文、获得专利和自主创业等情况折算为学分，

---

①秦娟,李红惠.隐匿在课表中的本科生学习时间问题：以 381 份个人课表为分析样本[J].中国高教研究,2023(10):49-56.

②赵纯.创新型人才培养视角下我国高校学分制模式研究：基于 UBC 学分制案例分析[J].云南民族大学学报(哲学社会科学版),2020(2):139-144.

将学生参与课题研究、项目实验等活动认定为课堂学习。[①]

第三节　完善管理体系，增强项目育人实效

"大创"项目要有效育人需要有效的管理，需要有完善的项目育人管理体系做保障。"大创"项目育人面临的诸多现实问题，其根源之一在于项目运行管理低效。因而，要提升"大创"项目的育人有效性，就需要完善项目育人的管理系统，提升项目管理的有效性。

一、构建基于学生主体性特点的项目发展体系，增强管理主动性

"大创"项目育人有效性的核心体现是要提升大学生的创新创业能力、提升学生的主体性。但要有效提升大学生的创新创业能力、主体性是一项复杂艰巨的系统工程教育，它必须贯彻整个人才培养的全过程，从大一新生开始，就必须着手进行训练，而且在整个大学期间，分层次、分目标、循序渐进、有针对性地进行训练，最终达到全面提升创新创业能力的目的。[②] 但实践中，"大创"项目育人却存在项目实施被动与僵化的问题，即"大创"项目的实施并没有依据学生主体性发展的规律进行组织，这阻碍了"大创"项目育人有效性的实现。因此，针对这一问题，我们可以通过构建基于学生主体性特点的"大创"项目发展体系，以增强项目实施管理的主动性，从而促进项目育人有效性的实现。具体见图 6-1。具体而言，需要基于学生主体性发展的规律与特点来构建"大创"项目的发展体系，即构建"'导师主导型'→'师生协作型'→'学生自主型'"的"大创"项目发展体系。

（一）启蒙与尝试阶段：以导师主导提升学生的动机与效能感

在大一阶段，以导师主导开展年度"大创"项目，以培养学生参与创新创业教育活动的动机与效能感。对于刚进入大学的大一学生而言，创新创业还是

---

①金登宇.高等农业院校推进创新创业教育改革的探索与实践[J].高等农业教育,2016(3):27-29.

②赵希文,吴菊花,燕杰.大学生创新能力训练体系与方法[J].实验室研究与探索,2010(10):67-69,84.

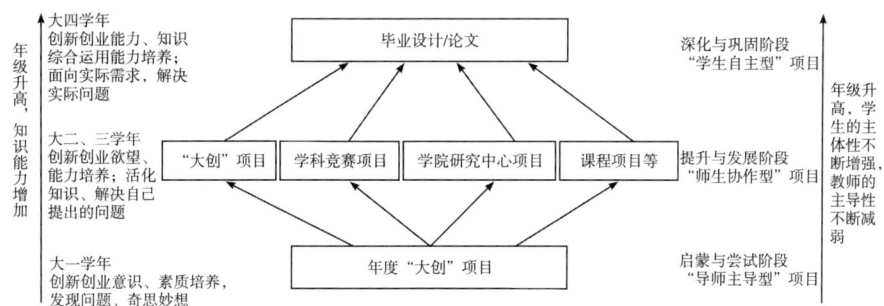

图 6-1 基于学生主体性特点的"大创"项目发展体系

一个新名词,"大创"项目也是一个新事物。一般而言,新事物能够激起他们的兴趣,但由于获取的信息有限、知识结构的单一与知识技能的欠缺以及自主学习惯习与能力不足,他们往往一方面对"大创"项目了解与认识不足,另一方面难以独立自主地提出问题、解决问题。因而,在这一阶段,可通过实施"导师主导型"的大一年度"大创"项目,培养学生发现问题、搜集资料、查阅文献、团队合作等方面的能力。具体而言,在这一阶段,教师要成为"大创"项目的宣传者,积极主动地在课上、课下向学生宣传"大创"项目,通过推介、建议、榜样示范、说服等激发学生参与"大创"项目的意愿,同时通过专题讲座或具体引导等帮助学生提出问题、确定项目选题,或主动邀请学生进入自己的课题组来为学生提供基于项目学习的机会;通过具体的培训、示范、指导等使学生获得开展项目的具体知识与技能以提升学生的项目效能感。学生则通过跟随老师学习、给老师打下手等学习从事创新创业活动的基本知识、技能与流程。

(二)提升与发展阶段:以师生协作促进师生共赢与能力发展

在大二、大三阶段,以"师生协作型"项目促进师生创新创业的合作共赢以及学生创新创业能力的发展。在经过大一年度"大创"项目的训练后,学生已经对"大创"项目的价值、流程等有了较深入的认识与认同,并且通过项目学习与课程学习,往往都具备了一定的专业理论知识、能一定程度上发现问题、提出问题与解决问题;能普遍参与到简单的创新创业活动中,体会到创新创业的乐趣。这时,部分能力强、动力足的学生可以加入教师的课题组、实验室、工作坊、工作室、创客中心等,以教师合作伙伴的身份完成一些创新创业训练项目中技术难度适中的子模块、任务,或者申报"大创"项目和其他创新创业教育项目,通过师生协作实现师生在创新创业活动中的共赢、共创,同时促进学生创

新创业能力的进一步发展。

(三)深化与巩固阶段:以学生自主探索促进能力的质性增长

在大四阶段,构建以"学生自主型"为主的项目体系,将学生的毕业设计/论文与"大创"项目相融合,以促进学生的创新创业能力发展获得质的突破。具体而言,即在大四学年阶段,全体学生将进入各个课题组、实验室、工作坊、工作室、创客中心等,直接参与到实际创新创业项目中,培养学生的专业知识综合运用能力和独立思考、解决问题的能力。[①] 在大四阶段,通过大一、大二、大三的项目锻炼,他们通常都获得了独立开展项目的能力,这时,将"大创"项目与他们的毕业设计/论文相融合,不仅能让毕业设计/论文获得"大创"项目经费、资源的支持,从而有助于提升毕业设计/论文的质量;此外,这也有助于学生深化在大一、大二、大三时开展的创新创业活动,让前期的探索工作实现从量变到质变,也让自身的角色实现完全独立,最终实现创新创业能力发展的质变。

二、构建发展性导向的项目育人质量评价体系,减少评价随意性

不同的评价方式会对学习效果产生不同的影响已成为教育实践者与研究者的共识。例如,有学者指出,表现性评价是撬动学生深度学习的引擎,因为其主要关注学生在学习中的具体表现,通过学生表现出来的行为、作品、操作等具体表现来评价学生知道什么和能做什么,因而能提高学生的学习。[②] 何春梅的实证研究则表明,过程性评价能显著提高学生的学习投入。[③] 因而,如何评价,谁来评价、评价的指标、评价的导向都可能会对项目学习的效果产生一定的影响。

过程性评价是一种以目标结果与过程并重为价值取向的评价,是对学生整个学习过程中的表现进行跟踪、全面评价与及时反馈的一种评价方式,具有

---

①赵希文,吴菊花,燕杰.大学生创新能力训练体系与方法[J].实验室研究与探索,2010(10):67-69,84.

②周文叶.促进深度学习的表现性评价研究与实践[J].全球教育展望,2019(10):85-95.

③何春梅.过程性评价、成就目标定向与学习投入:机制与路径[J].高教探索,2020(11):36-46.

关注过程、评价多元性、评价动态性及评价发展性的特点。[1] 已有的实证研究表明,过程性评价能够显著正向影响学习投入,[2]对学生的主动探究和自我调整、反思、监控意识等也有提升作用,[3]对创新型科研团队的和谐演化发展也有促进作用[4]。此外,还有学者指出,过程性评价能有效测量学习者的合作问题解决能力。[5] 可见,过程性评价实际上是一种以学生为本、发展性导向的评价方式。因而,过程性评价有助于促进学生基于"大创"项目获得的创新创业能力发展。

"重在过程"是"大创"项目的实施原则之一,促进学生创新精神、创业意识、创新创业能力等品质与能力发展则是实施"大创"项目的根本目的。因而,"大创"项目育人有效性的实现需要以过程性评价为项目质量评价的主要方式,对"大创"项目育人质量的评价体系构建需要体现"过程"原则,并将学生的品质与能力发展作为评价的重点内容之一。具体而言,在对"大创"项目的育人质量进行评价时,一方面,可以让学生自评通过项目所获得的能力与品质发展程度;另一方面,可增加关于项目调研情况、产品开发/营销情况、项目任务执行情况等内容。此外,在评价方式上,还可以采用项目档案袋和项目工作记录的方式来监控和评价项目的过程情况。

三、构建项目全方位运行过程质量的监控体系,强化监督过程性

从第四章的分析可知,"大创"项目有效育人存在项目过程监管乏力、项目团队互动表面化的问题。为解决这些问题,必须构建"大创"项目的过程质量监控体系,强化监督过程性。

①杨振芳.大学生课程学习过程性评价的现状、问题与对策[J].教育与考试,2021(4):90-96.

②何春梅.过程性评价、成就目标定向与学习投入:机制与路径[J].高教探索,2020(11):36-46.

③张静,王同合,魏田,等.面向深度学习现代测量学过程性评价实践与反思[J].测绘通报,2022(S1):132-136.

④韩提文,梁林.创新型科研团队过程性评价体系研究:基于演进过程中的蜕变视角[J].经济与管理,2017(5):67-72.

⑤袁建林,刘红云.合作问题解决能力测量:真实性与过程性评价视角[J].电化教育研究,2022(5):100-108.

（一）建立学生-导师-学校-教育厅联动的管理模式

通过建立"学生主导、导师负责、学校管理、教育厅督导"的管理模式，重点改变以往"注重立项、疏忽管理、只看成果"的弊端，保证"大创"项目的育人成效。具体而言，教育厅可通过构建省级"大创"项目信息化管理平台，通过审查、抽查等方式对本省高校的"大创"项目实施状况进行监督与指导。各高校则需通过制定相关的项目过程管理规定、设置项目过程管理机制与信息管理系统等，对本校的"大创"项目进展情况进行追踪式监督与指导。例如，案例高校 G 不仅开发了本校的"大创"项目管理信息系统，还建立了项目的每月汇报制度，追踪项目的开展情况。对于具体的项目而言，项目导师在项目运行中不仅要扮演好指导者的角色，更需要扮演好监督者的角色。项目导师需要引导项目团队制订好项目推进计划，指导团队建立起汇报制度，要求团队定期对项目进度进行汇报，切实肩负起监督的职责。在学生层面，项目团队领导则需组织成员制订好项目的推进计划，落实每个成员的任务与责任，规定好每项项目活动/任务的完成时间要求与质量要求，制定一定的团队规范督促成员按时按质完成任务，并及时向项目导师反馈项目进展情况以及遇到的困难等。项目成员则需要严格根据项目计划按时、按质完成自己所负责的任务。

（二）将项目管理重心下移，发挥学院管理能动性

当前，不少高校的"大创"项目都是实行校院两级管理，在具体管理中，二级学院往往扮演着"汇报者"和"执行者"的角色，负责转发学校的通知，上报学院申报的数据等。这显然没能有效发挥二级学院的管理能动性，并且，目前高校中每年申报的"大创"项目少则几百项，多则上千项，每年的立项数和参与学生数众多，烦冗的管理层显然不利于项目的有效育人。要提升"大创"项目的过程管理效能，需要对"大创"项目的管理简政放权，将管理重心下移，让二级学院承担起组织、管理、监督、创新的职能，而不是"学院只管汇总上报，监管审核交由上级部门"的工作思维。例如，案例高校 B 就将项目经费的管理权责下移到了二级学院；案例高校 E 则将项目的组织申报、中期检查、结题等权责都下放至二级学院，并将项目结题标准的制定都下放至二级学院，充分发挥二级学院的管理能动性。

（三）加快项目信息化建设，实现项目网络化管理

信息化管理是提升"大创"项目过程管理、全程管理效能的技术方略。由于高校每年"大创"项目的立项数量和参与学生数量众多，项目的管理周期长，而专职的管理人员又极为不足，传统管理手段无法保证全程管理、过程质量管理的有效性。当前，教育部层面构建了"国家级大学生创新创业训练计划平台"，使"国创计划"项目实现了信息化管理。不少省份也开发了省级"大创"项目管理平台，实现了省级和国家级项目数据的网上推送申报。此外，还有部分高校开发了校级"大创"项目管理系统，例如案例高校 G 和案例高校 B 就通过自我开发或购买的方式建立了本校的"大创"项目管理信息系统，通过互联网和现代信息技术，不仅实现了过程化、网络化、无纸化管理，还提升了项目过程化管理的效率。

（四）切实落实项目中期检查，严格执行过程监督

对项目进行过程管理、开展项目中期检查是"大创"项目管理的应有之义。项目中期检查对项目的推进具有督促、矫正、反馈等作用，不仅能使学生形成一定的压力，督促他们推进项目，减少学生在结题节点时才匆忙开展项目以及成员搭便车的现象。此外，还能及时发现项目中存在的问题从而及时调整计划与方案。加强项目过程管理，一方面，高校要切实落实项目的中期检查，通过开展中期汇报、季度汇报或是月度汇报、定期检查与随机抽检相结合的方式严格"大创"项目的过程管理。另一方面，高校可通过提高项目过程评价结果在项目结题中的比重来引导学生重视项目过程。

（五）运用项目管理甘特图，助力项目进程管理

甘特图（Gantt Chart）又称横道图、条状图（Bar Chart），是项目管理中用来管理项目进度的一种工具。该管理工具通过条状图来显示项目、进度和其他时间相关的系统进展的内在关系随着时间进展的情况，被广泛用于项目进程管理中。具体来说，甘特图是一条线条图，该线条图的横轴表示时间，纵轴表示项目，线条表示期间计划和实际完成情况。也即是说，甘特图以图示通过活动列表和时间刻度表示出特定项目的顺序与持续时间。可见，该工具直观表明计划何时进行，进展与要求的对比，便于管理者弄清项目的剩余任务，评估工作进度。因此，可以将该项目管理工具运用于"大创"项目的过程管理中，

以追踪项目的进展,保证项目进度。

四、构建科学完备的创新创业教育支持性体系,提升环境保障性

从第四章的分析可知,"大创"项目有效育人存在环境有效创设乏力的问题,而环境有效创设是"大创"项目有效育人的保障。因此,要构建科学完备的创新创业教育支持性体系,提升环境保障性。

(一)基于"大创"项目开展教学改革,促进专创融合

"推动高校创新创业教育教学改革,促进高校转变教育思想观念、改革人才培养模式"是高校实施"大创"项目的目标之一,而"大创"项目要实现其育人有效性,也需要高校深化教育教学改革、加快推进创新教学。根据解德渤、刘隽颖等的观点,创新教学的核心理念在于将所教的知识与学生的生活经验相关联、与学生原有的知识结构相关联、与学生的未来职业生涯相关联;创新教学的理论内核一是要把独立自主的人格作为培养目标,二是要让学生发自内心地学习,三是要重建学生的教育主体性;创新教学的基本原则一是民主化,二是延展性,三是探究性,四是参与性;创新教学的实践模式是研究型教学。[①]基于此,可以从以下三个方面促进"大创"项目与专业课程的融合性,从而提升项目育人的有效性。一是以"大创"项目推进课程体系改革。具体而言,可以在原有的课程体系中设立一类新的课程——"创新创业研修课"。"创新创业研修课"就是在教师相对稳定的科研方向的基础上,将科研项目、创新创业项目内容引入教学的特色课程。[②]二是以"大创"项目推进第一课堂的教学内容改革,以教师的科研成果、创新创业教育成果来丰富、更新教学内容。三是以"大创"项目推进教学方法与考试方法改革,积极开展教学法研究,实行以教师为主导、以学生为主体的启发引导式教学,实行重能力、求创新的累加式考试制度。

(二)构建与完善项目培训体系,提升学生选题能力

缺乏独立选题能力是"大创"项目选题困难的主因。项目培训则是提升学

---

①王洪才,等.大学创新教学理论与实践:后现代大学来临及其回应[M].北京:科学出版社,2018:141-176.

②李旦,赵希文,齐晶瑶,等."创新研修课"的建设与探索[J].中国大学教学,2009(11):28-30.

生项目选题能力的重要途径,也是学生通过项目获取与项目有关的知识、技能、方法的重要途径之一。调研发现,大多数有效育人的"大创"项目,项目指导教师都会采用多种形式对项目成员进行理论知识、技能技术、方法经验等方面的培训,为成员申报项目、完成项目任务奠定必要的知识、技能基础,提升项目成员的效能感与选题能力。但在实践中,对项目成员进行系统培训的项目导师只是少数,由学校层面与学院层面组织的系统培训更是少之又少。为此,可通过构建专门的"大创"项目培训体系,通过制度化设计将项目导师的个体培训行为转变为集体行为。

1. 构建学校—学院—导师三级联动的培训体系

构建项目培训体系是高校实施"大创"项目的应有之责。首先,学校层面要规划好项目培训体系的整体设计,搭建起服务于发展大学生创新创业能力的课程体系,推进创新教学改革,推进创新创业教育的精品课建设,开设"大创"项目的专题讲座或课程并通过制度的方式让学生在申报项目前先修习。此外,还需为教师提供创新教学、创新创业教育胜任力、"大创"项目指导技能等方面的培训。其次,学院层面要根据本学院学科与专业特性,开设针对本院学科与专业的创新创业专题讲座、沙龙等,为学生申报项目与完成项目任务提供基本的知识、技能培训。此外,还可以组织本学院经验丰富的优秀项目指导教师分享项目指导经验,增进教师间的相互学习。项目导师则针对项目的具体需要为学生提供专门的培训,例如项目选题与申报书撰写、实验设计与调研设计、产品开发技术等专业性培训与学习,保证学生具备完成项目所需要的知识与技能。

2. 通过制度与激励,促进教师自发为学生提供培训的行为

对于"大创"项目的育人有效性而言,导师对项目成员的培训至关重要,因为导师根据项目需要而对项目成员提供的培训不仅是使成员获得完成项目任务所需要的知识与技能的重要途径之一,也是学生在项目中进行学习的途径之一。但在实践中并非所有的导师都会对项目成员进行培训,也就是说,导师为学生提供项目培训的行为尚属于导师的自发行为,这种行为对于大多数参与项目的学生而言是"可遇不可求的"。但要想"大创"项目有效育人,就要使教师的这种自发行为转变为自觉的集体行为。这显然需要学校/学院的外力助推。学校/学院则可通过奖励或是将导师对学生进行相关培训让学生拥有完成项目任务的基本知识与技能作为导师考核的内容之一,也即通过激励或是制度化的方法促进导师的这种自发行为。

3. 建立以老带新的制度,充分发挥项目"过来人"的指导作用

"大创"项目的培训不能仅停留于学校、学院、导师层面,还可以通过建立"以老带新"制度,让优秀的"大创"项目"过来人"也充当项目培训的导师,充分用好项目"过来人"的项目经验。调研发现,有效育人的"大创"项目,除了拥有导师躬亲的指导与培训外,这些项目还有一个共同的制度——以老带新,即项目导师之前带过的项目成员对新的项目进行指导,对新组建的项目团队进行培训,负责具体的指导与项目培训事宜,让有经验的学生发挥传帮带的作用。这些项目"过来人"不仅充当着小导师的作用,还发挥着榜样示范、知心朋友的作用,能有效提高学生的项目效能感,同时,也能提升"老生"的能力。

(三)搭建多样化专创融合平台,营造浓厚文化氛围

要提升"大创"项目的育人有效性,除了将其融入课程与学生的学业生涯中,还需要构建数量充足且质量有保证的师生创新创业实践共同体,以形成更多的"师生协作型"项目。要构建大量的师生创新创业实践共同体,则需要学校以专创融合理念为指导,搭建导学共赢为要的师生共创平台,营造创新创业文化氛围。

1. 构建创新创业社团平台

社团是大学生发展的重要组织机构与载体,因而,高校应重视创新创业社团平台建设,充分发挥其在创新创业教育中的功能。具体而言,第一,要基于学校自身特色构建丰富多样的创新创业社团平台,如构建具有学校特色的创新创业协会、创新创业工作室、创新创业兴趣小组、创新创业俱乐部等,为这些社团提供相应的场地、技术、经费支持并配备专业的导师指导等。例如,案例高校C就构建了具有自身特色且丰富多样的创新创业社团,如赛车俱乐部、机械制造俱乐部、智能机器人俱乐部等。第二,定期以创新创业为主题开展社会实践活动。可基于社团,由教师带领开展各具特色的创新创业实践活动,如到企业参观,到企业开展实地调研等。

2. 构建创新创业成果交流与展示平台

为学生搭建项目成果展示的平台、鼓励学生参与项目学术交流是高校管理"大创"项目的应有之责。"大创"项目成果交流与展示不仅有助于营造创新创业文化氛围,还能进一步提升项目的影响力和促进学生能力的进一步发展。项目成果展示能起到很好的宣传作用,有助于增进师生对"大创"项目的了解、价值认同、参与动机,提升成就感等,项目成果交流则有助于拓宽学生的视野、

提升学生的沟通交流能力等,比赛形式的项目交流还能提升学生的抗压能力等。

在具体实践中,可以通过多种方式为"大创"项目、其他创新创业教育项目搭建成果交流与展示的平台。一是通过展板的方式展示。具体而言,学校或二级学院可通过设置专门的创新创业成果或"大创"项目成果展示中心/展示厅、公告栏展示、易拉宝展示等方式展示项目的理论成果和实物成果。二是可通过设置专门的创新创业论坛、沙龙与活动展示,如每年在固定时间举办"大学生创新创业论坛""大学生优秀学术论文交流与评优活动""大学生创新创业活动周"等,展示学校/学院在"大创"等创新创业教育活动中取得的成果。三是可通过举办创新创业类比赛、路演来促进学生交流,例如举办"大学生创新大赛"等创新创业大赛。四是可通过举办创新创业类讲座来促进交流,例如举办"创新创业大讲堂"等。五是可通过出版《大学生创新创业训练计划优秀成果集》等宣传手册来面向全体师生与社会来展示学校的创新创业教育成果。总而言之,可以采用多种方式促进项目成果的交流与展示,从而营造创新创业氛围,进而为未来的"大创"项目育人提供环境支持。

3. 构建专创融合的工作室/工作坊平台

工作室是师生创新创业实践共同体的一种具体组织机构,一般由兴趣相同的专业教师与大学生、研究生组成,围绕既定内容开展学术研究、技术开发、产品/模型制作、学习训练等创新创业实践活动的组织机构[①]。例如,导师TD-X-16所创建的"×××设计工作室"。工作坊则是一个小群体就某个特定领域、项目或话题进行轻松有趣的对话、沟通、共同思考与探讨、进行调查与研究、执行方案等的场域与过程,其也是师生创新创业实践共同体的一种具体组织机构。例如导师 TA-C-03 创建的"教育协同创新工作坊"。专创融合的工作室/工作坊是高校师生共创的主要场所,通常,这些工作室/工作坊都会将"大创"项目作为其运行的载体之一,不仅有助于提升"大创"项目的育人效果,还可以营造一种创新创业文化氛围。因而,各高校应根据学校的特色、专业来搭建系列"专业+创新创业"的工作室/工作坊,通过政策、制度、资源支持等方式将部分教师搭建工作室/工作坊的行为转变为学校的集体行为。

---

①李玉光,王谢勇.大连大学"三层次、四平台"创新创业教育模式[J].中国高校科技,2017(Z1):102-104.

（四）加强与拓展政校企联动，拓宽项目育人资源供给

"大创"项目要有效育人，除了需要学校营造创新创业文化氛围、构建相应的激励体系，还需要充足的资源支持。因为，不管哪种类型的"大创"项目，其有效育人都需要资源，如场地、设备、资金、器材、社会资本、人力、信息、课程修习等的支持。有研究表明，学术型创业者得到的资源支持对创业导向、衍生企业的绩效均有显著的正向影响。[①] 实践也表明，资源支持对实现"大创"项目育人有效性是不可或缺的，但仅凭学校、师生的资源难以满足项目育人的需要。因而，需要加强政校企联动，拓宽"大创"项目育人的资源供给。具体而言，可以从以下几个方面发力：第一，高校要建立政校企联动机制，增强政府、企业/产业与高校间的人才培养、科学研究与社会服务联动，为项目育人的外部资源供给提供机制保障。第二，搭建实践平台，深化产教融合与校企合作。可以通过向行业/企业征求企业生产、经营等方面存在的实际问题，并将这些问题整理为"大创"项目的申报指南，鼓励学生申报。第三，建立大学生创新成果转化推广机制，推动项目创新成果的转化。高校应为"大创"项目的科技创新成果转化搭建与企业、投资商进行合作的桥梁，并促进项目导师与项目团队与成果转化中介机构的合作，从而提高成果转化的成功率。因为，当这些成果市场化成功后，他们往往都会一定程度上回馈学校的教育活动。

---

①易朝辉,夏清华.创业导向与大学衍生企业绩效关系研究：基于学术型创业者资源支持的视角[J].科学学研究,2011(5):735-744.

第七章

研究结论与展望

本章结合"如何提升'大创'项目的育人有效性?"这一研究问题,总结为回答这一问题而进行理论研究与实证研究所得到的研究发现和主要研究结论,在此基础上创新点与局限性进行总结,并提出研究展望。

一、研究结论

第一,"大创"项目育人可分为输入、过程、结果三个关键阶段,其育人有效性可划分为输入有效性、过程有效性、结果有效性三个关键维度。基于沈壮海对有效性划分的三个层次[①]以及项目团队效能[②]与项目团队有效性[③]等的分析维度,我们认为"大创"项目育人的整个过程可以概括为"教育要素输入—交往活动过程—育人结果输出",其育人有效性由项目输入有效性、过程有效性、结果有效性这三大关键维度构成。其中,项目育人输入有效性关注的是项目育人主体、项目内容与活动、项目团队、项目环境这四大要素的有效性;过程有效性关注的则是"大创"项目运行过程的有效性;项目育人结果有效性关注的则是"大创"项目育人的结果是否达到了目标、是否取得了预期的成效、是否满足了主体的需要。"大创"项目育人结果有效性是"大创"项目育人有效性最直接、最根本的感知与判断。"大创"项目育人输入有效性、过程有效性、结果有效性三者间是一个统一体。输入有效性是"大创"项目育人有效性的基础,过程有效性是项目育人有效性的中心环节与连接育人输入有效性与结果有效性

---

①沈壮海.思想政治教育有效性研究[M].武汉:武汉大学出版社,2001:16.

②张体勤,杨明海.项目团队效能的系统运行机制及其特征研究[J].理论学刊,2008(4):37-40,128.

③徐佩.软件研发项目团队有效性研究[D].南京:河海大学,2007:32-40.

的中介,结果有效性是最终的产物。三者有机统一,共同建构了"大创"项目育人有效性的分析维度。

第二,"大创"项目育人有效性可以从选题适切性、学生主体性、团队凝聚力、导师支持力、管理科学性、创新创业能力发展、学生满意度、项目完成度这八个方面进行判断。其中,选题适切性是项目育人输入有效性的判断标准,学生主体性、团队凝聚力、导师支持力、管理科学性则是育人过程有效性的判断标准,创新创业能力发展、学生满意度、项目完成度则是育人结果有效性的判断标准。这些标准中,选题适切性是对项目设计质量的判断标准,其判断的具体维度主要包括选题的难度、现实关联性与专业关联性。学生主体性衡量的则是学生在"大创"项目各环节、各活动、各任务中的自主性、主动性与创造性发挥的程度与发展的程度。团队凝聚力衡量的则是在项目育人过程中团队成员间相互信任、合作、支持、为团队目标付出时间和精力的程度。导师支持力则是项目育人过程中项目导师提供学习支架的数量、质量与及时性的评价标准。管理科学性则是项目育人过程中管理者主体性发挥的评价标准。创新创业能力发展衡量的是学生参与"大创"项目后创新创业能力发展的程度,其是育人结果有效性的核心判断标准。学生满意度衡量的是学生参与项目对其知识学习收获、技能、创新创业素质与能力发展的满意度以及对项目成果、项目团队合作、项目管理与环境的满意度。项目完成度衡量的是学生基于项目设计好的方案,进行项目实践后项目任务的完成程度,以及项目成果与项目内容的一致性程度。

第三,"大创"项目在输入、过程与结果端存在的突出问题阻碍了"大创"项目育人有效性的实现。具体而言,功利的参与动机、较弱的选题能力、乏力的环境有效创设是阻碍"大创"项目育人输入有效性实现的主要因素,乏力的项目过程监管、表面化的项目团队互动、不力的项目导师支持是阻碍"大创"项目育人过程有效性实现的主要因素,有所偏差的项目产出追求、比较随意的项目结题评价标准、相对单一的项目结果评价主体是阻碍"大创"项目育人结果有效性实现的主要因素,教育观念滞后、动力机制不完善、项目运行管理低效则是"大创"项目育人有效性实现受阻的主要成因。

第四,以"学生主体性发挥"为依据,可将"大创"项目分为"导师主导型""师生协作型"与"学生自主型"三类,它们的有效性存在一定差异,反映了学生创新创业能力的发展性特征。在"导师主导型"项目中,学生的参与动机呈现出明显的外源性;项目育人过程的推进具有明显的导师主导性,学生在导师

"手把手教"的作用下体验创新创业,积累创新创业的基本知识与技能,发展创新创业能力。在"师生协作型"项目中,兴趣与导师的榜样行为对学生参与项目的意愿有关键性作用;师生协同推进项目,来自导师的"伙伴式"支持助力学生攻克项目难关、形成项目成果;通过与导师、团队成员间的协作,学生的创新创业能力、自信心、专业能力等均能得到显著发展,甚至实现思维模式的转变。在"学生自主型"项目中,学生的参与动机呈现出明显的内源性;学生自主自觉地推进项目,导师则在学生需要时提供支持。

第五,在"大创"项目实施过程中,需要根据学生的发展特点与程度匹配不同类型的"大创"项目。换言之,导师的指导方式要匹配学生的主体性发展特点才能有效促进学生的发展。当学生的主体性弱,参与动机以外部动机为主,项目效能感弱时,匹配"导师主导型"项目更能实现"大创"项目的育人有效性;当学生的主体性较强,具有一定的内部动机与项目效能,并与项目导师有过创新创业合作基础时,匹配"师生协作型"项目更能实现"大创"项目的育人有效性;当学生的参与动机以内部动机为主并且项目效能感较强时,匹配"学生自主型"项目更能实现"大创"项目的育人有效性。

二、研究创新

第一,提炼了"大创"项目育人有效性的判断标准。本书要解决的核心问题是"如何提升'大创'项目的育人有效性",要解决此问题,首先要确定"大创"项目育人有效性的标准是什么。这一标准不仅事关案例的选择,还事关"大创"项目育人质量的评价。前文在对"大创"项目育人目标进行分析和对"大创"项目育人有效性的内涵进行阐释的基础上,基于主体教育理论、群体动力学理论与项目学习理论,通过理论思辨的方式明确了"大创"项目育人有效性的分析维度以及判断标准。这不仅有助于立体、具象地认识"大创"项目有效育人的样态,有助于我们辨别出有效育人的"大创"项目,也能为"大创"项目育人有效性评价指标的构建提供了理论基础。

第二,揭示了"大创"项目育人有效性的生成逻辑。要提升"大创"项目的育人有效性,除了需要确定"大创"项目育人有效性的标准是什么,还需要揭示"大创"项目育人有效性的生成逻辑。"大创"项目是我国高校开展创新创业教育的重要举措,其育人有效性不仅事关高校的创新创业教育质量,更事关创新创业人才培养的质量。虽然在"大创"项目开始实施后,不少学者对其进行了探究,但关于"'大创'项目究竟是如何育人的,在育人过程中应遵循什么样的

原理才能达到良好的育人效果?"这一问题尚未引起学者们的足够重视。因而,我们基于主体教育理论、项目学习理论与群体动力学理论,通过理论思辨的方式揭示了"大创"项目育人有效性的生成逻辑:以学生主体性为根本,以项目设计为基础,以团队互动为重点,以导师支持为关键,以环境有效创设为保障。这一逻辑的揭示不仅能为提升"大创"项目的育人有效性提供理论指导,也能为提升其他创新创业教育活动的育人有效性提供理论参考。

第三,划分了"大创"项目有效育人的主要项目类型。分类是人们认识世界的基本方式和途径。本书基于主体教育理论,以"'大创'项目育人过程中学生主体性发挥的程度"为依据,将"大创"项目有效育人的项目类型划分为"导师主导型"项目、"师生协作型"项目与"学生自主型"项目三种,并通过田野调查深度描述了这三种不同类型项目育人过程中的输入要素、育人环节的特点,在这基础上提炼了这三种项目有效育人的经验,构建了"'导师主导型'→'师生协作型'→'学生自主型'"的"大创"项目发展体系。这不仅有助于促进我们对"大创"项目育人有效性的本质认识和对其有效育人规律的把握,还有助于促使"大创"项目的实施变得能动、有序、有组织性,进而提升"大创"项目的整体育人有效性。

三、研究展望

第一,有待构建"大创"项目育人质量的评价指标体系。虽然高教司出台了《国家级大学生创新创业训练计划工作手册》,对"大创"项目的立项、过程与结题检查评价做出了指导,但当前并没有构建关于"大创"项目育人质量以及"大创"项目育人有效性的评价指标体系。这阻碍了"大创"项目的有效实施,也不能让人们深度、全面了解"大创"项目的育人效果,更不能让高校对"大创"项目育人的质量进行有效监控。本书虽然通过理论分析提炼了"大创"项目育人有效性的判断标准,但尚未构建项目育人质量的评价指标体系。未来研究可以在"大创"项目育人有效性的判断标准的基础上构建项目育人质量的评价指标体系。

第二,有待对"大创"项目融入人才培养计划的机理进行探究。"大创"项目是本科生科研的主要形式之一和项目学习的具体应用。文献梳理与调查均发现,不管是创新创业教育管理者、创新创业教育教师还是参加"大创"项目的学生,大多认为"大创"项目有助于提升学生的综合能力,但实践中由于"大创"项目游离于人才培养计划之外,其育人的有效性受到一定程度的抑制。本书认为,要提升"大创"项目的育人有效性,需要将"大创"项目纳入人才培养方案之中,需要将"大创"项目融入日常教学计划。但如何才能将"大创"项目有效融入人才培养方案、有效融入日常教学计划,还可以作进一步的探究。要想保证"大创"项目融入人才培养方案、融入日常教学中的有效性,就需要先揭示"大创"项目有效融入人才培养方案、有效融入日常教学计划的机理是什么以及在融入过程中遇到的问题与障碍是什么。实际上,对于"大创"项目有效融入人才培养方案、有效融入日常教学计划的机理探究是对"专创融合"机理进行探究的一个部分。"专创融合"不仅是创新创业教育高质量发展的必由之路,也是当前我国高校创新创业教育改革的发展焦点和难点,但专业教育与创新创业教育有效融合的机理尚未探明。因此,未来研究可以以"大创"项目有效融入人才培养方案、有效融入日常教学计划的机理探究为突破口,揭示专业教育与创新创业教育有效融合的机理。

参考文献

一、著作类

[1]陈向明.质的研究方法与社会科学研究[M].北京:教育科学出版社,2000.

[2]罗伯特·K.威索基,拉德·麦加里.有效的项目管理[M].费琳,李盛萍,译.北京:电子工业出版社,2004.

[3]罗伯特·K.威索基.创建有效的项目团队[M].曹维武,译.北京:电子工业出版社,2003.

[4]项目管理协会.项目管理知识体系指南:PMBOK[M].王勇,张斌,译.北京:电子工业出版社,2009.

[5]大卫·库伯.体验学习:让体验成为学习和发展的源泉[M].王灿明,朱水萍,译.上海:华东师范出版社,2008.

[6]罗伯特·K.殷.案例研究:设计与方法(第5版)[M].周海涛,史少杰,译.重庆:重庆大学出版社,2017.

[7]约翰·W.克里斯韦尔.质的研究及其设计:方法与选择[M].余东升,译.青岛:中国海洋大学出版社,2008.

[8]凯瑟琳·马歇尔,格雷琴·B.罗斯曼.设计质性研究:有效研究计划的全程指导[M].何江惠,译.重庆:重庆大学出版社,2015.

[9]伍尔福克.教育心理学[M].何先友,伍新春,译.北京:中国轻工业出版社,2014.

[10]莱夫,温格.情境学习:合法的边缘性参与[M].王文静,译.上海:华东师范大学出版社,2004.

[11]斯蒂芬·P.罗宾斯,蒂莫西·A.贾奇.组织行为学[M].李原,孙慧敏,译.北京:中国人民大学出版社,2008.

[12]丁宁.项目管理(第三版)[M].北京:北京交通大学出版社,2017.

[13]国家大学生创新创业训练计划专家工作小组.砥砺十年 星火燎原:国家大学生创新创业训练计划十周年(回眸篇)[M].北京:高等教育出版社,2018.

[14]国家级大学生创新创业训练计划专家工作组.国家级创新创业训练计划工作手册[M].南京:东南大学出版社,2013.

[15]刘祥玲.大卫·库伯的体验式教学[M].太原:山西人民出版社,2020.

[16]潘懋元.高等教育研究方法[M].北京:高等教育出版社,2008.

[17]苏霍姆林斯基.给教师的建议[M].杜殿坤,译.北京:教育科学出版社,1984.

[18]沈壮海.思想政治教育有效性研究[M].武汉:武汉大学出版社,2001.

[19]王道俊,郭文安.主体教育论[M].北京:人民教育出版社,2005.

[20]王洪才,等.大学创新教学理论与实践:后现代大学来临及其回应[M].北京:科学出版社,2018.

[21]周东明,熊淳.教育研究方法[M].武汉:华中师范大学出版社,2012.

[22]ADDERLEY K,ASHWIN C,BRADBURY P. Project method in higher education[M]. London:Society for Research into Higher Education,1975.

[23] BOALER J. Experiencing school mathematics:teaching styles,sex,and settings[M]. Buckingham,UK:Open University Press.1997.

[24]MCGRATH J E. Social psychology:a brief introduction[M].New York:Holt,Rinehart and Winston,1964.

[25] SCHUNK D H,ZIMMERMAN B J. Self-Regulation of learning and performance:issues and educational applications[M]. Hillsdale,NJ:Lawrence Erlbaum Associates,1994.

[26] STIMSON,R W. The Massachusetts home-project plan of vocational Agricultural education [M]. Washington,DC:U.S. Bureau of Education,1914.

[27]TRILLING B,FADEL C. 21st century skills:learning for life in our times [M]. San Francisco:Jossey-Bass,2009.

[28]WINNIPS J C. Scaffolding by design:a model for www-based learner support [M]. Enschede:Universiteit Twente,2001.

二、期刊论文

[1]安勇,陈建名.基于国家大学生创新性实验计划的思考[J].黑龙江高教研究,2010(6):136-138.

[2]安勇,邵卓峰,严俊鑫.大学生创新性实验计划实施的深度思考[J].黑龙江高教研究,2012(6):138-140.

[3]蔡红红,姚利民.人文社科本科生科研效能的现状及影响因素研究[J].大学教育科学,2020(3):73-81.

[4]曹晓婕,王晨馨,赵磊磊,等."双一流"背景下本科生科研积极性影响因素实证研究[J].中国高校科技,2021(7):57-62.

[5]柴莹,肖晓.大学生创新创业训练计划管理模式的构建:基于项目管理的视角[J].中国大学教学,2018(2):70-73.

[6]陈敏.论大学生思想政治教育有效性及其评价标准[J].黑龙江高教研究,2006(2):43-44.

[7]陈寿根.高职院校内部治理有效性:内涵、特征与提升[J].黑龙江高教研究,2016(10):117-120.

[8]陈晓端,KEITH S.当代西方有效教学研究的系统考察与启示[J].比较教育研究,2005(8):56-60,71.

[9]程红,张天宝.论教学的有效性及其提高策略[J].中国教育学刊,1998(5):37-40.

[10]储德平,杨塱,张秦.近二十年中国高校创新创业教育研究态势:基于CSSCI数据库的分析[J].中国成人教育,2017(1):68-72.

[11]戴勇,范明.高校基础研究团队有效性及影响因素分析[J].科技进步与对策,2010(13):134-137.

[12]丁爱侠,郑春龙.大学生创新性开放实验项目管理的探索与实践[J].实验技术与管理,2009(4):212-213,224.

[13]丁洁琼.减负与加压之间:本科课程数量的变迁:学分制是如何失灵的?[J].清华大学教育研究,2020(3):129-139.

[14]董泽华,卓泽林.基于项目学习的STEM整合课程内涵与实施路径研究[J].中国电化教育,2019(8):76-81,90.

[15]段肖阳.论创新创业能力模型与评价指标体系构建[J].教育发展研究,2022(1):60-67.

[16]敦帅,陈强,王丽娟.中国创新创业教育研究述评与展望:基于CiteSpace的知识图谱分析[J].科学管理研究,2021(3):2-9.

[17]范昕俏.国际创新创业教育研究现状及启示:基于Web of Science(2009—2018)文献的数据分析[J].技术经济与管理研究,2019(6):36-40.

[18]冯建军.主体间性与教育交往[J].高等教育研究,2001(6):26-31.

[19]冯建军.主体教育研究40年:中国特色教育学建设的案例与经验[J].中国教育科学(中英文),2021(4):8-19.

[20]冯林,张崴."质量工程"视角下的大学生创新性实验计划[J].实验室研究与探索,2008(6):27-29.

[21]冯小平,邹昀,陈颖龄,等.大学生创新训练计划项目多层次灰色评价[J].西南师范大学学报(自然科学版),2015(11):198-203.

[22]冯英,张卓.我国大学生创新创业政策演进及地区差异分析:基于1998—2019年政策文本[J].国家教育行政学院学报,2021(2):52-60.

[23]冯英浚,王大伟,丁文桓,等.绩效管理与管理有效性[J].中国软科学,2003(4):132-136.

[24]高桂娟,陈乐.加州大学伯克利分校如何促进本科生科研[J].高教发展与评估,2015(5):63-71,99-100.

[25]高向斌.主体教育:我国走向新世纪的一种教育理论[J].中国教育学刊,2005(4):22-25.

[26]高艳玲,李虹,裴瑞敏,等.教育科研团队互动氛围对个体创新能力的中介影响机制研究[J].军事医学,2012(12):929-933.

[27]高众,刘继安,陈健坤.卓越本科生科研训练体系构成要素及运行机制:基于美国高校实践的分析[J].比较教育研究,2018(4):55-61.

[28]葛宝山,刘牧,董保宝.团队互动过程模型研究评介与未来展望[J].外国经济与管理,2012(12):39-48.

[29]顾晶晶.创新创业教育对大学生就业满意度的影响研究:基于陕西省高校毕业生的实证分析[J].统计与信息论坛,2018(9):123-128.

[30]顾明远.编写中师《教育学》[J].中国教师,2021(2):114-115.

[31]郭卉,韩婷,胡皓斐.工科大学生科研学习投入探究:基于5所理工科高校的调查[J].高等工程教育研究,2017(6):145-150.

[32]郭卉,韩婷,黄刚.大学生科技创新团队:最有效的本土化大学生科研学习形式:基于三所研究型大学的调查[J].高教探索,2018(1):5-10.

[33]郭卉,韩婷,余秀平,等.理工科大学生参与科研活动的收获的探索性研究:基于"国家大学生创新创业训练计划"项目负责人的个案调查[J].高等工程教育研究,2015(6):59-66.

[34]郭卉,韩婷.大学生科研学习投入对学习收获影响的实证研究[J].教育研究,2018(6):60-69.

[35]郭娇.本科生高影响力活动与其毕业后预期目标的匹配:基于2019年中国本

科教与学调查数据[J].教育发展研究,2019(23):18-26.

[36]郭炯,郭雨涵.学习支架支持的批判性思维培养模型应用研究[J].电化教育研究,2015(10):98-105.

[37]郭莉,王菡,王栩楠.探索"大学生创新创业训练计划"的管理模式[J].现代教育技术,2012(6):118-121.

[38]郭文安,田友谊.培育时代新人:新时代主体教育论的历史使命[J].教育研究,2022(11):31-41.

[39]郭文安.主体教育思想发展的回顾与前瞻[J].教育研究与实验,2006(5):1-6.

[40]韩提文,梁林.创新型科研团队过程性评价体系研究:基于演进过程中的蜕变视角[J].经济与管理,2017(5):67-72.

[41]韩婷,郭卉,尹仕,等.基于项目的学习对大学生工程实践能力发展的影响研究[J].高等工程教育研究,2019(6):65-72.

[42]韩映雄.我国高等教育"质量工程"政策目标分析[J].复旦教育论坛,2009(5):19-21.

[43]郝连明,綦春霞,李俐颖.项目学习对学习兴趣和自我效能感的影响[J].教学与管理,2018(24):32-34.

[44]何春梅.过程性评价、成就目标定向与学习投入:机制与路径[J].高教探索,2020(11):36-46.

[45]和学新.主体性的内涵、结构及其存在形态与主体性教育[J].西南师范大学学报(人文社会科学版),2005(1):65-71.

[46]贺武华.我国本科生导师制演进发展的新时代要求及其实践创新[J].中国大学教学,2021(3):10-16.

[47]洪柳.基于核心期刊和 CSSCI 数据库文献计量的创新创业教育研究综述[J].民族教育研究,2018(4):129-134.

[48]胡金焱.创新创业教育:理念、制度与平台[J].中国高教研究,2018(7):7-11.

[49]胡玲,杨博.高校创新创业教育效果的影响因素研究:基于 2016—2018 年我国 150 所创新创业典型经验高校的数据[J].华东师范大学学报(教育科学版),2020(12):64-75.

[50]华中科技大学高等工程教育研究中心课题组,李瑾,陈敏,等.项目学习的评价:光电工程创新创业人才培养的工程训练体系探索[J].高等工程教育研究,2010(6):82-87.

[51]黄安群.应用型本科实践教学第二课堂培养大学生创新创业能力的效果分析[J].黑龙江畜牧兽医,2020(12):153-155.

[52]黄柏江.高等职业教育课程实施有效性评价模型构建及其内涵分析[J].中国高教研究,2011(3):90-91.

[53]黄侃."双因素理论"视域下高职学生创新创业教育影响因子及激励机制研究[J].中国职业技术教育,2018(21):66-71.

[54]黄声巍.大学生创新创业训练计划项目实施存在问题分析[J].农村经济与科技,2018(18):253-254.

[55]黄兆信,黄扬杰.创新创业教育质量评价探新:来自全国1231所高等学校的实证研究[J].教育研究,2019(7):91-101.

[56]黄兆信,杜金宸."双一流"建设高校学生对创新创业课程质量满意度研究[J].华东师范大学学报(教育科学版),2020(12):33-41.

[57]季诚钧,黄昌财.高校本科生科研的意义、现状与措施[J].研究与发展管理,2003(2):95-98,107.

[58]贾双林,褚亚旭,陈雪,等.地方高校大学生创新创业训练计划项目的实施与管理[J].实验室研究与探索,2017(7):242-245,256.

[59]简云龙,刘源.动机的结构与效应:基于动机连续体的视角[J].心理科学进展,2022(7):1589-1603.

[60]姜艳霞,贺婉青,王佳莹.大学生创新创业计划现状和发展趋势[J].创新创业理论研究与实践,2021(24):180-182.

[61]金登宇.高等农业院校推进创新创业教育改革的探索与实践[J].高等农业教育,2016(3):27-29.

[62]赖晓晨,惠煌,夏锋,等.大学生创新性实验计划实施的关键问题分析[J].实验技术与管理,2012(7):17-20,28.

[63]李旦,赵希文,吴菊花.以过程为导向的大学生创新性实验计划评价体系研究[J].高等工程教育研究,2010(1):102-105.

[64]李旦,赵希文,齐晶瑶,等."创新研修课"的建设与探索[J].中国大学教学,2009(11):28-30.

[65]李海林."三育人"概念的内涵与高等教育的使命[J].江苏高教,1996(5):3.

[66]李金生,乔盈.高新技术企业研发团队沟通行为对自主创新绩效的影响:以知识吸收能力为中介变量[J].科技进步与对策,2020(11):136-144.

[67]李培湘,徐东.哲学视野下的主体与主体教育[J].国家教育行政学院学报,2008(4):46-51.

[68]李青.本科生导师制:模式、问题及对策[J].现代教育管理,2019(12):69-73.

[69]李树祥,梁巧转,杨柳青.团队认知多样性和团队沟通对团队创造力的影响研

究[J].科学学与科学技术管理,2012(12):153-159.

[70]李霞,戴胜利,肖泽磊.基于"政策—规范—认知"模型的大学生创新创业制度研究[J].教育发展研究,2016(3):72-78.

[71]李霞.信念、态度、行为:教师文化建构的三个维度[J].教师教育研究,2012(3):17-21.

[72]李湘萍.大学生科研参与与学生发展:来自中国案例高校的实证研究[J].北京大学教育评论,2015(1):129-147,191.

[73]李晓玉,乔红晓,刘云,等.中学生领悟教师情感支持对学习倦怠的影响:有中介的调节效应[J].中国临床心理学杂志,2019(2):414-417.

[74]李旭辉,孙燕.高校大学生创新创业能力关键影响因素识别及提升策略研究[J].教育发展研究,2019(Z1):109-117.

[75]李亚员,刘海滨,孔洁珺.高校创新创业教育生态系统建设的理想样态:基于4个国家8所典型高校的跨案例比较分析[J].高校教育管理,2022(2):32-46.

[76]李玉光,王谢勇.大连大学"三层次、四平台"创新创业教育模式[J].中国高校科技,2017(Z1):102-104.

[77]李召存.教学中主体参与的有效性分析[J].中国教育学刊,2000(5):26-28.

[78]李正,林凤.论本科生科研的若干理论问题[J].清华大学教育研究,2009(4):112-118.

[79]李子建,邱德峰.学生自主学习:教学条件与策略[J].全球教育展望,2017(1):47-57.

[80]廖全明,黄荔,于敏章,等.大学生创新创业训练计划项目助推心理学专业学生综合能力提升策略研究[J].创新创业理论研究与实践,2021(5):153-156.

[81]林斌,宋毅.项目为导向:地方高校创新创业教育的精准实践:基于福建省2013—2018年"大创计划"项目信息的计量分析[J].黑龙江高教研究,2019(6):119-124.

[82]刘宝存.美国大学的创新人才培养与本科生科研[J].外国教育研究,2005(12):39-43.

[83]刘宝存.美国研究型大学本科生科研的基本类型与模式[J].教育发展研究,2004(11):93-95.

[84]刘宝存.美国研究型大学本科生科研的组织与管理[J].江苏高教,2004(6):117-120.

[85]刘彬.高校大学生创新创业训练计划实施的满意度调查分析[J].技术与创新管理,2018(6):659-663.

[86]刘彬.基于学生视角的高校大学生创新创业训练计划实施的受益度调查分析[J].中国大学生就业,2019(8):60-64.

[87]刘大军,罗一帆,周合兵.基于大学生创新性实验计划下学生主体性的发展策略[J].实验室研究与探索,2011(8):304-306,445.

[88]刘帆.高校创新创业教育现况调查及分析:基于全国938所高校样本[J].中国青年社会科学,2019(4):67-76.

[89]刘汉伟.现代大学教育理念的研究[J].辽宁工业大学学报(社会科学版),2009(4):82-85.

[90]刘继安,高众.我国高校创新创业训练项目的实施情况、问题与对策:基于2012—2017年"国创计划"项目信息的计量分析[J].中国高教研究,2018(11):78-84.

[91]刘景福,钟志贤.基于项目的学习(PBL)模式研究[J].外国教育研究,2002(11):18-22.

[92]刘雷,侯小兵,杨洋,等.地方高校大学生创新创业训练计划项目:现状、问题与对策[J].绵阳师范学院学报,2020(9):38-45.

[93]刘丽虹,张积家.动机的自我决定理论及其应用[J].华南师范大学学报(社会科学版),2010(4):53-59.

[94]刘其龙.资源协同视域下大学生创新创业能力发展机制探究[J].教育与职业,2018(16):57-59.

[95]刘勤,刘冬兰.在校大学生创新创业能力现状与提升研究:以G高校为例的调查[J].大学教育,2020(2):33-35.

[96]刘献君.论文化育人[J].高等教育研究,2013(2):1-8.

[97]刘燕楠,李姣姣.从主体间性到他者性:主体教育的当代价值取向[J].高等教育研究,2020(12):10-15.

[98]刘育东.国外项目学习的历史沿革及发展趋势[J].教育理论与实践,2019(19):60-64.

[99]刘云波,罗亚莉.宣传主体与宣传有效性的社会心理分析[J].唯实,2006(1):9-12.

[100]刘云生.项目学习:信息时代重要的学习方式[J].中国教育学刊,2002(1):36-38.

[101]柳翠钦.劳动保障部培训就业司副司长信长星强调 要把创新创业教育引入技校教学之中[J].职业技术教育,2001(9):15-17.

[102]卢小花.项目式学习的特征与实施路径[J].教育理论与实践,2020(8):59-61.

[103]鲁洁.教育的原点:育人[J].华东师范大学学报(教育科学版),2008(4): 15-22.

[104]毛艳萍.地方师范院校大学生创新创业训练计划项目的有效管理:以绵阳师范学院为例[J].绵阳师范学院学报,2015(3):96-99.

[105]孟玉环.高校科研项目质量管理有效性评价体系构建研究[J].科技进步与对策,2012(4):115-118.

[106]孟子涵,王一凡,刘旭颖,等."大学生创新创业训练计划"项目实践发展影响因素及对策研究[J].创新创业理论研究与实践,2020(13):178-180,183.

[107]牛欣欣.基于区域特色的地方大学创业教育探析[J].教育发展研究,2014(3):56-60.

[108]潘涌璋,唐启红,张秋明,等.大学生创新性实验计划项目管理模式探讨[J].实验技术与管理,2012(6):146-149.

[109]潘懋元.高等教育研究要更加重视微观教学研究[J].中国高教研究,2015(7):1.

[110]庞维国,刘树农.现代心理学的自主学习观[J].山东教育科研,2000(Z2):54-55,59.

[111]庞维国.从自主学习的心理机制看自主学习能力培养的着力点[J].全球教育展望,2002(5):26-31.

[112]裴娣娜.发展性教学与学生主体性发展[J].河南教育,1999(1):14-16.

[113]裴娣娜.主体教育的实践生成与发展[J].教育研究,2022(11):18-30.

[114]裴娣娜.主体教育理论研究的范畴及基本问题[J].教育研究,2004(6):13-15.

[115]彭荣础.思辨研究方法:历史、困境与前景[J].大学教育科学,2011(5):86-88.

[116]钱军平.基于生源差异的高等教育质量有效性分析[J].江苏高教,2010(3):32-35.

[117]乔治·库,金红昊.非认知能力:培养面向21世纪的核心胜任力[J].北京大学教育评论,2019(3):2-12,187.

[118]秦娟,李红惠.隐匿在课表中的本科生学习时间问题:以381份个人课表为分析样本[J].中国高教研究,2023(10):49-56.

[119]邱杰.会计专业课程教学改革探索:融入创新创业能力培养[J].财会通讯,2017(34):30-33.

[120]任利华,陈华,孙宏玉,等.护理创新创业社会实践课程的建设及实施效果[J].中华护理教育,2022(6):513-517.

[121]任良玉,张吉维.本科创新人才培养的制度环境和文化环境:以"国家大学生

创新性实验计划"实施为例[J].清华大学教育研究,2009(3):108-113.

[122]申云凤."互联网+"背景下基于问题解决学习有效性评价指标体系构建[J].中国电化教育,2018(10):87-94.

[123]孙海法,朱莹楚.案例研究法的理论与应用[J].科学管理研究,2004(1):116-120.

[124]孙苏,余秀兰.国外本科生科研评价方式的比较分析[J].江苏高教,2019(11):114-118.

[125]孙喜亭.论"以人为本"和"育人为本"的教育观:再论教育的出发点问题[J].高等师范教育研究,2002(4):3-12.

[126]宋亦芳.基于群体动力理论的社区团队学习研究[J].职教论坛,2017(9):40-47.

[127]唐汉琦.我国高校实施本科生导师制的成效、问题与出路[J].重庆高教研究,2019(4):98-109.

[128]唐权.混合案例研究法:混合研究法在质性-实证型案例研究法中的导入[J].科技进步与对策,2017(12):155-160.

[129]陶金国,张妍,廖莉莉.大学生科研创新能力影响因素的实证研究[J].高校教育管理,2020(3):104-112.

[130]涂艳国.主体教育理论研究的现状与趋势[J].教育研究与实验,1995(3):1-4.

[131]万思志.探索大学生创新性实验计划实施路径[J].中国高等教育,2010(11):42-43.

[132]王道俊,郭文安.让学生真正成为教育的主体[J].教育研究,1989(9):14-17.

[133]王道俊,郭文安.试论教育的主体性:兼谈教育、社会与人[J].华东师范大学学报(教育科学版),1990(4):33-40.

[134]王道俊.关于教育的主体性问题[J].教育研究与实验,1996(2):1-5.

[135]王桂云,潘艳秋,曹永红.基于"1134"模式的大学生创新创业训练计划管理制度探索与实践[J].化工高等教育,2020(1):22-26.

[136]王国红.美国本科生科研的实施措施和对师生的影响[J].高等工程教育研究,2010(3):122-125.

[137]王洪才,汤建.创新创业教育:高等教育内涵式发展的关键[J].武汉科技大学学报(社会科学版),2021(1):110-116.

[138]王洪才,郑雅倩.创新创业教育的哲学假设与实践意蕴[J].高校教育管理,2020(6):34-40.

[139]王洪才,郑雅倩.大学生创新创业能力测量及发展特征研究[J].华中师范大

学学报(人文社会科学版),2022(3):155-165.

[140]王洪才.创新创业教育:中国特色的高等教育发展理念[J].南京师大学报(社会科学版),2021(6):38-46.

[141]王洪才.创新创业教育必须树立的四个理念[J].中国高等教育,2016(21):13-15.

[142]王洪才.创新创业教育的意义、本质及其实现[J].创新与创业教育,2020(6):1-9.

[143]王洪才.创新创业能力的科学内涵及其意义[J].教育发展研究,2022(1):53-59.

[144]王洪才.创新创业能力培养:作为高质量高等教育的核心内涵[J].江苏高教,2021(11):21-27.

[145]王洪才.教育研究的基本方法论[J].北京师范大学学报(社会科学版),2006(6):21-27.

[146]王洪才.论创新创业教育的多重意蕴[J].江苏高教,2018(3):1-5.

[147]王洪才.论创新创业人才的人格特质、核心素质与关键能力[J].江苏高教,2020(12):44-51.

[148]王建坤,张平,杜玉春,等.大学生心理发展需求与辅导员工作技能匹配度研究[J].北京邮电大学学报(社会科学版),2015(2):94-99.

[149]王俏,董亚军.论高等职业教育中的创新创业教育[J].河北工业大学成人教育学院学报,2003(3):63-65.

[150]王晴.教育有效性的判断标准初探[J].教育研究与实验,2011(2):51-54.

[151]王通,徐虹,郭宁,王金国,付坤,刘兆翔.参与大学生创新训练计划的收获与体会[J].实验室研究与探索,2017(3):193-195,199.

[152]王雅丽,乐家华,王方方,等.三全育人视域下大学生创新创业训练计划项目质量保障体系研究[J].创新创业理论研究与实践,2020(22):191-193.

[153]魏东晓.大学生创新性实验计划精细化管理的探索与实践[J].北京林业大学学报(社会科学版),2009(S1):36-39.

[154]魏署光,吴柯豫.渐进决策理论视角下我国创新创业教育政策的发展与嬗变[J].现代教育管理,2021(12):19-28.

[155]温喜宝.大学生创新性实验计划的开展与研究[J].实验室研究与探索,2009(4):5-7,117.

[156]文庭孝,邱均平.对科学评价作用与价值的再认识[J].科技管理研究,2007(9):43-45,50.

[157]文雯,初静,史静寰."985"高校高影响力教育活动初探[J].高等教育研究,2014(8):92-98.

[158]翁世杰,姜元昊.高校大学生创新创业训练计划项目现状分析与管理研究:以江西省为例[J].产业科技创新,2020(19):15-16.

[159]吴薇,谢作栩.不同类型高校教师信念比较研究:以福建省高校为例[J].厦门大学学报(哲学社会科学版),2012(2):117-124.

[160]吴薇.多维视域下的大学教师信念研究[J].江苏高教,2011(6):96-98,129.

[161]夏惠贤,杨伊.项目学习:模型建构与可为路径[J].现代基础教育研究,2021(2):5-11.

[162]辛涛,申继亮.论教师的教育观念[J].北京师范大学学报(社会科学版),1999(1):14-19.

[163]信长星.将创新(创业)教育引入技工培养[J].中国培训,2001(5):18-19.

[164]徐佩,章仁俊.企业研发项目团队有效性评价指标体系构建研究[J].科技进步与对策,2006(12):146-148.

[165]徐小洲,叶映华.创业教育课程设计及其有效性评价:以浙江大学《创业基础》MOOC课程为样本[J].华东师范大学学报(教育科学版),2019(1):16-22,164.

[166]闫寒冰.信息化教学的学习支架研究[J].中国电化教育,2003(11):18-21.

[167]闫长斌,杨建中,朱佳音.基于项目管理的大学生创新创业训练模式探索与实践:以郑州大学土木工程学院为例[J].华南理工大学学报(社会科学版),2017(2):110-118.

[168]颜晓程.深度学习视域下的教学情境反思与建构[J].当代教育科学,2022(11):48-54.

[169]杨冬,孙士茹.内涵式发展视域下大学创新创业教育的困境审视与路径选择[J].黑龙江高教研究,2021(7):96-102.

[170]杨冬.大学创新创业教育课程建设的元假设、内在逻辑与系统方略[J].当代教育论坛,2022(4):71-82.

[171]杨冬.我国高校创新创业教育政策变迁的轨迹、机制与省思[J].高校教育管理,2021(5):90-104.

[172]杨芳,韩雷,尹辉.中南大学扎实推进大学生创新创业训练计划[J].中国大学教学,2014(10):33-35.

[173]杨慧,俞安平,恢光平,等.国内外本科生科研训练比较研究[J].高等工程教育研究,2003(5):65-68.

[174]杨连生,王甲男,黄雪娜.体验式学习对大学生创新创业能力的影响研究[J].现代教育管理,2020(12):102-107.

[175]杨明海,张体勤,丁荣贵.项目团队学习的涵义、形式与模型研究[J].自然辩证法研究,2006(9):73-76.

[176]杨叔子.文明以止 化成天下:纪念我国高等学校文化素质教育开展十周年[J].高等教育研究,2005(9):1-6.

[177]杨皖苏,杨希,杨善林.挑战性压力源对新生代员工主动性—被动性创新行为的影响[J].科技进步与对策,2019(8):139-145.

[178]杨小微.以学生的真实成长考量教育的有效性[J].教育测量与评价(理论版),2009(3):1.

[179]杨振芳.大学生课程学习过程性评价的现状、问题与对策[J].教育与考试,2021(4):90-96.

[180]姚利民,蔡红红,王灿辉.人文社科本科生科研参与的调查与分析[J].大学教育科学,2022(5):56-64.

[181]姚卫如,李良敏.职校营销专业开展创新创业教育初探[J].安徽商贸职业技术学院学报,2003(1):70-71.

[182]叶碧欣,桑国元,邓英华.项目学习能否提升大学英语教学成效:针对干预实验研究的元分析[J].中国高教研究,2022(7):83-88.

[183]易朝辉,夏清华.创业导向与大学衍生企业绩效关系研究:基于学术型创业者资源支持的视角[J].科学学研究,2011(5):735-744.

[184]于斌,颜贤斌."大学生创新创业训练计划"项目管理探索与实践[J].实验技术与管理,2015(9):30-33.

[185]于兴业,李德丽,吴立全.大学生创新创业训练计划项目实施效果分析:以东北农业大学为例[J].东北农业大学学报(社会科学版),2018(6):67-74.

[186]余清臣.论教育思辨研究的时代挑战与应对[J].教育学报,2018(5):13-21.

[187]俞国良,辛自强.教师信念及其对教师培养的意义[J].教育研究,2000(5):16-20.

[188]袁继红.当代社会科学哲学对理想类型方法的批判和改进[J].科学技术哲学研究,2015(2):14-20.

[189]袁建林,刘红云.合作问题解决能力测量:真实性与过程性评价视角[J].电化教育研究,2022(5):100-108.

[190]岳伟,王坤庆.主体间性:当代主体教育的价值追求[J].华东师范大学学报(教育科学版),2004(2):1-6,36.

[191]岳伟.教育:主体间双向建构的交往实践活动[J].教育研究与实验,2008(1):15-18,31.

[192]张凤娟,潘锦虹.我国高校创新创业教育政策的范式变迁及其嬗变逻辑[J].高等工程教育研究,2022(5):151-156.

[193]张桂平,朱宇澈.挑战性压力对员工创造力的影响:基于挑战性评价与服务型领导的作用机制[J].软科学,2021(7):91-97.

[194]张华.论克伯屈的项目学习哲学[J].远程教育杂志,2023(5):16-27.

[195]张建文,张琤,常晓明,等.地方院校大学生创新创业训练计划的过程管理[J].高等工程教育研究,2014(5):135-138.

[196]张剑,郭德俊.内部动机与外部动机的关系[J].心理科学进展,2003(5):545-550.

[197]张瑾.STEM＋教育中学习支架设计研究[J].现代教育技术,2017(10):100-105.

[198]张静,王同合,魏田,等.面向深度学习现代测量学过程性评价实践与反思[J].测绘通报,2022(S1):132-136.

[199]张俊列.对"有效教学""有效性"的理性审视[J].教学与管理,2013(1):8-10.

[200]张丽,裴指挥.大学章程文本及其运行有效性的理论分析[J].江西师范大学学报(哲学社会科学版),2020(1):139-144.

[201]张良,靳玉乐.核心素养的发展需要怎样的教学认识论?:基于情境认知理论的勾画[J].教育研究与实验,2019(5):32-37.

[202]张树军,刘泰强,郝培峰.创新创业教育培养模式探讨[J].辽宁教育研究,2003(1):68-70.

[203]张体勤,杨明海.项目团队效能的系统运行机制及其特征研究[J].理论学刊,2008(4):37-40,128.

[204]张文兰,胡姣.项目式学习的学习作用发生了吗?:基于46项实验与准实验研究的元分析[J].电化教育研究,2019(2):95-104.

[205]张文兰,张思琦,林君芬,等.网络环境下基于课程重构理念的项目式学习设计与实践研究[J].电化教育研究,2016(2):38-45,53.

[206]张心瑜.教育领域中项目方法的历史渊源[J].科协论坛(下半月),2010(9):145-147.

[207]章春军.大学生科技创新项目过程管理研究[J].科技管理研究,2013(10):202-207,218.

[208]赵昌木.论教师信念[J].当代教育科学,2004(9):11-14.

[209]赵纯.创新型人才培养视角下我国高校学分制模式研究：基于 UBC 学分制案例分析[J].云南民族大学学报(哲学社会科学版),2020(2):139-144.

[210]赵慧臣,张亚林,马佳雯,等.青少年课外 STEM 项目质量评价系统的建构与启示：基于美国《印第安纳州课外项目规范和专业标准：STEM 教育》的分析[J].电化教育研究,2019(10):115-122.

[211]赵蒙成.学习情境的本质与创设策略[J].课程·教材·教法,2005(11):23-27.

[212]赵志瑛,韩素青,穆晓芳.CDIO 工程教育理念下的大学生创新训练项目选择与运行研究[J].教育理论与实践,2018(12):20-22.

[213]赵希文,吴菊花,燕杰.大学生创新能力训练体系与方法[J].实验室研究与探索,2010(10):67-69,84.

[214]钟春梅,周君佐,咸春龙.项目驱动下本科生科研活动参与影响因素研究：基于叙事研究的视角[J].中国高校科技,2022(3):50-56.

[215]周德金.创新教育与学生"问题意识"的培养[J].科技进步与对策,2001(7):176-177.

[216]周合兵,黄晓波,沈文淮,等.建立大学生创新性实验计划长效机制的实践与探索[J].实验室研究与探索,2009(8):4-7.

[217]周明星.高职学生创新创业能力及其培养[J].职教通讯,2002(3):55-57.

[218]周文叶.促进深度学习的表现性评价研究与实践[J].全球教育展望,2019(10):85-95.

[219]周志辉,张红霞.学长指导在教师指导与本科生科研投入关系中的中介影响：科研任务认知挑战度的调节作用[J].中国高教研究,2022(7):48-54.

[220]朱德全,李鹏.课堂教学有效性论纲[J].教育研究,2015(10):90-97.

[221]朱泓.大连理工大学实施大学生创新创业训练计划报告[J].中国大学教学,2015(1):75-78.

[222]朱恬恬,舒霞玉.我国高校创新创业教育课程建设的调研与改进[J].大学教育科学,2021(3):83-93.

[223]卓泽林.粤港澳大湾区高校学生创新创业教育质量满意度提升研究[J].华东师范大学学报(教育科学版),2020(12):53-63.

[224]ABDUH M, MARITZ A, RUSHWORTH S. An evaluation of entrepreneurship education in indonesia：a case study of Bengkulu University[J]. International journal of organizational innovation，2012(4):21-48.

[225]BARBA-SÁNCHEZ V，ATIENZA-SAHUQUILLO C. Entrepreneurial intention

among engineering students: the role of entrepreneurship education [J]. European research on management and business economics,2018(1):53-61.

[226]BARRON B J S, SCHWARTZ D L, VYE N J, et al. Doing with understanding: lessons from research on problem-and project-based learning[J]. Journal of the learning sciences, 1998(3-4):271-311.

[227]BARTSCH V, EBERS M, MAURER I. Learning in project-based organizations: the role of project teams' social capital for overcoming barriers to learning[J]. International journal of project management, 2013(2):239-251.

[228]BAUMEISTER R F, LEARY M R. The need to belong: desire for interpersonal attachments as a fundamental human motivation[J]. Psychological bulletin, 1995(3):497-529.

[229]BELAGRA M, DRAOUI B. Project-based learning and information and communication technology's integration: impacts on motivation[J]. International journal of electrical engineering education, 2018(4): 293-312.

[230]BLUMENFELD P C, SOLOWAY E, MARX R W, et al. Motivating project-based learning: sustaining the doing, supporting the learning[J]. Educational psychologist, 1991(3-4):369-398.

[231]CARRON A V. Cohesiveness in sport groups: interpretations and considerations [J]. Journal of sport psychology, 1982(4):123-138.

[232]CHEN C H, YANG Y C. Revisiting the effects of project-based learning on students' academic achievement: a meta-analysis investigating moderators[J]. Educational research review, 2019(26):71-81.

[233]COHEN S G, LEDFORD G E, SPREITZER G M. A Predictive model of self-managing work team effectiveness[J]. Human relations, 1996(5):643-676.

[234]DEMARAY M K, MALECKI C K. The relationship between perceived social support and maladjustment for students at risk[J]. Psychology in the schools, 2002(3):305-316.

[235]DIN B H, ANUAR A R, USMAN M. The effectiveness of the entrepreneurship education program in upgrading entrepreneurial skills among public university students[J]. Procedia-social and behavioral sciences, 2016(15):117-123.

[236]FALLIK O, EYLON B S, ROSENFELD S. Motivating teachers to enact free-choice project-based learning in science and technology (PBLSAT): effects of a professional development model[J]. Journal of science teacher education,

2008(6):565-591.

[237] FAYOLLE A, GAILLY B. From craft to a science: teaching models and learning processes in entrepreneurship education[J]. Journal of European industrial training,2008(7):569-593.

[238]FESTINGER L. Informal social communication[J]. Psychological review,1950 (57):271-282.

[239]FERNANDES S R G. Preparing graduates for professional practice: findings from a case study of project-based learning [J]. Procedia-social and behavioral sciences, 2014(139):219-226.

[240]GAFAR M, KASIM R. Is the impact of entrepreneurship education as remarkable as the demand? [J]. Abstract of emerging trends in scientific research, 2014 (8):239-250.

[241]GLADSTEIN L. Group in context: a model of task group effectiveness[J]. Administrative science quarterly, 1984(5):499-517.

[242]GUO P, SAAB N, POST L S, ADMIRAAL W. A review of project-based learning in higher education: student outcomes and measures[J]. International journal of educational research, 2020(102):1-13.

[243] HASNI A, BOUSADRA F, BELLETÊTE V, et al. Trends in research on project-based science and technology teaching and learning at K-12 levels: a systematic review[J]. Studies in science education, 2016(2):199-231.

[244] HELLE L, OLKINUORA P T. Project-based learning in post-secondary education-theory, practice and rubber sling shots[J]. Higher education, 2006 (2):287-314.

[245]HUNG C M, HWANG G J, et al. A Project-based digital storytelling approach for improving students' learning motivation, problem-solving competence and learning achievement [J]. Educational technology & society, 2012 (15): 368-379.

[246]HUNG W. The 3C3R model: a conceptual framework for designing problems in PBL[J]. Interdisciplinary journal of problem-based learning, 2006(1): 55-77.

[247]III E, SUTTLE J L. Expectancy theory and job behavior[J]. Organizational behavior & human performance, 1973(3):482-503.

[248]IRIT S, ITAMAR Y, NOAM M. Fostering the skills of critical thinking and

question-posing in a project-based learning environment[J]. Thinking skills & creativity, 2018(29):203-212.

[249] ISIK O, GUCUM B. The effect of project based learning approach on elementary school students' motivation toward science and technology course [J]. Hacettepe Universitesi Egitim Fakultesi Dergis-Ihacettepe University journal of education,2013(3):206-218.

[250] ISSA H B, KHATAIBEH A. The effect of using project based learning on improving the critical thinking among upper basic students from teachers' perspectives[J].Pegem egitim ve ogretim dergisi,2021(2):52-57.

[251] KILPATRICK W, et al. Dangers and difficulties of the project method and how to overcome them [J]. Teachers college record,1921(4):283-321.

[252] KNOLL M. The project method: its vocational education origin and international development[J]. Journal of industrial teacher education, 1997(1): 59-80.

[253] KOH J, HERRING S C, HEW K F. Project-based learning and student knowledge construction during asynchronous online discussion [J]. The internet and higher education, 2010(4):284-291.

[254] KRAJCIK J S, BLUMENFELD P C, MARX R W, et al. A collaborative model for helping middle grade science teachers learn project-based instruction[J]. The elementary school journal,1994(94):483-497.

[255] KÜTTIM M, KALLASTE M, VENESAAR U, KIIS A. Entrepreneurship education at university level and students' entrepreneurial intentions[J]. Procedia social and behavioral sciences,2014(110):658-668.

[256] LARMER J, MERGENDOLLER J H. Essentials for project-based learning[J]. Journal of the department of supervision and curriculum development, 2010(1): 34-37.

[257] LI T T, MILLER E, CHEN I C, BARTZ K, et al. The relationship between teacher's support of literacy development and elementary students' modelling proficiency in project-based learning science classrooms[J]. Elementary and early years education, 2021(3):302-316.

[258] MAMBALI E R, KAPIPI M S, CHANGALIMA I A. Entrepreneurship education and business and science students' green entrepreneurial intentions: the role of green entrepreneurial self-efficacy and environmental awareness

[J]. The International journal of management education，2024(2):1-15.

[259]MARESCH D，HARMS R，KAILER N，et al. The impact of entrepreneurship education on the entrepreneurial intention of students in science and engineering versus business studies university programs[J]. Technological forecasting and social change,2016(C):172-179.

[260]MARKS M A，MATHIEU J E，ZACCARO S J. A temporally based framework and of team processes[J]. Academy of management review，2001(26):356-376.

[261]MARTIN B C，MCNALLY J J，KAY M J. Examining the formation of human capital in entrepreneurship: a meta-analysis of entrepreneurship education outcomes[J]. Elsevier，2013(2): 211-224.

[262]MCBEATH M，DRYSDALE，M T B，BOHN N. Work-integrated learning and the importance of peer support and sense of belonging[J]. Education and training，2017(1):39-53.

[263]MEYER D K，TURNER J C，SPENCER，C A. Challenge in a mathematics classroom: students' motivation and strategies in project-based learning[J]. The elementary school journal，1997(5):501-521.

[264] MOHAMED N A，ALI A Y S. Entrepreneurship education: systematic literature review and future research directions [J]. World journal of entrepreneurship，management and sustainable development，2021(4):644-660.

[265]MORGAN A. Theoretical aspects of project-based learning in higher education [J]. British journal of educational technology，1983(1):66-78.

[266] MORRISON J，FROST J，GOTCH C，et al. Teachers' role in students' learning at a project-based STEM high school: implications for teacher education[J]. International journal of science and mathematics education，2020(3):1103-1123.

[267]MUSA F，MUFTI N，LATIFF R A，et al. Project-based learning (PjBL): inculcating soft skills in 21st century workplace [J]. Procedia-social and behavioral sciences，2012(1):565-573.

[268]OGUZ-UNVER A，ARABACIOGLU S. A comparison of inquiry-based learning (IBL)，problem-based learning (PBL) and project-based learning (PjBL) in science education[J]. Academia journal of educational research，2014(7):

120-128.

[269]OLAIYA M G. The impact of entrepreneurship educations on entrepreneurial capacity and self-employment[J]. Journal of small business and enterprise development, 2015(2):92-93.

[270]PITTAWAY L, COPE J. Entrepreneurship education: a systematic review of the evidence[J]. Social science electronic publishing, 2016(5):479-510.

[271]RASMUSSEN E A, SORHEIM R. Action-based entrepreneurship education[J]. Technovation, 2006(2):185-194.

[272]RÍOS I D L, CAZORLA A, JOSÉ M, et al. Project-based learning in engineering higher education: two decades of teaching competences in real environments [J]. Procedia social and behavioral sciences, 2010(2):1368-1378.

[273]ROHM A J, STEFL M, Ward N. Future proof and real-world ready: the role of live project-based learning in students' skill development[J]. Journal of marketing education, 2021(2):204-215.

[274]ROSEN M A, BEDWELL W L, WILDMAN J L, et al. Managing adaptive performance in teams: guiding principles and behavioral markers for measurement[J]. Human resource management review, 2011(2):107-122.

[275]RUSSELL S H, HANCOCK M P, MCCULLOUGH J. Benefits of undergraduate research experiences[J]. Science, 2007(24):548-549.

[276]RYAN R M, DECI E L. The darker and brighter sides of human existence: basic psychological needs as a unifying concept[J]. Psychological inquiry, 2000(4):319-338.

[277]RYAN R M, DECI E L. Self-determination theory and the facilitation of intrinsic motivation, social development, and well-being [J]. American Psychologist, 2000(1):68-78.

[278]SASSON I, YEHUDA I, MALKINSON N. Fostering the skills of critical thinking and question-posing in a project-based learning environment[J]. Thinking skills and creativity,2018(29):203-212.

[279]SCARBROUGH H, BRESNEN M, EDELMAN L F, et al. The processes of project-based learning[J]. Management learning, 2016(4):491-506.

[280]SEYMOUR E, HUNTER A, LAURSEN S L, et al. Establishing the benefits of research experiences for undergraduates in the sciences: first findings from a three-year study[J]. Science education, 2010(4):493-534.

[281]STEFANOU C，STOLK J D，PRINCE M，et al. Self-regulation and autonomy in problem-and project-based learning environments［J］. Active learning in higher education，2013(2):109-122.

[282]STRAUSS J. Marketing capstone models：the apprentice television show with client-sponsored projects［J］. Journal of marketing education，2011（3）：312-325.

[283]COHEN S G，BAILEY D E. What makes teams work：group effectiveness research from the shop floor to the executive suite ［J］. Journal of management，1997(3):239-290.

[284]WAGEMAN R，HACKMAN J R，LEHMAN E. Team diagnostic survey：development of an instrument［J］. The journal of applied behavioral science，2005(4):373-398.

[285]WALTER S G，BLOCK J H. Outcomes of entrepreneurship education：an institutional perspective［J］. Journal of business venturing，2016(2):216-233.

[286]WESTHEAD P，SOLESVIK M Z. Entrepreneurship education and entrepreneurial intention：do female students benefit? ［J］. International small business journal，2016(8):979-1003.

三、学位论文

[1]董守生.论学生的自主性及其教育[D].上海:华东师范大学,2013.

[2]付永刚.复杂产品系统的研发团队有效性研究[D].大连:大连理工大学,2012.

[3]韩婷.基于项目的学习(PjBL)对本科生工程实践能力发展的影响研究[D].武汉:华中科技大学,2021.

[4]胡杨.高校红色文化资源育人研究[D].贵阳:贵州师范大学,2021.

[5]纪延光.基础研究类R&D项目质量管理研究[D].南京:南京理工大学,2004.

[6]李跃雪.初中生辍学行为的类型学研究[D].长春:东北师范大学,2016.

[7]卢晓中.当代世界高等教育理念及对中国的影响[D].厦门:厦门大学,2001.

[8]买买提依明·阿巴拜克.信息化时代青少年的精神成长及其教育对策研究[D].武汉:华中师范大学,2021.

[9]任艳妮.大众传媒环境下大学生思想政治教育传播有效性研究[D].兰州:西北工业大学,2015.

[10]王文静.基于情境认知与学习的教学模式研究[D].武汉:华东师范大学,2002.

大学生创新创业训练计划项目育人有效性研究

[11]谢志贤.政府绩效评估有效性问题研究:以吉林省政府绩效评估为个案[D].长春:吉林大学,2010.

[12]徐佩.软件研发项目团队有效性研究[D].南京:河海大学,2006.

[13]于晴.国内大学生创新创业训练计划项目团队模式下对创业能力影响因素研究[D].北京:北京邮电大学,2016.

[14]闫华.大学生思想政治教育的群体动力功能研究[D].北京:北京科技大学,2020.

[15]张芮.我国 STEM 教育项目评价指标体系研究[D].北京:北京邮电大学,2019.

[16]赵亚宁.大学生创新创业训练计划项目质量影响因素及实证研究[D].保定:河北大学,2020.

[17]曾素林.论实践教育:基于实证方法与国际比较[D].武汉:华中师范大学,2013.

[18]王赫男.幼儿园园长学习力模型建构及提升策略研究[D].长春:东北师范大学,2023.

四、报告

[1]HORAN C, LAVARONI, C. BELDON P. Observation of the tinker tech program students for critical thinking and social participation behaviors[R]. Novato: Buck Institute for Education, 1996.

[2]AAC & U. College learning for the new global century: a report from the National Leadership Council for Liberal Education & America's promise[R]. Washington: Association of American Colleges and Universities,2007.

[3]BREINER A, ROSENFELD S, FALLIK O. Project-based learning in science and technology: a student guide[R]. Israel: Weizmann Institute of Science,1999.

附　录

附录1　访谈提纲

一、学生访谈提纲

1. 可否介绍下自己的项目？（如项目题目或主题、研究的主要内容、类型、级别、立项时间、结题情况、结题评价等级、项目成果等）

2. 当时为何想要申报大创项目？当时对参与大创项目有何期待？

3. 当时是如何选题与申请的？

4. 当时是如何组成项目团队的？在完成项目过程中，团队成员都扮演了什么角色？在完成项目过程中，项目组成员的合作如何？在团队合作方面可否分享一些印象深刻的事情？团队在完成项目过程中是否遇到过冲突，可否举例说说。

5. 团队合作以及团队成员给你带来的主要影响有哪些？可否举例说明？

6. 当时怎么选择导师的？在完成项目的过程中，导师扮演了什么角色，是否可以分享一些具体的实例说明教师的指导情况？

7. 是怎么完成这个项目的，可否分享一些完成这个项目的关键或印象深刻的事件？

8. 在项目完成过程中，是否遇到过困难，是如何解决的？可否举例说明？

9. 参与这个项目最大的感触和收获是什么，可否举例说说？项目完成后觉得参与项目是否达到了当初的预期？

10. 你的项目能够结题，并取得不错的成绩，你觉得关键的影响因素有哪些？可否举例说明？

11. 在完成项目过程中，你觉得哪些关键因素对你的成长产生了影响？产生了什么影响，可否具体分享下？

12. 项目完成后，是否觉得还留有遗憾？你对自己在完成项目过程中的表现如何评价？

13. 如果从学校项目管理的角度看，你觉得学校在大创项目管理方面做得好的是哪些，有哪些地方需要改进？

二、教师访谈提纲

1. 可否介绍下您所指导"大创"项目的整体情况（如指导的项目、数量、级别、类型、结题情况等）。

2. 可否介绍一个您最近指导的或是您所指导的印象最深刻的大学生创新创业训练项目（如项目题目或主题、类型、级别、立项时间、结题情况、结题评价等级、项目成果；项目成员等）

3. 在这个项目中，您是怎样成为导师的？在您第一次成为指导老师时，您是出于什么原因接受了"指导老师"这个任务的？

4. 在这个项目中，学生主要在哪些方面需要您的指导与支持？可否分享一些具体的例子？

5. 在充当指导老师的过程中，您给自己的角色定位是什么？可否分享一些具体的例子说明您的这些角色定位？

6. 在这个项目中，您与学生是如何互动与交流的？可否分享一些具体的例子？

7. 在这个项目中，是否有令您印象深刻的事情？可否与我分享一两件您印象深刻的指导事情？

8. 在这个项目中，据您了解，学生是否遇到困难，他们是怎么解决的？

9. 在指导学生的项目时，您是否会跟学生建立规范或提出明确要求？可否与我分享下？

10. 从老师的角度看，您觉得"大创计划"项目应该培养学生的哪些能力？就您的指导经历看，"大创"项目对学生的哪些方面的影响比较大？

11. 在项目进展过程中，您觉得影响学生成长的关键因素有哪些？

12. 指导大创项目，给您带来了哪些影响？如果还有机会成为指导老师，您是否还愿意？为什么？您更喜欢指导哪种类型的学生？为什么？

13. 学校/学院对"大创计划"项目指导老师的要求与管理是怎样的？

14. 从指导教师的角度看,您觉得贵校/贵学院在大创项目管理方面有哪些是做得好的、有特色的？有哪些是需要改进的？

15. 您认为创新创业教育是一种什么样的教育？

三、管理者访谈提纲

1. 可否介绍下贵校/贵学院近3年来大学生创新创业训练计划的整体情况(如申报情况、立项情况、结题情况等)

2. 可否与我分享一两个贵校/贵学院的突出的大创项目案例？

3. 可否介绍下贵校/贵学院在大创项目管理方面的特色与成功经验？

4. 据了解,贵校在创新创业教育方面做得很好！可否介绍下贵校的大创项目管理模式/机制？(如管理模式、管理机制、质量保障体系、立项评审制度、中期检查制度、结题制度等;指导老师管理制度等)

5. 贵校的大创项目结题情况如何？据您了解,延期结题的项目有什么共性？延期结题的主要原因是什么？

6. 据您所知,在贵校,指导教师对学生项目的指导情况如何？贵校是如何评选优秀指导教师的？

7. 您觉得开展大学生创新创业训练计划给学生、教师、教学、学校等带来了哪些影响？

8. 您认为贵校在大学生创新创业训练项目的管理上有哪些方面可以进一步提升与完善？

9. 您是如何理解大学生的创新创业教育以及大学生的创新创业能力培养的？

附录 2　参与研究知情同意书

我(研究对象姓名)：

　　宣布对××大学教育研究院 2019 级博士生×××所作的博士论文题为"我国高校大学生'创新创业训练计划'项目育人有效性研究"的研究课题情况全部知悉,并同意自愿作为研究对象参与上述之研究课题。

　　研究者与研究对象达成以下协议：

　　(1)研究对象的参与将主要限于接受一次关于"大创"项目育人有效性调查的访谈及必需的个人或集体会谈。

　　(2)研究对象有权要求研究者对其个人信息、访谈内容进行保密。

　　(3)基于伦理考虑,研究者对研究对象的信息、访谈材料要始终保密,有义务尊重并保护研究对象的相关权利。

　　(4)有关访谈材料的研究成果仅限于学术发表使用。研究者有权利调整研究名称及其他基本信息,从而保护研究材料的同一性。上述研究者的调整不应当歪曲学术性访谈的本质。

　　访谈形式：

　　访谈地点：

　　访谈时间：　年　　月　　日

　　研究者签名：　　　　　　　　　　研究对象签名